주택임대차 상식과 해결

편저 박근영

대한민국 법률지식의 중심

법문 북스

머 리 말

경기가 어려울수록 내 집 마련은 힘들어지고 어려운 경제 사정으로 인해 남의 집에서 사는 것도 억울한데 힘이 없다는 이유로 더 많은 손해를 감수해야 하는 경우가 있습니다. 하지만, 많은 경우 당당하고 지혜롭게 맞선다면 그러한 손해들은 피할 수 있습니다.

이러한 임대차에 대한 문제의 해결을 위해 임대차에 대한 법률이 마련되어 있습니다. 기본적으로 민법에서 이에 대해 규정하고 있으며, 특별히 주택임대차보호법이 제정되어 사회적 강자와 약자 사이에 공평을 추구하고 있습니다.

법은 잘 알고 활용하면 든든한 보호막이 될 수 있습니다. 그런데, 많은 사람들이 '법'이라고 하면 어렵고 복잡하고 딱딱한 느낌부터 갖습니다. 내가 들춰서는 안될 것같고 멀게만 느껴집니다. 하지만 법은 학자들을 위해, 해석을 위해 존재하는 것이 아니고 우리 모두를 위해, 활용을 위해 존재하는 것입니다.

이 책은 법을 활용하기 쉽게 설명한 책입니다. 누구나 자신감을 가지고 맞닥뜨린 문제들을 해결할 수 있도록 하기 위해 기획된 것입니다.

임대차관계에 있어서 임대차와 임대차계약, 보증금을 반환받는 문제와 임대차기간, 계약갱신, 임대차의 승계 등 임대차 상황에서 일어날 수 있는 모든 문제를 다루기 위해 노력했습니다. 이런 모든 문제의 해결은 물론 법에 근거한 것입니다. 그리고 좀더 다양한 상황을 다루기 위해 구체적으로 실제 사례(이럴 땐 이렇게)를 실어놓았습니다. 독자분들이 당면한 상황을 정확히 파악하고 문제를 해결하는 데 도움이 되리라 믿습니다.

편집자들의 이러한 노력에도 불구하고 부족한 부분이 있을 줄 압니다. 독자 여러분의 넓은 이해를 구하며, 더 쓸모있는 책으로 보충해 갈 것을 말씀드립니다. 아무쪼록 이 책이 독자 여러분의 소중한 권리를 지키는 데 역할을 다하길 기대합니다.

2009.

차 례

주택임대차 법대로 해결하기

제 1 장 임대차와 임대차계약

제 2 장 임대인과 임차인의 의무

제 3 장 주택임대차보호법과 그 적용범위

제 4 장 임차권의 대항력

제 5 장 보증금의 회수

제 6 장 차임 등의 증감청구

제 7 장 임대차의 기간과 계약의 갱신

제 8 장 임차권의 승계

제 9 장 기타 임대차 관련 법률문제

부　록

제 1 장

임대차와 임대차 계약

제 1 장
임대차와 임대차계약

1. 임대차란 무엇인가?

(1) 임대차

임대차는 당사자의 한쪽(임대인)이 상대방(임차인)에 대하여 어떤 물건을 사용·수익하게 할 것을 약정하고 상대방이 이에 대하여 임료(차임)를 지급할 것을 약정함으로써 성립하는 유상(有償)·쌍무(雙務)·낙성계약(諾成契約)이다. 낙성계약이란 물건을 건네주는 등의 행위를 필요로 하지 않고 당사자 간의 합의만으로 성립하는 계약을 말한다.

임차인은 물건을 사용·수익하고 그 임차하여 사용한 물건 자체를 반환해야 하는데, 이 점에서, 꼭 임차한 물건 자체일 필요는 없고 같은 양만을 반환하면 되는 소비대차(예 : 금전대차)와 차이가 난다. 또한 임차인은 그 물건을 사용·수익하는 대신 차임을 지급해야 하는데, 이 점에서 사용·수익이 무상인 사용대차와 차이를 갖는다.

임대차에 있어서 임대인은 목적물을 임차인의 사용수익에

필요한 상태로 유지해야 하며, 임차인은 임차물을 반환할 때까지 '선량한 관리자의 주의'로 그 목적물을 보존하고 계약 또는 임대물의 성질에 의하여 정한 용법에 따라서 사용·수익해야 한다.

또한 민법은 임차인이 임대인의 승낙없이 임차인으로서의 권리 즉 임차권을 양도하거나 임차물을 전대하는 것을 금하고 있으므로, 임차인이 이에 반하여 제3자에게 임차물을 사용·수익하게 하면 임대인은 임대차를 해지할 수 있다.

(2) 단기임대차

처분의 능력 또는 권한 없는 자가 임대차를 하는 경우에 일정기간 이상의 장기임대차는 허용되지 않는데, 이것을 단기임대차라 한다.

즉, 한정치산자와 같이 재산관리능력은 있으나 처분능력이 없는자나, 권한을 정하지 않은 대리인과 같이 타인의 재산에 대하여 관리의 권한만 있고 처분할 권한이 없는 자가 임대차를 하는 경우에는 그 임대차는 다음 각호의 기간을 넘지 못하도록 되어있다.

① 식목채염 또는 석조·석탄조·연와조 및 이와 유사한 건축을 목적으로 한 토지의 임대차는 10년

② 기타 토지의 임대차는 5년

③ 건물기타 공작물의 임대차는 3년

④ 동산의 임대차는 6월

위의 기간은 갱신할 수 있다. 그러나 기간만료 전 토지에 대하여는 1년, 건물 기타 공작물에 대하여는 3월, 동산에 대하여는 1월 내로만 갱신하여야 한다.

(3) 전대차

전대차는 임차인이 임차물을 다시 제3자에게 유상 또는 무상으로 사용·수익하게 하는 계약이다. 이 경우 임대인과 임차인간에 임대관계는 여전히 존속하며 임차인과 전차인간에 새로이 임차관계가 발생한다.

임차인이 전대차를 하는 때에는 임대인의 동의를 얻어야 하며, 동의없이 전대하면 임대인은 임대차를 해지할 수 있다.

임대인의 승낙이 있는 적법한 전임차에서는 전차인은 임대인에 대하여 직접 차임지급 등의 의무를 진다. 또한 임대인과 임차인의 합의로 계약이 종료되는 때도 전차인의 권리는 소멸하지 않는다.

다만 건물의 소부분을 타인에게 사용하게 한 경우에는 위 규정들이 적용되지 않는다.

임대차계약이 해지의 통고로 인하여 종료한 때에는 임차인은 그 사유를 전차인에게 통지해야 하며, 통지가 있은 때로부터 일정한 유예기간이 경과해야 전대차 해지의 효력이 발생한다.

(4) 임대료

임대차계약에 있어서 임차물의 사용대가로 지급하는 금전 또는 기타 물건을 임대료라 한다. 임대차에서는 차임이라고 부른다.

임대료의 지급시기는 별다른 특약이 없는 한 후불로 하며, 임대료의 액은 당사자간 계약으로 자유로이 정하되 일정한 경우에는 증감할 수 있다.

2. 임대차계약

(1) 임대차계약의 의미

주택임대차계약이란 임대인이 주택의 전부나 일부를 임차인에게 사용·수익하게 하고, 임차인은 그에 대한 대가로 차임을 지급할 것을 약정하는 내용의 계약을 말한다.

주택임대차계약은 그 형태에 따라 다음과 같은 것들이 있다.

① 주택 가격의 40~70%에 상당하는 보증금 또는 채권적 전세금을 지급하는 대신 차임을 지급하지 않는 형태 : 통상 전세라 하며, 이런 주택임대차계약은 단독주택의 전부나 공동주택을 임차하는 경우에 가장 흔하고 전세금도 비교적 고액이다.

② 상당한 보증금을 지급하고 약간의 차임을 월단위로 지

급하는 형태 : 이 경우도 통상 전세라고 부르며, 이런 형태의 주택임대차계약은 주로 약정한 전세금을 모두 지급할 때까지 미지급 잔액에 대하여 월 2%의 비율로 계산한 돈을 지급하기로 약정하는 경우가 대부분이고 전세금 중 미지급 잔액이 차지하는 비중이 아주 낮다. 이러한 형태의 임대차계약도 단독주택의 전부나 공동주택을 임차하는 경우에 흔하다.

③ 약간의 보증금을 지급하고 차임을 월단위로 지급하는 형태 : 통상 월세라 한다. 이런 형태의 임대차계약은 벌집형태의 다가구 주택이나 주택의 일부를 임차하는 경우 또는 겸용주택을 임차하는 경우에 흔하다. 이런 경우는 보증금이 적고 월세의 비중이 비교적 높다. 이와 같은 주택임대차계약을 전형적인 임대차계약으로 볼 수 있는데, 임대인은 처음부터 임대를 목적으로 주택을 건축하여 차임(대부분 월세)을 지급받는다.

④ 임차기간 동안의 차임 전부를 일시에 지급하고 그 금액에서 매월 월세를 공제해 나가는 형태 : 통상 사글세라 한다. 공단지역이나 외국인이 주택을 임차하는 경우에 이런 유형의 임대차계약을 많이 한다.

(2) 한눈에 보는 임대차계약 요령

① 집 구하기

자신의 형편에 알맞는 임대(전세·월세·사글세)의 형태를 결정하여 집을 선택한다.

최근 정보지나 인터넷을 통한 계약이 늘고 있는데, 이런 경우 집주인이 아닌 사람과 계약을 하여 손해보는 경우가 많으므로 직거래라 하더라도 공인중개사나 공증을 통하여 계약서를 작성하는 것이좋다.

② 계약하기

계약을 하기에 앞서 등기부등본을 확인하여 다른 권리자가 있는지, 저당권이 잡혀 있지는 않은지 확인해야 한다.

확인 결과 등기부상 아무런 하자가 없을 경우 비로소 계약을 하는데, 이 때 임대차계약은 반드시 그 주택의 등기부에 적힌 소유자와 체결해야 한다. 그런데 실제로는 소유자가 아니라 소유자의 가족이나 친척이 계약을 하러 나오는 경우가 많다. 그런 때에는 대리권이 있다는 내용의 위임장과 소유자의 인감증명서를 요구해야 한다. 그리고 위임장과 계약서에 찍힌 도장이 인감증명서의 도장과 일치하는지 확인해야 한다.

위와 같이 하지 않은 계약은 법적으로 효력이 없다.

또한 등기부상의 본인이 맞는지 주민등록증을 요구하는 것도 잊지 말아야 한다.

확인이 되었으면 비로소 임대차계약서를 작성하는데,

이 때 계약내용에 넣어야 할 특약 사항이 있다.

[특약 사항]

- 인도받을 때까지 저당권 같은 담보물권이나 가등기 등을 설정하지 않는다는 특약 : 임대차계약을 맺은 후 이사하기까지는 보통 1개월 이상의 기간이 걸린다. 이 기간은 짧은 기간이 아니기 때문에, 이 기간동안 임대인이 등기부상에 저당권과 같은 담보물권을 설정해 준다거나 가처분, 가등기 등이 이루어질 수도 있다.

  따라서 만약 이와 같이 등기부상의 하자가 생겼을 경우에 임차인은 임대차계약을 해지할 수 있고 임대인에게 손해배상을 받을 수 있다는 내용의 특약 사항을 넣어야 한다.

- 입주 전에 발생한 고장은 임대인이 수리한다는 특약 : 입주 전에 임대인에게 간단한 집수리와 함께 도배도 요구할 수 있다.

- 입주하기 전의 공과금은 임대인이 책임진다는 특약 : 주택의 일부만 임차할 경우 공과금의 부담방법도 명시해야 한다. 가능하면 계량기를 따로 달아줄 것을 요구하는 것이 좋다.

- 임차인에게 부득이한 사유가 생기는 경우에는 계약기간 중이라 하더라도 임대차계약을 해지할 수 있고, 해지 효력은 통보한 날로부터 1개월 후부터 발생한다는 특약을 첨가하면 임차인에게 매우 유리하다.

  특약사항을 끝으로 계약서 작성을 마친 후에는 계약금을 주고 영수증을 받아야 할 것이다.

> ### ■등기부등본의 발급■
>
> 등기부등본은 주소만 정확히 알면 관할 법원 등기소
> 에서 누구라도 발급받을 수 있다. 전화나 팩스로 미
> 리 신청한 후 방문하며, 오전에 신청하면 오후에, 오
> 후에 신청하면 다음날 오전에 찾을 수 있다. 신청하
> 지 않고 등기소에 가면 사람들이 많아서 오랜 시간을
> 기다리게 되는 경우가 많다. 요즘은 자동발급기가 있
> 어서 시간이 많이 단축되었다.

③ 잔금 지급하기

잔금 지급과 이사는 동시에 해야 한다. 그것이 법적으
로도 타당하고 거래관행에도 맞다.

그리고 잔금을 지급하고 이사하기 전에 다시 한 번 등
기부등본을 확인해야 한다. 이때 등기부등본에 문제가
있다면 잔금 지급을 거절할 수 있을 뿐만 아니라 계약
을 해지하고 계약금을 돌려받을 수도 있다. 또한 민사
상의 손해배상도 청구할 수 있다.

④ 이사하기

이사를 하면서 앞에서 말한 등기부등본의 확인이 끝났
으면 이상이 없을 경우 잔금을 지급하고 영수증을 받아
둔다.

그리고 동사무소에 가서 전입신고를 하고 확정일자를 받아야 한다. 그래야만 우선적인 변제권과 대항력이 생겨서 주택임대차보호법의 보호를 받을 수가 있다.

신고와 확정일자를 받았으면 계약서와 영수증을 복사하여 따로 잘 보관해 두어야 한다. 확정일자를 받은 임대차계약서를 분실하면 법적으로 구제받을 방법이 없기 때문이다. 그러나 복사를 해두었다면 그것만으로도 법으로 인정받을 수 있다.

■ **확정일자란?** ■

임대차계약서상의 확정일자란 공증인이나 법원 공무원, 동사무소 공무원이 임대차계약서에 기입하는 일자를 말하며 그 일자에 그 계약서가 존재했다는 것을 증명한다. 확정일자를 받는데는 임대인의 동의가 필요없을 뿐만 아니라 임차인이 아니라도 계약서를 소지하고 있으면 적은 비용으로 누구라도 받을 수가 있다. 주택임대차계약서 원본을 제시하고 구두로 신청하면 확정일자를 받을 수 있다.

---

⑤ 재계약을 하는 경우

임대인(집주인)은 계약 후 1년이 지나면 보증금의 증액을 요구할 수 있다.

이때 법적으로 보증금의 1/20, 즉 보증금의 5% 이상으로는 인상할 수 없다.

임대인이 그 이상을 요구하는 때에는 법원에 보증금의 5%를 공탁하면 되는데, 그러면 차임연체의 책임을 면하게 되어 계속 살 수가 있다.

재계약을 하는 경우 보증금의 인상분에 대하여 따로 계약서를 작성하여 확정일자를 받아두어야만 그 시점부터 우선변제권이 생긴다.

보증금 인하에 대한 %규정은 없다.

제 2 장

임대인과 임차인의 의무

제 2 장
임대차인과 임차인의 의무

1. 임대인의 의무

(1) 목적물 인도의 의무

임대인은 임차인으로 하여금 목적물을 사용·수익케 하기 위하여 그 목적물을 인도해야 한다.

(2) 필요한 상태유지의 의무

임대인은 임차인에게 목적물을 인도하고, 계약존속중 그 사용·수익에 필요한 상태를 유지할 의무를 진다.

(3) 방해배제의 의무

임대인은 목적물의 사용·수익이 제3자에 의하여 방해당하는 경우에는 그 방해를 배제해야 한다.

임대인이 제3자에 대하여 방해배제청구권을 행사하지 않은 때에는, 임차인은 자기의 임차권을 보전하기 위하여 임대인이 갖는 방해배제청구권을 대위행사함으로써 제3자에 대하여 직접 방해의 배제를 요구할 수 있다.

또 임차인이 건물을 점유하고 있는 경우에는, 임차인은 자기의 점유권에 기하여 제3자에 대해서 방해의 배제를 청구할 수 있다.

(4) 담보책임

담보책임이란 '매매를 비롯한 유상계약 기타 이와 동일시 할 수 있는 법률관계에서 권리에 흠결이 있거나 권리의 객체 인 물건에 하자가 있는 경우 매도인 등이 부담하게 되는 책 임'을 말한다.

여기서는 임대차관계에서의 물건, 즉 주택에 하자가 생기 거나 임차권에 흠결이 생긴 경우 이에 대해 대금을 감액당하 거나 손해를 배상하거나 계약을 해제당해야 하는 것을 의미 한다.

(5) 비용상환 의무

임차인이 임차물의 보존에 필요한 비용을 지출한 경우 당 사자간에 특약이 있다면 이에 따라야 하겠지만, 특약이 없을 지라도 임대인은 필요비 및 유익비를 상환할 의무를 진다.

① 필요비의 상환

필요비의 범위는 통상의 필요비이거나 임시의 필요비이 거나를 불문하며, 목적물 자체의 원상유지 또는 원상회 복을 위한 비용뿐만 아니라, 통상의 용법을 적용하는 상태에서 목적물을 보존하기 위하여 지출한 비용도 포 함한다. 임차인이 필요비를 지출한 경우 임차인은 임대차가 종료될 때까지 기다리지 않고 즉시 임대인에게 그 상환을 청구할 수 있다.

② 유익비의 상환

임차인이 개량비 등 기타 유익비(임대물의 경제적 가치를 증가시키는데 역할이 된 비용)를 지출한 경우에는, 임대인은 임대차의 종료시에 그 가액의 증가가 현존한 때에 한하여 임대인의 선택에 좇아 임차인이 지출한 금액 또는 그 증가액을 상환해야 한다.

유익비의 상환에 관하여 법원은 임대인의 청구에 의하여 상당한 유예기간을 허여할 수 있다.

③ 비용상환청구권과 매수청구권

민법 제643조의 매수청구권과 비용상환청구권은 대상이 되는 물건의 소유권이 임차인에 속해 있는가 아닌가의 점에서 다르다.

즉, 매수청구권은 오로지 사용·수익하기 위하여 조작한 목적물의 소유권이 임차인에게 귀속하고 있는 경우의 권리이며, 이에 반하여 비용상환청구권은 임차인이 그 물건에 대한 소유권을 갖지 않은 경우에 인정되는 권리이다.

2. 임차인의 의무

(1) 차임지급의 의무

임차인의 차임지급은 임대인의 목적물 인도와 더불어 임대차계약의 기본요소가 된다. 차임의 가액 및 지급시기는 당사자간의 계약으로 자유롭게 정하는 것이 원칙이지만, 차임의 지급시기에 대하여는 특약이 없는 한 매월 말에 후불로 지급하도록 하고 있다.

(2) 임차물보관의 의무

임차인은 임차물에 대한 사용·수익을 종료하여 임대인에게 반환할 때까지 선량한 관리자의 주의로써 임차물을 보관할 의무를 진다. 이 의무위반에 대하여는 채무불이행에 기한 책임을 진다.

한편, 이 임차물보관의무에 관련하여 임차인은 다음의 두 가지 의무를 부담한다.

① 통지의무

임차물의 수리를 요하는 경우나 임차물에 대하여 권리를 주장하는 자가 있는 경우에는 임차인은 임대인에게 지체없이 통지해야 한다. 그러나 임대인이 이미 이를 안 때에는 그렇지 않다.

② 보존행위 인용의 의무

임대인이 임대물의 보존에 필요한 행위를 하는 때에는 임차인은 이를 거절하지 못한다.

③ 임차물의 용법에 따른 사용·수익의 의무

임차인은 임차물을 그 성질에 의하여 정해진 용법에 따라 사용·수익해야 한다. 예컨대, 주거의 목적으로 주택을 임차한 것이라면 이를 점포나 공장으로 사용할 수 없다.

정해진 용법에 위반한 경우에는 임대인은 손해배상의 청구를 할 수 있고, 위반행위의 정지를 최고하여 계약을 해제할 수 있다.

④ 임차권을 무단양도·전대하지 않을 의무

임차인은 임대인의 동의없이 그 권리를 양도하거나 전대할 수 없다.

⑤ 임차물의 반환의무

임차인은 임대차의 종료시기에 임차물을 반환할 의무를 진다. 이 의무는 임대차계약의 내용으로서 당연히 생기게 되는 계약상의 의무이다.

이럴 땐 이렇게(실제 사례 문답)

(1) 임차인이 연탄가스로 인하여 사망한 경우 임대인의 책임

▌질문▌ 제 동생인 A가 2008년 3월경 부엌이 딸려 있는 방
한 칸을 얻어 자취하던 중 같은 해 10월경 바닥에
서 새나온 연탄가스로 인하여 사망하였습니다.

임대인인 B는 자신에게는 어떠한 책임도 없다고 하
는데, 이런 경우 B에게 어떠한 민·형사상의 책임을
물을 수 있습니까?

▌답변▌ 형사책임은 물을 수 없고 민사책임(공작물 소유자로서
의 손해배상책임)은 물을 수가 있습니다.

위 사안의 경우는 가옥의 직접 점유자로서 그 설치·보
존의 하자로 인한 손해배상의 제1차적 책임자로 규정
되어 있는 가옥임차인인 A자신이 피해자인 경우에 제
2차적 책임자로 구성되어 있는 임대인인 B를 상대로
민법 제758조 제1항에 의한 손해배상을 물을 수가 있
느냐 하는 것인데, 이에 관하여 판례는 "공작물의 설
치 또는 보존의 하자로 인하여 타인에게 손해를 가한
때에는 1차적으로 공작물의 점유자가 손해를 배상할
책임이 있고, 공작물의 소유자는 점유자가 손해의 방
지에 필요한 주의를 해태(懈怠)하지 아니한 때에 비로

소 2차적으로 손해를 배상할 책임이 있는 것이나, 공
작물의 임차인인 직접점유자나 그와 같은 지위에 있는
것으로 볼 수 있는 자가 공작물의 설치 또는 보존의
하자로 인하여 피해를 입은 경우에 그 주택의 소유자
는 민법 제758조 제1항 소정의 책임자로서 이에 대하
여 손해를 배상할 책임이 있는 것이고, 그 피해자에게
보존상의 과실이 있더라도 과실상계의 사유가 될 뿐이
다."라고 하여 임차인과 함께 기거하던 직장동료가
연통에서 새어나온 연탄가스에 중독되어 사망한 사고
에 대하여 주택소유자의 손해배상책임을 인정한 바 있
습니다(대법원 1993. 2. 9. 선고 92다31668 판결). 따
라서 위 주택의 하자가 설치상의 하자인지, 보존상의
하자인지 등 구체적으로는 알 수 없어도 일단 그 주택
의 하자가 존재하는 정도면 되는 것이고, 그에 대한
입증책임도 주택소유자에게 있는 것인바, 집주인은 공
작물소유자로서의 책임을 벗어나기는 어려울 것입니
다. 물론, 귀하의 동생에게 그 주택의 보존에 있어서
의 과실 즉, 하자보수요구 등을 집주인에게 하지 않았
다면 그에 대한 과실상계는 될 수 있을 것입니다.

(2) 임차건물에 도둑이 든 경우 임대인에게 손해배상책임이 있는지

┃질문┃ 저는 甲으로부터 주택의 반지하방을 임차하여 거주하던 중 두 차례에 걸쳐 창문을 통해 도둑이 들어온 사실이 있습니다. 그런데 甲은 1차 도난 사고 시 방범창을 해주었을 뿐, 위 도난사고로 인한 손해배상은 전혀 해줄 수 없다고 합니다. 위 반지하방은 주택가 도로에 인접해 있으며 담장도 낮을 뿐만 아니라 대문도 없는 경우이므로 임차인인 제가 임대인 甲에 대하여 위 도난사고로 인한 손해배상을 청구할 수는 없는지요?

┃답변┃ 임대인이 1차 도난사고 직후 방범창을 설치해 준 사실이 있다면 귀하가 임대인에게 도난사고로 인한 손해배상을 청구하기는 어려울 것으로 보입니다.

임대인의 의무에 관하여 「민법」 제623조는 "임대인은 목적물을 임차인에게 인도하고 계약존속 중 그 사용·수익에 필요한 상태를 유지하게 할 의무를 부담한다."라고 규정하고 있습니다. 판례는 "통상의 임대차관계에 있어서 임대인의 임차인에 대한 의무는 특별한 사정이 없는 한 단순히 임차인에게 임대목적물을 제공하여 임차인으로 하여금 이를 사용·수익하게 함에 그치는 것이고, 더 나아가 임차인의 안전을 배려하여 주거나 도난을 방지하는 등의 보호의무까지 부담한다고 볼 수 없을 뿐만 아니라, 임대인이 임차인에게 임대목적물을 제공하여 그 의무를 이행한 경우 임대목적물은 임차인의 지배아래 놓이게 되어 그 이후에는 임차인의 관리 하에 임대목적물의 사용·수익이 이루어지는 것이고, 임차인이 임대차계약의 체결 당시 임차목적물이 대로변 3층 건물의 반지하에 위치한 관계로 주위의 담장이 낮고 별도의 대문도 없으며 방범창이 설치되지 아니하고 차면시설이 불량하였던 사정을 잘 알면서도 이를 임차하였고, 나아가 임대인은 임차목적물에서 발생한 1차 도난사건 직후 임대목적물에 방범창을 설치하여 주었다면, 임대인으로서는 임차목적물을 사용·수익하게 할 임대인으로서의 의무를 다하였다고 할 것이고, 여기에서 더 나아가 임차인에 대한 안전배려의무까지 부담한다고 볼 수는 없다."라고 하였습니다(대법원 1999. 7. 9. 선고 99다10004 판결). 따라서 위 사안에 있어서도 임대인이 1차 도난사고 직후 방범창을 설치해 준 사실이 있다면 임대인의 수선의무를 이행하였다고 볼 수 있을 것으로 보이고, 귀하가 임대인에게 도난사고로 인한 손해배상을 청구하기는 어려울 것으로 보입니다.

(3) 임차인이 행방불명인 경우, 임대인이 취할 수 있는 조치

┃질문┃ 저는 저의 집(2층 단독주택)의 일부를 세놓아서 2008년 3월 김모 형제가 보증금 1,000만원에 월세 30만원을 지급 하기로 합의하고 살게 되었습니다.

그들은 처음에는 월세를 꼬박꼬박 내더니 그해 8월 부터 집을 나간 후 연락도 없고, 가재도구 및 살림 살이는 방안에 놓은 채 자물쇠로 문을 잠근 상태입 니다.

그들에게 방을 비우게 하고 새로 세를 놓고 싶은데 방법은 없는가요?

┃답변┃ 가옥명도소송을 제기하십시오.

건물의 임대차계약에서 임차인이 차임을 2회 이상 연 체하면 임대인은 계약을 해지할 수 있으며(민법 제640 조), 이 경우 계약의 해지는 임차인에 대한 이행의 최 고 없이 임차인에 대한 계약해지의 의사표시로써 효력 이 생깁니다.

위 질문의 경우 임차인인 김모 형제는 2회 이상의 차 임을 연체하여 계약해지의 요건이 되므로 귀하께서는 임차인 주소지 관할법원에 임차인을 상대로 가옥명도 소송을 제기하여 가옥명도를 받도록 하시면 됩니다.

만일 귀하가 소송을 제기하는 시점에서 임차인의 현재

거주지를 모르는 경우에는 공시송달 방법을 이용해야
합니다. 공시송달은 공시송달 사유가 법원게시판에 게
시된 날로부터 2주일이 지나면 효력이 발생하게 됩니
다(민사소송법 제195조~제196조).

가옥명도소송의 판결이 선고되면 집행관에게 집행을
위임하여 상대방의 가재도구 및 살림살이를 적당한 곳
에 적재하여 선량한 관리자로서의 주의의무로 보관하
고 있다가 상대방이 나타나면 보관비용을 청구하거나,
임차인 소유의 물건을 공탁절차를 밟아서 공탁소에 보
관할 수도 있습니다. 공탁방법을 이용할 경우 임차인
의 물건이 공탁에 적절하지 않거나, 멸실 훼손될 우려
가 있거나, 공탁에 과다한 비용이 소용되는 경우에는
법원의 허가를 얻어 그 물건을 경매하거나 시가로 방
매하여 대금을 공탁할 수도 있습니다.

(4) 기간만료 후 임차인의 책임없는 사유로 인해 임차건물이 소실된 경우

┃질문┃ 저는 A소유 건물을 임대보증금 2,000만원, 월세 50
만원으로 임차하여 세들어 살고 있습니다. 그런데
임차기간 만료일 내에 새로 이사갈 집을 구하지 못
해 미처 월세도 내지 못한 채 차일피일 반환을 미
루던 중 만료일 2개월 후인 2006년 6월 10일에 인
근 건물의 화재로 위 임차건물이 소실되었습니다.
저는 건물소유자 A에 대하여 어떤 손해배상 책임
을 겨야 하는지요?

┃답변┃ 2개월분 차임만을 배상하면 될 것입니다.

이 사안은 이행지체 중에 채무자에게 책임없는 사유로
인해 이행불능(임차건물의 반환불능)으로 된 경우의 채
무자의 책임에 관한 문제로서 두가지가 문제됩니다.
첫째는 이행지체에 따른 손해배상(지연배상)의 문제이
고, 둘째는 이행지체중에 채무자의 귀책사유 없이 이
행불능으로 진전된 경우에 채무자가 그 이행불능에 따
른 손해배상책임을 부담하는지 여부의 문제입니다.

임대차계약에 있어서 임차인은 임대차가 종료한 때에
목적물을 반환할 의무가 있습니다. 귀하는 임차건물
반환기일인 2006년 4월 10일을 경과함으로써 이행지

체에 있던 중, 2006년 6월 10일 이웃 건물의 화재로 본건 건물이 연소되어 이행불능이 된 것입니다. 그러나 이것은 귀하가 이행기인 계약만료일에 임차건물을 A에게 반환하였다 하더라도 역시 발생될 수 있는 손해이기 때문에 귀하는 건물의 소실에 대한 손해배상책임은 지지 않는다 하겠습니다.

한편 이행기인 2006년 4월 10일을 경과한 2006년 4월 11일부터 2006년 6월 10일까지 이행을 지체한 것에 대해서는 손해배상(지연배상)책임이 있습니다.

본건의 경우와 같이 임차건물반환의무 불이행의 경우에 있어서 통상 발생될 수 있는 손해는 특별한 사정이 없는 한 건물의 사용 대가인 차임 상당액으로 보아도 무방할 것이므로, 사안의 경우 A가 귀하에게 청구할 수 있는 손해배상액은 100만원이 될 것입니다.

(5) 임차료를 체납하면 계약해지를 할 수 있는지

┃질문┃ 저는 A소유주택을 임차보증금 1,000만원 매월 임차료 30만원으로, 임대기간은 2년으로 정하고 전입신고를 마치고 임차 거주하고 있습니다.

그런데 계속되는 불경기와 불황 등에 의하여 임차료를 2번이나 내지 못하고 있던 중 A로부터 그동안 밀린 임차료를 다음달까지 지불하지 못하면 집을 비워달라는 통보를 받았습니다.

주택임대차보호법상 최소한 2년 동안은 세입자로서 보호를 받을 수 있다고 하는데 이 경우 저는 집을 비워주어야 되는지요?

┃답변┃ 귀하는 집을 명도해 주어야 합니다.

민법 제640조에 의하면 건물, 기타, 공작물의 임대차에서 임차인의 차임 연체액이 2기의 차임액에 달한 때는 임대인은 계약을 해지할 수 있다고 규정하고 있고, 주택임대차보호법 제6조 제2항은 2기의 차임을 연체하거나 기타 임차인으로서의 의무를 현저히 위반한 임차인에 대하여는 임대차기간의 보호를 받을 수 없도록 정하고 있습니다.

다시 말해서 임차인이 2번 이상 월세를 밀리거나 임차인이 임차물을 훼손, 파괴하는 등, 선량한 주의의무를 다하여 현상유지를 위하여 보존 관리하여야 함에도 이를 게을리하여 임차물의 **효용가치**를 감소시키거나 임대인의 동의를 받지 않고 무단 증·개축을 하거나 제3자에게 전대(전·월세계약을 체결하는) 행위를 하였을 경우 임대차계약 만료일 1개월 전까지 임대차계약의 해지통지를 하지 않더라도 임대인은 임대차계약을 해지할 수 있습니다.

귀하는 차임을 2번 이상 지체하는 등 임차인으로서의 의무를 위반하였다 할 것입니다. 따라서 A는 임대차기간과 상관없이 계약을 해지할 수 있고, 귀하는 집을 명도해 주어야 할 것입니다.

또한 귀하가 A의 요구에 응하지 않을 경우 A는 귀하를 상대로 건물명도를 구하는 재판과 함께 보증금 중에서 체납 임차료(월세)를 공제하고 명도시 차액에 대하여 반환할 것입니다.

(6) 화재보험에 가입한 임차건물이 화재로 소실된 경우 임차인의 배상책임

▌질문▌ 저는 A소유의 건물을 임차하여 그곳에서 조그만 공장을 경영하다가 전기누전으로 추정되는 화재가 발생하여 건물이 소실되었습니다. A는 위 건물에 관하여 B보험회사와 화재보험계약을 체결하고 있었기 때문에 B보험회사로부터 보험금 1억원을 수령하였습니다.

그런데 B보험회사로부터 저에게 위 보험금 1억원을 구상하라는 소장이 송달되었습니다. 저는 이에 응해야 하는지요?

▌답변▌ 귀하는 임차물인 건물의 보존에 관하여 선량한 관리자로서의 주의의무를 다하였다는 등 특별한 사정이 없는 한 임대인인 B에게 위 화재로 인한 손해를 배상할 책임이 있습니다.

상법 제682조는 "손해가 제3자의 행위로 인하여 생긴 경우에 보험금액을 지급한 보험자는 그 지급한 금액의 한도에서 그 제3자에 대한 보험계약자 또는 피보험자의 권리를 취득한다"고 규정하고 있습니다.

상법이 위와 같이 제3자에 대한 보험자대위의 규정을 둔 이유는 피보험자가 보험자로부터 보험금을 지급받은 후에도 제3자에 대한 청구권을 보유 행사하게 하는 것은 피보험자에게 손해의 전보를 넘어서 오히려 이득을 주게 되는 결과가 되어 손해보험제도의 원칙에 반하게 되고, 또 배상의무자인 제3자가 피보험자의 보험금 수령으로 그 책임을 면하게 하는 것도 불합리하므로 이를 제거하여 보험자에게 그 이익을 귀속시키려는데 있습니다.

위 사례에서 B보험회사는 보험자대위의 법리에 따라 보험금으로 지급한 금액의 한도 내에서 A의 귀하에 대한 손해배상청구권을 대위취득하게 되고 귀하는 선량한 관리자로서의 주의의무를 다하였다는 점을 입증하지 못하는 이상 보험회사의 구상에 응해야 할 것입니다.

(7) 임차인이 수리를 요청했는데도 임대인이 수리를 해주지 않아 그 사이에 연탄가스사고가 났을 때 임대인에게 어떻게 배상을 요구할 수 있는가?

|질문| 저는 서초동에 있는 A소유의 가옥 중 방 두 개와 부엌, 마루를 보증금 1,500만원에 월세 25만원으로 임차·입주하고 있고, 제가 사는 바로 윗방 하나는 C가 임차하여 살고 있습니다. 제가 빌린 방 중에서 큰 방은 저희 부부가 쓰고 작은 방 하나는 고등학교 1학년인 장남이 쓰고 있습니다. 그런데 작년 가을부터 장남이 자고 나면 머리가 빠개질 것 같이 아프다고 해서 방바닥을 조사해 보았더니, 바닥이 갈라져서 그곳에서 연탄가스가 새는 것으로 생각되어 집주인에게 수리를 요청하였습니다. 집주인은 이 집 전체의 굴뚝이 그 방 밑으로 나 있어서 근본적으로 수리를 하려면 큰 돈이 든다고 하면서 방바닥의 금간 곳만 수리해 주었습니다. 수리를 한 후에도 저의 장남은 자고 나면 머리가 아프다고 하여 겨우내 문을 열어 놓고 살았습니다. 그러다가 봄이 되어 집주인에게 완전한 수리를 요청했으나 큰 돈이 든다는 핑계로 수리를 미루어 오다가 금년 가을이 되어 불을 넣고 잤는데 아침에 소식이 없어 들어가 보니 장남은 이미 숨져 있었습니다. 경찰에서 변사사건으로 조사를 한 결과 사고난 방 밑으로 나간 굴뚝에 금이 가서 그곳으로부터 가스가 새어나와 방으로 스며든 것이 확인되었습니다. 그런데도 집주인은 금 50만원만 받으라고 하고 있습니다. A의 재산은 그 집밖에 없다고 합니다.

▌답변▐ A에게 손해배상책임을 물을 수 있으며 귀하는 제소전 (提訴前)에 그 부동산을 가압류 하십시오.

집주인인 A는 임대인의 지위에서 임차인이 정상적인 임차용도에 임차물의 사용수익할 수 있도록 해 줄 의무를 임대차계약이 존속하는 동안 부담하고 있습니다. 그리고 한편 건물이란 일종의 공작물 소유자이므로 그 공작물의 하자(흠집)로 인해서 다른 사람이 피해를 입게 될 때에는 A는 그 피해를 배상할 의무가 있습니다. 그러므로 귀문의 경우에 A 는 임대차계약상의 임대인의 의무태만과 공작물 소유자의 하자에 의한 배상의무의 두 가지 사유로 인한 손해배상 책임을 갖게 됩니다.

그런데 위 두 가지의 원인 중 어느 경우에도 임차인의 책임과 그 공작물점유자의 책임을 다했을 경우에 비로소 A에게 그 책임을 물을 수 있는 것입니다. 좀더 상세하게 예를 들어 설명하면 임차인이 사는 동안에 장판이 찢어졌는데도 그 수리를 안 하고 집주인에게 수리를 요청하고만 있다가 결국 그것으로 인해서 가스가 새어 나오게 되었다든가, 여름내 연탄불을 안 피우고 있다가 날이 추워져서 연탄불을 넣을 때에 점검도 안 해보고 불을 피우다가 사고가 났다든가 하는 경미한 사고원인은 일차적으로 그 집을 점유하고 있는 임차인이 할 주의의무에 속하는 것입니다. 그러므로 이러한 임차인의 주의의무 태만으로 인해서 생긴 사고에 대해서는 집주인, 다시 말하면 임대인이나 공작물 소유자로서 민형사상 책임이 없다는 것이 대법원판례입니다. 그런데 위 집의 경우는 일찍부터 집주인에게 사고원인 사유의 위험성을 고지하고 여러차례 그 수리를 요청하였으므로 임차인과 점유자의 직위에서 귀하는 최선을 다했다고 볼 수 있으므로 귀하는 A에게 손해배상책임을 물을 수 있습니다. 집주인이 그 큰 사고가 났음에도 불구하고 50만원 운운하는 것으로 보아 귀하는 제소전에 그 부동산을 가압류할 것을 유의하십시오.

(8) 전세든 집의 수리비를 받아 내려면 어떻게 해야 하는가?

┃질문┃ 저는 3년전 임대차계약을 맺고 A의 집에 입주(入住)했습니다. 그런데 건물이 너무 낡아 집주인의 승낙을 얻어 100만원을 들여 수리를 하고 살다가 다음해 여름 다시 2차로 100만원을 들여 개수했습니다. 그러다가 작년에 가옥 소유권이 B에게 넘어갔습니다. 그 후 저는 새주인과 임차권 존속협정이나 수리공사의 승낙없이 두달 후 50만원을 들여 3차수리를 했습니다. 그런데 B는 이에 분개했는지 저에게 당장 집을 비우고 나가라고 요구합니다. 저는 도합 250만원의 수리비를 들였으므로 이것을 받기 전에는 나갈수 없다고 주장했습니다. 법적으로 저의 주장이 인정될 수 있습니까?

┃답변┃ 귀하가 유치물을 보존하기 위해 건물을 사용하는 것은 적법합니다.

가옥소유자가 바뀌면 임차인(賃借人)은 가옥을 비워주어야 하는 것이 보통의 경우입니다. "매매는 임대차를 깨뜨린다"는 원칙이 그것입니다.

그러나 귀하의 경우는 임차기간 중 수리비를 들인 것이 있다는 것이 특수한 사정입니다.

새 건물주인 B가 이 건물을 사고 소유권을 양도(讓渡)

했을 때부터 귀하는 이 건물의 불법점유자(不法占有者)가 된 것입니다. 따라서 건물 수리비 채권의 담보로 건물의 유치권(留置權)을 행사할 수 없게 되고, 오히려 귀하에게 불법점유에 대한 손해배상을 하라고 청구할는지도 모르겠습니다.

그러나 귀하는 유치물을 보존하기 위해 건물을 사용한 것이므로 적법한 행위라고 주장할 수 있습니다.

귀하는 전 소유자의 승낙을 얻어서 투입한 2차의 수리비 200만원 상환청구권의 담보로 건물의 유치권을 계속해서 가지므로 3차로 투입한 50만원의 수리비도 역시 새주인에게 청구할 수 있으며, 위의 3차에 걸친 모든 공사비를 상환받을 때까지 귀하는 이 건물을 유치할 수 있으며, 또 귀하의 점유가 유치권에 기한점유(期限占有)이므로 적법행위이고 손해배상 책임은 없습니다.

(9) 임대인의 동의를 받아 전대한 주택이 전차인 과실로 소실된 경우 전대인의 책임

┃질문┃ A는 자기소유의 주택을 B에게 임대하였고, B는 A의 승낙을 받아 그 주택전부를 다시 C에게 전대하였습니다. 그런데 C의 과실로 인하여 그 가옥 전부가 소실된 경우 A·B·C간의 법률관계는 어떻게 되는지요?

┃답변┃ A는 'B·C' 모두에게 손해배상을 청구할 수 있습니다.

임대차계약에 이하여 타인의 물건을 임차하고 있는 자가 스스로 다시 임대인이 되어 그 물건을 제3자(전차인)에게 사용·수익하게 하는 것을 전대차(轉貸借)라고 합니다. 민법 제629조는 "임차인은 임대인의 동의없이 그 권리를 양도하거나 임차물을 전대하지 못한다"라고 규정하고 제한적 양도·전대를 인정하고 있습니다. 위의 경우 A의 승낙에 의한 것이므로 B와 C간의 전대차관계는 유효합니다. 그러므로 전대차에 따른 권리의무관계가 임대차의 범위 내에서 발생하게 됩니다.

전대인 B의 입장에서 보면 A에 대한 각종 권리·의무가 그대로 유지되고, 전차인 C의 입장에서 보면 권리면에서는 B와의 관계만 인정되며, 의무면에서는 A와 B 양쪽에 부담하나 1차적으로는 A에게 직접 의무를 부담하게 됩니다(민법 제630조). 이 의무는 목적물의 보관의무 위반에 기한 손해배상의무, 임대차종료시 목적물반환의무, 차임지급의무 등을 포함합니다.

따라서 C는 과실로 인하여 임차물이 소실되도록 하여 선량한 관리자의 의무를 게을리한 결과가 되므로 A는 C에게 직접 채무불이행의 책임을 물을 수 있습니다. 또한 A와 B의 임대차계약관계는 계속 유지되므로, C의 선임·감독에 있어서 B에게 과실이 있으면 A는 B에게 손해배상을 청구할 수도 있을 것입니다. 이 때 B와 C의 A에 대한 손해배상의무는 일종의 부진정연대채무가 됩니다.

(10) 전대차(轉貸借)와 전대인(轉貸人)의 책임은?

┃질문┃ A소유 A가옥을 B에게 대여했고, B는 A의 승낙을
받아 그 A가옥 전부를 다시 C에게 전대했습니다.

그런데 C의 과실로 인하여 그 가옥 전부가 소실된
경우 'A·B·C' 간의 법률관계는 어떻게 됩니까?

┃답변┃ A는 'B·C'에게 손해배상을 청구할 수 있습니다.

임대차계약에 의해서 타인의 물건을 임차하고 있는 자가
스스로 다시 임대인이 되어 그 물건을 제3자(轉借人) C
에게 사용·수익하게 하는 계약을 전대라고 합니다.

이에 관해서 민법 제629조는 "임차인은 임대인의 동
의없이 그 권리를 양도하거나 임차물을 전대하지 못한
다"라고 규정하고 있습니다. 임차권 역시 하나의 채
권적 재산권으로서 양도의 자유와 투하자본의 회수를
인정해야 합니다.

그러므로 임차권의 양도·전대의 인정은 당연하지만 민
법은 다만 임대인의 동의 가 있는 경우에만 유효하도
록 규정하는 제한적양도·전대를 인정하고 있습니다.

(1) B·C의 법률관계

위 사안처럼 임대인 A의 승낙에 의한 전대인 경우
B·C간의 전대차관계는 유효합니다. 그러므로 전대
차에 따른 권리·의무관계가 임대차의 범위내에서 당

연히 발생합니다. 다만 전대인 B의 입장에서 보면 차임지급청구권, 목적물의 사용·수익을 위한 제공 의무, 비용상환의무, 보관의무 등이 그대로 유지됩니다.

그런데 전차인 C의 입장에서 보면 권리면에서는 직접 B에게만 미치고 A에게는 미치지 못하는 반면, 의무면에서는 A와 B의 양쪽에 부담하거나 제1차적으로는 A에게 직접 의무를 부담하는 것입니다. 전차인 C는 B에 대해서 특정물채권관계가 존재함으로써 그리고 B도 역시(A에 대한 것과는 별개) 그 물건의 인도시까지 선량한 관리자의 주의의무로써 보관해야 합니다. 만일 C의 과실에 의해서 A가옥이 전소되었다면 B에 대해서 채무불이행에 기한 손해배상책임이 생깁니다. 따라서 C의 A가옥에 대한 선관주의의무는 먼저 임대인 A에게 직접 그 의무가 발생하고 B에 대한 것은 B·C간의 내부적 선관의무에 그친다고 봅니다.

(2) A·C간의 법률관계

● A의 동의없는 전대

동의없는 전대의 경우 A와 C 사이에는 아무런 법적관계가 발생되지 않습니다. A는 임대차계약의 해지 및 손해배상청구권을 가진다는 것은 B에 대한 관계에 해당됩니다.

A·C와의 법적관계가 성립되지 않음으로써 민법 제 750조의 불법행위일반요건에 해당되는 것이며 실화자에게 중대한 과실이 없는 경우 그 배상책임에 있어서 '실화책임에 관한 법률'의 적용을 받게 됩니다. 그런데 위 사안처럼 승낙있는 전대의 경우에는 사정이 다릅니다.

● A의 동의있는 전대

A의 동의를 받았다고 해도 임대차관계가 발생하는 것은 아닙니다. 다만, 전술한 것처럼 C는 A에게 권리의 주장의 부인되지만 의무의 이행은 직접 부담한다고 볼 수 있습니다.

즉, '임차인이 임대인의 동의를 얻어 임차물을 전대할 때는 전차인이 직접 임대인에 대해서 의무를 부담한다'라고 민법에 규정되어 있습니다. 이 의무는 목적물의 보관의무의 위반에 기한 손해배상의무, 임대차종료시 목적물반환의무, 차임지급의무 등을 포함합니다.

위 사안에서는 과실로 인하여 선관의무를 해태한 결과가 되어 채무불이행에 해당되므로 A는 C에게 직접 채무불이행의 책임을 물을 수 있습니다.

결론적으로 통설에 의하면 A와 B에 대해서 임대차 계약관계가 유지됨으로써 C의 선임·감독에 있어 B에게 과실이 있으면 손해배상을 청구할 수 있을

것입니다. 뿐만 아니라 C에 대해서도 직접 선관의
무의 해태를 이유로 하여 손해배상을 청구할 것입
니다. A가 B와 C에 대한 배상청구권은 일종의 부
진정연대채무가 됩니다.

(11) 임차인의 유익비 청구권은 어디까지 보장되는가?

┃질문┃ 저는 주택의 일부에 점포가 딸린 가옥을 2007년 12월 26일 A에게 보증금 1,000만원에 월세 30만원 임대기간 1년으로 정하고 임대하였고, A는 그 집에 입주한 후 점포를 생맥주집으로 경영하고 있습니다. A가 입주하기 전에 그 점포는 구멍가게로 사용하던 것이었는데 A는 입주 후에 그 내부를 생맥주집으로 영업할 수 있도록 구조변경하면서 저에게 구조를 변경하겠다고 하기에 승낙했습니다. A는 종전의 구조를 전부 뜯어내고 내부구조를 바꾸고 진열장, 주방 등을 새로 만들어서 영업을 시작했습니다. 그런데 A는 입주 후 몇 달간은 월세를 매월 내더니 약 5개월 전부터는 장사가 안된다는 이유로 월세도 전혀 내지 않고 전기료, 수도료 등도 내지 않아서 제가 대납하고 있는 실정입니다. 저는 참다 못해 2008년 10월 31일자 내용증명으로 1년간의 임대기간이 끝나면 명도해 줄 것을 통지했더니 A는 1년 기한이 다 되면 나가겠지만 점포에 대한 수리비 700만원을 주어야만 나가겠다고 하면서 지금까지 나가지도 않고 월세도 주지 않고 있습니다. 이런 경우 저는 수리비 700만원을 주어야 하는지요?

┃답변┃ **수리비중 유익비나 필요비의 비용은 귀하가 반환할 의무가 있으나 그 이외의 비용은 반환할 의무가 없습니다.**

임대차관계가 종료되었을 때 임차인은 임대인의 승낙을 얻어 임차목적물에 부속시킨 물건이 있을 때는 그 부속물의 매수를 청구할 권리가 있고, 또 임차인은 임차물의 보존에 관한 필요비나 유익비를 청구할 권리가 있어서 임차인이 임대인의 승낙을 얻어 점포 안에 방을 들였을 때 그 방을 들인 비용, 창문을 설치한 비용, 내부수리를 위해서 지출한 비용 등은 임대인이 상환할 의무가 있으며, 기타 보존에 필요한 비용으로서 파손된 부분의 보수비용, 페인트칠을 한 비용 등 필요비와 임차물의 개량을 위해 지출한 유익비 즉 수도시절, 전기시설 등에 소요된 비용은 그 지출한 금액이나 가액의 증가가 현존하는 경우에 그 증가액을 지급할 의무가 있는 것입니다.

그러나 임차인이 자기의 영업을 위해 특별히 시설한 진열대, 주방 내부치장 등을 설치하는데 소요된 비용은 임대인에게는 아무런 이익도 되지 않는 비용이고 오히려 임차인의 원상회복의무에 포함되는 부분이어서 임차인은 자기의 비용으로 원상복구할 의무가 있어서 임대인으로서는 그 비용을 반환할 의무가 없습니다.

따라서 귀하의 경우 A가 반환을 요구하는 수리비 700만원 중에서 앞서 말한 유익비나 필요비에 해당하는

부분의 비용은 귀하가 반환할 의무가 있으나 그 이외
의 비용은 반환할 의무가 없을 것입니다.

(12) 임대인의 책임 범위는?

질문 저는 주택을 임대해주면서 임대차계약서에 임차물건에 대한 모든 사고는 임차인이 책임지기로 약정했습니다. 임대차물건에 화재가 발생할 경우 저는 책임이 있는지요?

답변 사고에 관한 귀하의 과실 여부에 따라 달라집니다.

임대차 계약당시 계약서에 임차인은 고의, 과실을 불문하고 임차물건에서 화재, 도난 등의 사고가 발생했을 경우에는 이에 대한 모든 대내외적 책임을 진다고 규정했더라도 이와 같은 면책조항이 임대인의 고의, 중과실로 인한 경우까지 적용된다면 약관의 규제에 관한 법률에 위반되어 무효라고 보아야 하기 때문에 그 외의 경우, 즉 경과실로 인한 경우에 한하여 임대인의 면책을 정한 규정이라고 해석해야 합니다(대법 제3부 판결).

참고로 대항력없는 임차인은 양도인에게 보증금반환을 청구해야 하므로 양수인(매수인, 경락인, 상속인 등)에게 청구하려면 대항요건을 갖추어야 우선변제권이 인정되는데 그 요건은 ① 주택을 인도받고 전입신고하고, ② 확정일자를 갖추고, ③ 임대차가 종료되고, ④ 경락기일까지 배당요구해야 하며, ⑤ 이해관계인의 이의가 없어야 합니다.

소액보증금의 최우선변제요건은 대항요건을 경매신청
기입전까지 갖추어야 하지만 위 우선변제권은 그렇지
않습니다. 즉, 확정일자는 보증금의 우선변제요건이고
임차권의 대항요건이나 소액보증금의 최우선 변제요건
이 아닙니다.

(13) 보증금이 남아 있을 경우 월세를 보증금에서 공제할 수 있는가?

▌질문▌ 저는 임차보증금 600만원, 월세 30만원에 주택을 임차하여 거주하고 있는데, 생활이 어려워 월세를 연체하자 임대인이 월세를 청구하면서 월세를 내지 못하면 임차물을 명도하라고 합니다. 임차보증금 600만원으로 연체된 월세에 충당하라고 할 수는 없는지요?

▌답변▌ 임차보증금에서 월세액을 공제할 수는 없습니다.

임차보증금은 임대차존속 중의 임료뿐만 아니라 건물 명도의무이행에 이르기까지 발생한 손해배상채권 등 임대차계약에 의하여 임대인이 임차인에 대해 가지는 일체의 채권을 담보하는 성격을 갖습니다. 판례는 임차인이 임대차계약을 체결할 당시 임대인에게 지급한 임대차보증금으로 연체차임 등 임대차관계에서 발생하는 임차인은 모든 채무가 담보된다 하여 임차인이 그 보증금의 존재를 이유로 차임의 지급을 거절하거나 그 연체에 따른 채무불이행책임을 면할 수는 없다고 하였습니다(대법원 1994. 9. 9. 선고, 94다4417 판결).

따라서 귀하가 연체된 월세를 보증금에서 공제하라고 항변할 수는 없을 것이며, 보증금이 남아 있다고 해도

월세 연체액이 2개월분의 월세액에 달하는 때에는 임
대인이 귀하와 위 임대차계약을 일방적으로 해지하고
위 주택의 명도를 청구할 수 있는 것입니다.

제 3 장

주택임대차보호법과 그 적용범위

제 3 장
주택임대차보호법과 그 적용범위

1. 주택임대차에 관한 법률규정

법률은 무주택자들을 보호하고, 임대차관계에서 임차권을 보장하기 위해 그에 관한 규정을 두고 있다. 1차적으로는 민법에서 주택임대차에 대해 정하고 있으며 그 특례규정으로 주택임대차보호법이 있어, 더 구체적으로 임대차관계와 임차권의 보호에 대해 규정하고 있다.

그런데, 이 주택임대차보호법이 모든 주택, 모든 관계에 대하여 무조건적으로 적용되지는 않는다. 그러므로 우리는 임차권을 보호받을 수 있는 범위를 알고, 그 보호범위에 속하도록 어느 정도의 주의를 기울여야 할 것이다.

2. 주거용 건물(주택)

주택임대차보호법은 주거용 건물(주택)에 한하여 적용되며, 점포·상가사무실·공장 등의 비주거용 건물에는 적용되지 않는다.

(1) 주거용 건물의 의의

'주거용'이란 "사람의 일상생활인 기와침식(起臥寢食)에 사용됨"을 말하고, '건물'이란 "토지에 정착하는 공작물 중 지붕 및 기둥 또는 벽이 있는 것과 이에 부수되는 시설"을 의미한다. 이를 합하면 '주거용 건물'이란 "토지에 정착하는 공작물 중 지붕 및 기둥 또는 벽이 있는 것과 이에 부수되는 시설로서 사람의 일상생활인 주거의 기와침식에 사용되는 것"이라고 정의된다.

주거생활의 안정을 목적으로 하는 법의 취지에 비추어 볼 때 주택인지 여부는 공부상(公簿上)의 기재에 의하여 형식적으로 판단할 것이 아니라 건물의 객관적 용도·실제 이용관계·주변의 상황 등 여러 사정에 비추어 실질적으로 판단하여야 할 것이다. 즉 사회통념상 건물로 인정하기에 충분하며 주거용으로 사용되고 있는 것이라면 그것이 본건물인지 부속건물인지, 허가를 받은 것인지 무허가인지, 등기가 된 것인지 미등기 건물인지 등은 문제가 되지 않을 것이다.

〈주택임대차보호법의 보호를 받는 건물과 보호를 받지 못하는 건물〉

구 분	종 류	보호여부
등 기 된 건 물	단독주택, 아파트, 연립주택, 다세대주택, 다가구주택	○
미 등 기 건 물	소유권보존등기를 하지 않은 건물	○
준공필을 받지 못한 건물	건축공사를 마치고 준공검사를 통과하면 받게 되는 증명서인 준공필증을 받지 못한 건물	○
무 허 가 건 물	허가를 받지 않고 지은 가건물	○
가 건 물	쉽게 철거할 수 있도록 지은 가건물	○

용 도 변 경 건 물	1. 건축물 관리대장이나 등기부상의 용도가 공장 또는 창고라 하더라도 임대인이 건물의 구조, 용도를 변경하여 주거용으로 임대한 건물 2. 비주거용 건물을 임대해 있다가 임대인의 승낙을 얻어 주거용으로 개조, 이용하는 건물	○
무 료 사 용 건 물	보증금이나 월세 등 대가를 지급하지 않은 임대차	×
일시 사용을 위한 건물	여관, 호텔, 민박, 가건물 등 일시적 사용을 위한 임대차	×
무승낙 용도변경 건물	공장이나 창고 등 비주거용 건물을 임차해 있다가 임대인의 승낙을 얻지 않고 주거용으로 개조, 이용하는 건물	×
법인명의로 계약한 임대차	회사가 사원주거용으로 임차한 주택	×

(2) 건물의 전부 또는 일부

　주택임대차보호법은 건물 전부에 대한 임대차뿐 아니라 그 일부에 대한 임대차에도 적용된다. 즉 반드시 물리적으로 독립한 1동(一棟)의 건물 전체가 아니라 그 일부라도 무방한 것이다. 이 경우 그 일부가 반드시 독립성을 지닐 필요는 없으므로 출입구·화장실·부엌 등을 따로 갖추고 있는 경우는 물론 전체 건물 중 방 한 두 칸을 임차하여 위와 같은 시설들을 공동으로 사용하는 경우에도 임대차법의 보호를 받을 수 있다.

(3) 임차주택의 일부가 주거 외의 목적으로 사용되는 경우

점포가 딸린 주택 등 주택의 일부가 주거 외의 목적으로 사용되는 경우, 임차건물이 주로 비주거용으로 이용되고 부수적으로만 주거용으로 이용되는 때를 제외하고는 모두 법의 보호를 받을 수 있을 것이다.

예컨대, 전체건물 중 1층은 공부상으로는 소매점으로 표시되어 있으나, 건축 당시부터 그 면적의 절반 정도는 방 2칸으로, 나머지 절반 정도는 소매점 등 영업소를 하기 위한 홀(Hall)로 건축되어 있었으며, 그러한 상태에서 임차인이 이를 임차한 후 방들 사이의 벽을 허물고 방 1칸으로 만들어 그 중간에 장롱으로 방을 구분하여 가족들과 함께 거주하면서 음식점 영업을 하여 왔으며, 그 중 방부분은 음식점 영업시에는 손님을 받는 곳으로 사용하고 그 때 외에는 주거용으로 사용하였고, 임대차계약서에는 '점포, 방'으로 기재되어 있었고, 경매절차에서의 임대차조사보고서에도 '주거용 영업소'로 기재되어 있었으며, 임차인의 가족은 4인이고 건물 1층 외에는 달리 주택이 없는 경우, 당초 이 건물의 1층이 점포용으로 건축된 것이라고 해도 임차인의 임차목적이 주거용인 데에도 있는 점, 임차인이 가족들과 함께 일상생활을 영위하여 온 점, 유일한 주거인 점 등에 의해 임대차보호법의 적용대상 건물이 되는 것이다.

그러나 다방 건물을 임차하여 그 주방을 주거목적으로 사용한 경우, 그 다방 건물 부분은 영업용으로서 비주거용 건물이며, 그 중 방 및 다방의 주방을 주거목적에 사용한다고 하더라도 그것은 어디까지나 위 다방의 영업에 부수적인 것으로서 그러한 주거목적 사용은 비주거용 건물의 일부가 주거목적으로 사용되는 것일 뿐, 주거용 건물의 일부가 주거 외의 목적으로 사용되는 경우라고 볼 수 없어, 임대차보호법의 보호를 받을 수 없게 된다.

3. 임대차 관계

(1) 임대차계약의 상대방(임대인)

임대차계약에 있어서 임대인은 임차주택의 소유자 또는 적법한 임대권한을 가진 자이어야 한다. 따라서 임차인이 계약을 체결할 때는 등기부상의 소유자와 하는 것이 가장 바람직하겠지만 반드시 주택의 소유자와의 사이에 체결된 계약이 아니더라도 법의 보호를 받을 수 있는 것이다. 즉, 비록 주택의 소유자는 아니지만 주택에 관하여 적법하게 임대차계약을 체결할 수 있는 권한을 가진 임대인 또는 주택의 처분권 있는 자와의 사이에 임대차계약이 체결된 경우에는 임대차법의 보호를 받을 수 있다.

소유자와 계약을 체결할 때 임차인은 계약상대방(임대인)에게 주민등록증 등의 제시를 요구하여 본인 여부를 확인하고 나아가 주택의 등기부등본에 기재되어 있는 소유자의 인적사항(이름, 주민등록번호, 주소)과 일치하는지 여부를 확인해야 할 것이다.

① 임대인의 대리인과 계약을 체결한 경우

실제 임대차계약에서 소유자의 가족이나 친척 등이 소유자를 대신하여 계약을 체결하는 경우를 흔히 볼 수 있다. 이 때 임차인은 소유자의 대리인이라고 주장하는 사람에게 임대차계약을 체결할 대리권이 있음을 나타내는 위임장과 인감증명서를 요구하여 정당한 대리권이 있는지를 반드시 확인해야 한다. 임대인의 대리인이 정당한 대리권을 가진 경우에만 그와 계약을 맺은 임차인은 보호받을 수 있다.

② 명의신탁자·명의수탁자와 계약을 체결한 경우

주택의 명의신탁자는 소유명의자는 아니지만 적법하게 임대차계약을 체결할 수 있는 권한을 가진 것으로 보아야 하므로 명의신탁자와 임대차계약을 체결한 경우도 임대차보호법의 보호를 받을 수 있다. 또한 명의신탁의 법리에 따라 대외적으로 적법한 소유자로 인정되는 등기명의자(명의수탁자)와의 사이에 임대차계약을 체결하는 경우에도 주택임대차보호법은 당연히 적용된다.

③ 공유자 중 일부와 계약을 체결한 경우

공유주택의 임대는 공유물의 관리행위의 하나로서 공유자 지분의 과반수로써 결정된다(법 제265조). 따라서 임차인이 공유자 중 일부와만 임대차계약을 체결했더라

도 그 임대인의 지분이 과반수이면 그 임대차는 주택임
대차보호법의 보호를 받고, 유효하게 되어 계약을 체결
하지 않은 나머지 공유자에게도 대항할 수 있게 된다.

④ 소유자를 가장한 자와 계약을 체결한 경우

임대차계약은 소유자나 적법한 임대권한을 가진 자와의
사이에 체결해야 하므로, 임대할 권한이 없거나 소유자
를 가장한 자와 임대차계약을 체결한 경우에는 법의 보
호를 받을 수 없다.

(2) 채권적 전세계약

전세제도는 타인 소유의 건물을 이용하는 것으로, 그 실질
에 따라 채권적 전세와 물권적 전세로 나누어 진다.

채권적 전세는 민법에 규정되지 않은 비전형계약으로서,
주택의 사용자가 소유자에 대하여 전세금을 교부하고 일정기
간 소유자의 주택을 점유·사용하며, 주택의 차임과 전세금의
이자를 상계시킬 것을 내용으로 하는 쌍무계약이다.

채권적 전세는 타인의 주택을 빌려 사용한다는 점에서 임
대차와 다르지 않지만 차임의 지급방법에 있어서 차이가 난
다. 임대차는 목적물의 사용·수익의 대가로 일정 시기마다
차임을 지급하며, 채권적 전세는 전세금을 일시에 지급하고
별도의 차임 대신 전세금의 이자를 차임과 상계하며 계약 종
료시 전세금을 반환받는 것이다.

주택임대차보호법은 "주택의 등기를 하지 아니한 전세계약에 관하여는 이 법을 준용한다. 이 경우 "전세금"은 "임대차의 보증금"으로 본다." 라고 규정하여 주택에 관하여는 임대차와 채권적 전세의 적용에 차이를 두지 않고 있다.

따라서 채권적 전세계약은 임대차보호법의 보호를 받을 수 있다.

법·대·로

주택임대차보호법 제2조(적용범위)

이 법은 주거용건물의 전부 또는 일부의 임대차에 관하여 이를 적용한다. 그 임차주택의 일부가 주거 외의 목적으로 사용되는 경우에도 또한 같다.

이럴 땐 이렇게(실제 사례 문답)

(1) 점포에 딸린 주택의 경우 보호받을 수 있는가?

┃질문┃ 저는 전세금 2,500만원에 작은 방이 딸린 점포를 임차해서 2008년 3월 12일 입주와 동시에 전입신고를 마치고 가족과 그곳에서 살면서 장사를 하고 있습니다. 그런데 얼마전에(2008. 4. 25.) 집주인은 은행에서 돈을 차용하고 근저당권을 설정해 주었다고 합니다. 나중에 일이 잘못되어 소유주가 바뀌게 된다면 저의 경우에는 점포가 있기 때문에 주택임대차보호법의 보호를 받지 못한다는 말이 있던데 정말로 보호를 받을 수 없나요?

┃답변┃ 보호받을 수 있습니다.

주택임대차보호법 제2조는 "이 법은 주거용 건물의 전부 또는 일부의 임대차에 관해서 이를 적용한다. 그 임차주택의 일부가 주거 외의 목적으로 사용되는 경우에도 또한 같다"고 규정하고 있고, 판례는 "주택임대차보호법 제2조 소정의 주거용 건물에 해당하는지 여부는 임대차목적물의 공부상의 표시만을 기준으로 할 것이 아니라 그 실지용도에 따라서 정하여야 하고, 건물의 일부가 임대차의 목적이 되어 주거용과 비주거용으로 겸용되는 경우에는 구체적인 경우에 따라 그 임대차의 목적, 전체건물과 임대차목적 물의 구조와 형태 및 임차인의 임대차목적물 이용관계 그리고 임차인이 그 곳에서 일 상생활을 영위하는지 여부 등을 아울러 합목적적으로 결정하여야 한다.”라고 하였습 니다 (대법원 1996. 3. 12. 선고 95다51953 판결). 그리고 여기에서 주거용 건물과 비주거용 건물의 구분은 일반적으로 사실상의 용도 를 기준으로 하고 있으므로, 주거용 건물은 그것이 사회통념상 건물로 인정하기에 충분한 요건을 구비하고 주거용으로 사용되고 있는 것이면, 공부(건축물관리대장 등)상 용도란에 ‘주거용’으로 기재되어 있지 않더라도「주택임대차보호법」의 적용을 받게 된다고 보고 있습니다. 또한 판례는 “1층이 공부상으로는 소매점으로 표시되어 있으나 실제로 그 면적의 절반은 방 2칸으로, 나머지 절반은 소매점 등 영업을 하기 위한 홀로 이루어져 있 고, 임차인이 이를 임차하여 가족들과 함께 거주하면서 음식점영업을 하며 방 부분 은 영업시에는 손님을 받는 곳으로 사용하고, 그 때 외에는 주거용으로 사용하여 왔 다면, 위 건물은 주택임대차보호법의 보호대상인 주거용 건물에 해당한다.”라고 한 사례가 있으며(대법원 1996. 5.

31. 선고 96다5971 판결), 또한 "건물이 공부상으로는 단층작업소 및 근린생활시설로 표시되어 있으나, 실제로 甲은 주거 및 인쇄소경영 목적으로, 乙은 주거 및 슈퍼마켓 경영 목적으로 임차하여 가족들과 함께 입주하여 그곳에서 일상 생활을 영위하는 한편, 인쇄소 또는 슈퍼마켓을 경영하고 있으며, 甲의 경우는 주거용으로 사용되는 부분이 비주거용으로 사용되는 부분보다 넓고, 乙의 경우는 비주거용으로 사용되는 부분이 더 넓기는 하지만 주거용으로 사용되는 부분도 상당한 면적이고, 위 각 부분이 甲과 乙의 '유일한 주거'인 경우 주택임대차 보호법 제2조 후문에서 정한 주거용 건물로 볼 것이다."라고 하였습니다(대법원 1995. 3. 10. 선고 94다52522 판결). 따라서 귀하의 경우에는 사안의 내용으로 보아 주택에 딸린 가게에서 소규모 영업을 하는 것으로 보여지고, 그곳이 귀하의 유일한 주거라면, 이는 「주택임대차보호법」 제2조 후단에 해당하여 같은 법의 보호대상이 될 수 있다고 할 수 있을 듯합니다.

(2) 점포, 주택의 겸용주택을 임차한 경우

┃질문┃ 저는 충청남도 당진읍에 사는 사람입니다. 2005년 3
월 10일 당진읍에 있는 건물 1동을 집주인과 전세계
약을 체결하고 임차보증금 3,600만원을 지급하고 입
주한 후, 같은 해 3월 15일자로 주민등록 전입신고
도 필하고 거주하고 있었습니다. 그 후 집주인이 집
을 A라는 사람에게 2007년 6월 20일에 매도하여 저
는 또 다시 A라는 사람과 임대차계약을 갱신했습니
다. 그런데 A가 2007년 10월 5일자로 위 건물을 은
행에 저당하고 융자를 받았으나 은행빚을 갚지 않아
은행에서 경매를 신청하여 2008년 6월 16일자로 B
에게 경락되었습니다. 그 후 경락인 B가 본인에게
가옥을 명도하라고 하기에 저는 주택임대차보호법에
의해 임차보증금을 반환받기 전에는 명도할 수 없다
고 했더니 B는 위 건물이 등기부상 '영업소'로 등
재되어 있으니 주택임대차보호법의 보호대상이 아니
라고 합니다. 그런데 그 건물은 건축 당시에는 영업
소 건물로 건축하여 병원으로 사용하고 있다가 1999
년도에 전 소유자(저와 당초 임대차계약을 한 사람)
가 건물의 내부구조를 전부 변경하여 1층은 일부를
점포로 만들고 내부에는 방을 들여서 살림할 수 있
도록 하였고 2층은 전부 방으로 개조해 놓은 것을

제가 임차했던 것입니다. 이런 경우 저는 어떤 방법
과 절차에 의해서 보호받을 수 있습니까?

┃답변┃ 장차 경락인으로부터 명도요구를 받을 때 전술한 여러
가지 사항을 참작하여 그 건물이 주거용 건물인 점을
주장·입증하여 주택임대차보호법의 보호대상으로 보호
받을 수 있도록 하십시오.

문제의 건물은 등기부상으로 영업용 건물로 되어 있기
때문에 주택임대차보호법상의 보호대상인 주거용 건물
은 아닌 것입니다. 그러나 위 법에 의해 보호하고자
하는 주거용 건물은 공부상 등재 여부에 불구하고 사
실상 주거용으로 사용하고 있는지의 여부에 의해서 결
정되는 것으로 실제 주택으로 사용하고 있으면 이를
보호하고자 하는 것입니다. 따라서 그 건물이 현재 실
제로 주거용으로 사용되고 있다면 귀하는 보호받을 수
있을 것입니다.

그런데 귀하의 질문에 의하면 그 건물의 일부가 점포
로 사용되고 있다고 했는데 이와 같이 점포와 주택을
겸용하는 소위 겸용주택의 경우에는 그 건물의 주된
용도가 주거용인가 상가용인가에 따라서 달라질 것입
니다. 즉 주된 용도가 주거용이되 그 일부를 점포로
사용하는 경우라면 주거용 건물로 해석할 수 있으나,

반대로 그 주된 용도가 점포용이라면 보호받을 수 없게 될 것입니다.

그리고 건물의 주된 용도가 무엇이냐의 판별기준은 건물의 위치·구조·평수·사용방법 등에 의해서 가려질 것이나, 주거용 부분의 평수와 점포 부분의 평수를 비교해서 결정하는 방법도 있다는 것을 유의할 필요가 있습니다. 그러므로 귀하로서는 장차 경락인으로부터 명도요구를 받을 때 전술한 여러 가지 사항을 참작하여 그 건물이 주거용 건물인 점을 주장·입증하여 주택임대차보호법의 보호대상으로 보호받을 수 있도록 노력하시기 바랍니다.

(3) 주거용 건물과 점포용 건물

┃질문┃ 저는 의정부에 있는 A소유의 점포용 건물 중 1층 50평을 5,000만원에 2007년 11월 30일 전세입주하고 그곳으로 주민등록을 옮겼습니다. 위 점포는 안쪽으로 10평 정도의 면적에 방 하나와 주방, 욕실 시설이 되어 있어서 그 점포를 경영하는 자가 그곳에서 살림을 하게 되어 있습니다. 물론 등기부상에는 주거용으로 되어 있지는 않고 점포용 건물로만 되어 있습니다.

그런데 금년 봄에 그 집이 경매에 부쳐졌다고 해서 알아 본 바, 2008년 5월경에 집주인이 사채업자에게 저당을 잡히고 돈을 빌려 쓴 후 그 빚을 갚지 못해서 그 저당권이 실행되고 있다는 것을 알았습니다. 저는 주위 사람에게 물어보고는 임대차보호법이 있으니 안심해도 된다고 해서 그대로 있었는데 금년 여름에 그 집을 경락한 사람이 명도를 청구해 왔습니다. 저는 어떻게 되는지요?

┃답변┃ 본시 주택임대차보호법은 주거용 건물의 전부 또는 일부의 임대차에 적용하기 위해 제정되었습니다.

여기에서 말하는 주거용 건물이라는 것은 실제로 주거용이냐 아니냐에 의해 결정되는 것이지 공부상 표시에 구애받지는 않습니다.

그런데 실제 우리나라 실정이 가게 한구석에 방을 들이고 살림을 하면서 장사하는 영세민이 많기 때문에 임대차보호법을 시행한 이후 귀하의 경우와 같은 분쟁 문제가 적지 않게 일어났습니다.

그래서 1983년 12월 30일자로 이 법을 보완 제정했는데 "그 임차주택의 일부가 주거 외의 목적으로 사용되는 경우에도 또한 같다"라고 하는 조문을 첨가한 것입니다(같은 법 제2조 후단). 그래서 처음에 길가의 방을 임차해서 주거용으로 쓰면서 그 중 일부를 점포로 쓰는 경우 등에는 위 법문의 해석상 문제가 없게 되었으나, 반대로 10평 점포를 빌린 후 그 중 한 두 평 정도를 방을 들여 쓰는 경우에는 어떻게 할 것인가 또는 주거용과 점포용이 불분명한 경우 말하자면 장사를 하기 위해 그 방에서 살림을 하느냐 아니면 살림을 하면서 장사를 하느냐의 관계가 애매모호한 경우에는 어떻게 할 것인가 하는 문제는 여전히 남게 됩니다.

현재까지는 이 점에 대하여 확실한 대법원 판례가 나와 있지 않습니다. 현재 이 문제에 관해서는 대략 다음과 같은 세 가지 설이 대립되어 있는 형편입니다. 1설로서는 주거용으로 쓰는 부분과 비주거용으로 쓰는 부분을 구획하여 주거용으로 쓰이는 부분에 한해서 임대차보호법을 적용하는 것이 옳다는 이른바 분할설을 취하는 견해가 있고, 2설로서는 주거용 부분과 비주거용 부분의 각 면적을 견주어 보아서 한쪽이 더 넓고 좁은 쪽이 넓은 쪽에 부수되거나 흡수되는 정도라면 그 넓은 쪽을 골라서 그 넓은 쪽이 주거용이면 위 법의 보호를 받게 하고 반대의 경우에는 위 법을 적용하지 않는다는 이른바 주종관계 또는 대비설을 취하는 견해가 있고, 3설로서 주거용 부분이나 비주거용 부분의 면적 사용목적의 주종 따위를 대비할 것 없이 일부를 주거용으로 쓰고 있는 경우에는 전부를 주거용으로 보아 위 법의 보호를 받도록 해야 된다는 포괄설이 있습니다.

사실 위 법이 영세임차인을 보호하고자 함에 있고 또 우리 경제 실정이 가게 안에 방을 들이고 살림하면서 장사하는 경우 한 푼이 새로울 정도이므로 새우잠을 자더라도 점포를 넓게 쓰고자 하는 것이 보편적 현상인 점에 비추어 보면 위 포괄설의 견해가 시원스럽기는 하나 구체적인 경우에는 그렇지 않은 경우도 있어서 딱 잘라 어느 것이어야 된다고 말하기가 어려운 처지에 있습니다. 현재까지는 위 2설이 다수설인 듯한 인상을 주고 있습니다.

(4) 공부상 용도가 공장인 경우

┃질문┃ 저는 건축물관리대장상의 용도는 공장으로 되어 있지만 현재 내부구조를 변경하여 주거로 사용하고 있는 건물을 임차하여 입주와 전입신고를 마쳤습니다. 이러한 건물도 주택임대차보호법의 적용을 받을 수 있는지요?

┃답변┃ 적용을 받을 수 있습니다.

어떤 건물이 주택임대차보호법의 적용대상이 되는 주거용 건물인지 여부는 등기부, 건축물관리대장 등 공부상 표시만을 기준으로 결정하지 않습니다. 따라서 공부상 용도가 상가, 공장으로 되어 있어도 이미 건물의 내부구조 및 형태가 주거용으로 용도 변경된 건물을 귀하가 임차하여 그곳에서 일상생활을 영위하면서 사실상 주거로 사용하고 있다면 주택임대차보호법이 적용됩니다.

최근 다가구용단독주택에서 옥상의 옥탑을 주거용으로 용도 변경하는 경우를 종종 볼 수 있는데 이러한 경우도 임차하여 실제로 주거용으로 사용하고 있으면 주택임대차보호법의 적용을 받습니다.

(5) 주택의 일부를 점포로 개조한 경우

▌질문▌ 저는 현재 주택의 일부를 구멍가게로 개조한 건물을 임차하여 입주와 동시에 전입신고를 마치고 그곳에서 거주하면서 구멍가게를 경영하고 있습니다. 이러한 건물도 주택임대차보호법의 적용을 받을 수 있는지요?

▌답변▌ 적용을 받을 수 있습니다.

주택임대차보호법 제2조 단서는 임차주택의 일부를 주거 이외의 목적으로 사용하는 경우에도 같은 법이 적용된다고 규정하고 있기 때문에 적용 가능합니다. 그러나 귀하의 주장과는 달리 건물 중 주택과 점포의 구조와 점유면적, 건물의 주된 용도 등을 참작할 때 오히려 비주거용건물의 일부를 주거로 사용하고 있는 경우라고 판단된다면 주택임대차보호법이 적용되지 않을 수도 있습니다.

(6) 비주거용건물을 주거용 건물로 개조한 경우

▮질문▮ 저는 점포용 건물을 임차하여 장사를 하다가 영업이 잘되지 않아서 현재는 주거용으로 내부를 개조하여 거주하고 있습니다. 이러한 경우에도 주택임대차보호법의 적용을 받을 수 있는지요?

▮답변▮ **원칙적으로 적용을 받을 수 없습니다.**

주택임대차보호법이 적용되기 위해서는 임대차계약 당시에 이미 임대건물이 주거용도로 사용할 수 있어야 합니다. 따라서 귀하의 경우와 같이 계약 당시에 점포용 건물이었다면 그 후 임차인이 임의로 주거용으로 개조하더라도 주택임대차보호법의 적용을 받을 수 없습니다. 다만 귀하가 임대인의 승낙을 얻어 주거용으로 개조한 경우에는 주택임대차보호법의 적용을 받을 수 있습니다.

(7) 임차주택이 미등기건물인 경우

┃질문┃ 제가 현재 임차하고자 하는 주택은 미등기 주택인데 이러한 건물에도 주택임대차보호법이 적용되어 임대차계약서에 확정일자를 받아 두면 우선변제권을 행사할 수 있는지요?

┃답변┃ 미등기건물이라도 주택인 이상 주택임대차보호법의 적용을 받습니다.

귀하의 경우에도 임대차계약서에 확정일자를 받아 두면 앞으로 위 주택에 보존등기가 경료되고 저당권이 설정되어 경매되더라도 저당권자에 우선하여 임대보증금을 변제받을 수 있습니다. 다만 임대차계약을 체결하기 전에 귀하에게 임대하는 사람이 실제소유자(건축물관리대장에 의하여 건물소유자로 확인된 신축자)이거나 그로부터 임대권한을 부여받은 사람인지 여부를 확인해 보아야 합니다.

(8) 공동소유 주택을 임차하는 경우

┃질문┃ 저는 A(3/8), B(3/8), C(2/8) 3인이 공유하고 있는 주택의 2층 전부를 A와 B로부터 보증금 4,000만원에 전세들어 전세권설정등기는 하지 않고 주민등록 전입신고를 하고 확정일자도 받아 두었습니다. 그런데 들리는 얘기로는 이 경우 공유자 전원으로부터 전세를 들어야만 저의 주택임차권이 유효하다고 합니다. A와 B만을 임대인으로 하여 계약을 체결한 저의 주택임차권은 보호받지 못하는지요?

┃답변┃ 귀하의 주택임차권은 유효합니다.

공유자는 공유물전부를 지분의 비율로 사용·수익할 수 있으며(민법 제263조 후문), 공유물의 처분·변경은 다른 공유자의 동의 없이 할 수 없으나(민법 제264조), 공유물의 관리에 관한 사항은 공유자의 지분의 과반수로써 결정하도록 규정하고 있습니다 (민법 제265조 본문). 그리고 판례는 과반수공유자의 결의 없이 한 임대차계약은 무효라고 하였으나(대법원 1962. 4. 4. 선고 62다1 판결), "공유자 사이에 공유물을 사용·수익할 구체적인 방법을 정하는 것은 공유물의 관리에 관한 사항으로서 공유자의 지분의 과반수로써 결정하여야 할 것이고, 과반수지분의 공유자는 다른 공유자와 사이에 미리 공유물의 관리방법에 관한 협의가 없었다 하더라도 공유물의 관리에 관한 사항을 단독으로 결정할 수 있으므로, 과반수지분의 공유자가 그 공유물의 특정 부분을 배타적으로 사용·수익하기로 정하는 것은 공유물의 관리방법으로서 적법하다고 할 것이므로, 과반 수지분의 공유자로부터 사용·수익을 허락 받은 점유자에 대하여 소수지분의 공유자 는 그 점유자가 사용·수익하는 건물의 철거나 퇴거 등 점유배제를 구할 수 없고, 과반수지분의 공유자는 그 공유물의 관리방법으로서 그 공유토지의 특정된 한 부분을 배타적으로 사용·수익할 수 있으나, 그로 말미암아 지분은 있으되 그 특정 부분의 사용·수익을 전혀 하지 못하여 손해를 입고 있는 소수지분권자에 대하여 그 지분에 상응하는 임료 상당의 부당이득을 하고 있다 할 것이므로 이를 반환할 의무가 있다 할 것이나, 그 과반수지분의 공유자로부터 다시 그 특정 부분의 사용·수익을 허락 받은 제3자의 점유는 다수지분권자의 공유물관리권에 터 잡은 적법한 점유이므로 그 제3자는 소수지분권자에 대하여도 그 점유로 인하여 법률상 원인 없이 이득을 얻고 있다고는 볼 수 없다."라고 하였습니다(대법원 2002. 5. 14. 선고 2002다9738 판결). 그러므로 귀하의 경우는 공유자 전체 지분의 과반수[즉, A지분(3/8) + B지분(3/8) = 6/8]

의 결의에 의하여 위 목적물을 임차한 경우로서 귀하
의 임차권은 유효하고, 비록 C가 임대인에서 제외되어
있었다고 하여도 C에 대하여 유효한 임차권을 가지고
대항할 수 있으므로 계약이 종료되지 않는 한 C에게
명도청구를 당하지는 않을 것이고, 또한 부당이득반환
청구도 당하지 않을 것입니다. 그러나 귀하가 계약기
간만료시 보증금반환청구는 누구에게 하여야 하는지,
경매 등의 경우 C의 공유지분의 매각대금에서도 배당
을 받을 수 있는지가 문제됩니다. 이에 관하여 직접적
으로 거론한 판례는 보이지 않는 듯하고,「민법」제
266조 제1항 이 "공유자는 그 지분의 비율로 공유물의
관리비용 기타 의무를 부담한다."라고 규정하고 있
지만, 판례를 보면 "공유토지의 과반수지분권자는 다
른 공유자와 협의 없이 단독으로 관리행위를 할 수가
있으며, 그로 인한 관리비용은 공유자의 지분비율 에
따라 부담할 의무가 있으나, 위와 같은 관리비용의 부
담의무는 공유자의 내부관계 에 있어서 부담을 정하는
것일 뿐, 제3자와의 관계는 당해 법률관계에 따라 결
정된다."라고 하였습니다(대법원 1991. 4. 12. 선고
90다20220 판결). 그리고 전세보증금은 A · B이 보관
하고 있다가 계약이 종료되면 장차 귀하에게 반 환할
성질의 것이고, 공유지분과반수의 결의 없이 건물을
임대한 경우 공유자간의 사용 · 수익권의 침해로 인한

손해배상 또는 부당이득청구사건에 있어서도 임차보증금 자체에 대한 지분비율 상당액의 반환 또는 배상을 구할 수는 없다고 하면서 지분비율에 따른 차임상당액(이 경우에는 보증금의 이자에 대한 지분비율상당액이 될 듯함)만을 인정한 판례가 있습니다(대법원 1991. 9. 24. 선고 91다23639 판결). 위 사안에 있어서도 귀하가 A·B과 위 임대차계약을 체결할 때 전세보증금은 A·B가 보관하고 있다가 반환하기로 특별히 약정한 경우에는 당연히 A·B에게만 보증금반환청구를 할 수 있고, 경매시에도 A·B의 공유지분의 매각대금에서만 배당 받을 수 있을 것으로 보이고, 특별히 정한 바가 없다고 하여도 귀하가 C를 제외하고 A·B하고만 위 임대차계약을 체결한 것이므로 보증금반환은 A·B가 하기로 하는 의사로서 위 계약을 체결한 것으로 볼 여지가 있을 듯합니다. 따라서 귀하의 전세보증금반환은 A와 B에게만 청구할 수 있을 것으로 보이고, 경매시에도 A와 B의 공유지분의 매각대금에서만 배당받을 수 있다고 할 것입니다. 다만, A와 B의 전세보증금반환책임에 관하여 판례는 "채권적인 전세계약에 있어 전세물건의 소유자가 공유일 경우에는 그 전세계약과 관련하여 받은 전세금반환채무는 성질상 불가분의 것이다."라고 하였으며(대법원 1967. 4. 25. 선고 67다328,카 1155 판결), 또한 "건물의 공유

자가 공동으로 건물을 임대하고 보증금을 수령한 경
우, 특별한 사정이 없는 한 그 임대는 각자 공유지분
을 임대한 것이 아니고 임대목적 물을 다수의 당사자
로서 공동으로 임대한 것이고 그 보증금반환채무는 성
질상 불가분 채무에 해당된다고 보아야 할 것이다."
라고 하였으므로(대법원 1998. 12. 8. 선고 98다43137
판결), 귀하는 A와 B 누구에게나 귀하의 전세보증금전
액의 반환을 청구 할 수 있을 것으로 보입니다.

(9) 주택주가 아닌 권리자와 임대차계약을 한 경우

┃질문┃ 저는, 주택 소유자는 아니지만 주택에 관해 적법하게 임대차계약을 체결할 수 있는 권한을 가진 명의신탁자와 임대차계약을 체결하였습니다. 주택임대차보호법이 적용되어 임대차로 보호되는지요?

┃답변┃ **귀하도 대항력을 주장할 수 있습니다.**

주택임대차보호법이 적용되는 임대차는 반드시 임차인과 주택의 소유자인 임대인 사이에 임대차계약이 체결된 경우에 한한다고 할 수 없고 위와 같은 경우도 포함됩니다.

주택임대차보호법 제4조 제1항과 제10조의 취지에 비추어 보면 이는 임차인의 보호를 위한 규정이고, 위 규정에 위반하는 약정이라도 임차인에게 불리하지 않은 것은 유효하다고 풀이하는 경우가 많습니다.

이런 점에서 임차인과 명의신탁자와의 계약이지만 대항력을 주장할 수 있다 할 것입니다. 대항력은 주택의 인도와 주민등록을 마치면 발생합니다.

(10) 수탁자와 임대차계약을 한 경우

▌질문▌ 저는 2005년 이래 살던 제 소유의 가옥을 개인사정이 있어 2007년 6월경 A에게 금 6,000만원에 매도하고 위 대금 중 금 2,000만원을 전세금으로 하여 A와 임대차계약을 체결한 뒤 계속 그 가옥에서 거주하고 있습니다.

그런데 금년 봄 B가 나타나서 이 가옥은 B가 먼거리에 거주하고 있었기 때문에 친지인 A의 명의를 빌려 매수했던 것이고 이번에 신탁해지로 인해서 소유권이전등기까지 마쳤으니 저에게 이 가옥을 명도해 달라고 요구합니다. 만일 B가 이와 같은 명도소송을 제기하면 저는 어떻게 대응해야 합니까?

▌답변▌ 그에 대응하여 동시이행항변권을 행사하십시오.

귀하는 이 건 임차주택의 명의수탁자인 A와 임대차계약을 체결했으므로 명의신탁계약의 해지여부와 상관없이 귀하의 임차권은 유효합니다. 왜냐하면 명의수탁자는 대외적으로는 적법한 소유자로 인정되고 그의 신탁 목적물에 대한 처분, 관리행위는 유효하기 때문입니다.

그리고 B가 임차주택에 관해서 명의신탁해지를 원인으로 소유권이전등기를 했다고 하는데, 그러한 경우 B는 주택임대차보호법 제3조 제3항의 규정에 따라 임대인의 지위를 승계한 것으로 보게 되므로 귀하는 B에 대해 임대차기간동안의 거주 및 기간만료시 임대차보증금의 반환을 구할 권리가 있습니다.

따라서 B가 귀하를 상대로 건물명도소송을 제기하는 경우에는 응소하여 임대차기간이 남아있으면 기간이 만료되지 않았다는 것을 주장할 수도 있고 그렇지 않은 경우에는 임대차보증금을 반환받음과 동시에 건물을 명도하겠다는 내용으로 동시이행항변권을 행사하시면 됩니다.

(11) 임대인의 동의를 얻지 않은 전대차의 효력

┃질문┃ 저는 임대차계약 당시 이 집에 살고 있던 A를 집주
인으로 알고 임대차계약을 체결하고 입주하여 주민
등록을 마쳤습니다.

그런데 알고 보니 집주인은 B이고, A는 B와 임대차
계약을 체결하고 살고있던 임차인입니다. 집주인 B
는 저에게 퇴거를 요구하는데 어떻게 해야 하는가
요? 또한 전세금은 누구에게 받아야 하나요?

┃답변┃ 퇴거하셔야 합니다.

임대인이 아닌 임차인과 임대차계약을 체결한 경우를
전대차라고 하며, 이 경우의 계약당사자를 전대인·전차
인이라고 합니다.

민법 제629조는 "임차인은 임대인의 동의없이 그 권리
를 양도하거나 임차물을 전대하지 못하며, 임차인이
이 규정을 위반한 때에는 임대인은 계약을 해지할 수
있다"라고 규정하고 있으므로, 임차인이 계약기간중
에 임차권을 타인에게 전대하였더라도 임대인의 동의
가 없으면 그 타인(전차인)은 자신의 권리를 임대인에
게 주장할 수 없습니다.

하지만 주택의 일부를 임대인의 동의없이 전차한 경우
는 이에 해당하지 않습니다.

귀하의 경우는 A의 전대가 건물주인 B의 동의없이 행해진 것이므로 B는 귀하에 대하여 퇴거를 요구할 수 있고, 귀하는 자신이 원래의 임차인 A와 체결한 임대차관계를 주장하지 못하고 퇴거해야 합니다.

귀하가 입주하고 주민등록을 마쳤다 하더라도 이 점은 변하지 않습니다. 위와 같은 경우는 전세금 반환에 대해 종전 임차인 A에게만 불법행위로 인한 손해배상청구로서 권리행사를 할 수 있을 뿐입니다.

만약 B가, A가 전대하는 데 동의한 경우에는 귀하는 유효한 임차권을 갖게 되어 계속 거주할 수 있고, 임대차 종료시에 집주인 B로부터 전세금을 반환받을 수 있습니다.

(12) 재외동포도 주택임대차보호법의 보호를 받는지

┃질문┃ 저는 외국으로 이주하여 외국국적을 취득한 한국동
포입니다. 최근 사업상 국내에 입국, 장기 체류하게
되어 거주할 주택을 임차하였는데, 주민등록이 없어
「재외동포의 출입국과 법적지위에 관한 법률」에
의한 국내거소신고를 임차주택 소재지 지번으로 하
였습니다. 저도「주택임대차보호법」의 보호를 받을
수 있는지요?

┃답변┃ 받을 수 있습니다.

「주택임대차보호법」의 입법목적에 관하여 같은 법 제1
조는 "이 법은 주거용건물 의 임대차에 관하여 민법에
대한 특례를 규정함으로써 국민의 주거생활의 안정을
보 장함을 목적으로 한다."라고 규정하고 있고, 같은
법 제3조 제1항에서 "임대차는 그 등기가 없는 경우에
도 임차인이 주택의 인도와 주민등록을 마친 때에는
그 다음날 부터 제3자에 대하여 효력이 생긴다."라고
규정하고 있습니다. 여기서 귀하는 국민이 아닌 외국
인이므로「주택임대차보호법」의 보호대상이 될 수 있
는지 문제됩니다. 그런데「재외동포의 출입국과 법적
지위에 관한 법률」제2조 및 제3조는 "재외동포란 ①
대한민국의 국민으로서 외국의 영주권을 취득한 자 또

는 영주할 목적으로 외국 에 거주하고 있는 자(재외국민)와 ②대한민국의 국적을 보유하였던 자(대한민국정부 수립 이전에 국외로 이주한 동포를 포함) 또는 그 직계비속으로서 외국국적을 취득 한 자 중 대통령령이 정하는 자(외국국적동포)를 말하고, 같은법은 재외국민과 「출 입국관리법」 제10조의 규정에 의한 체류자격 중 재외동포체류자격을 가진 외국국적 동포의 대한민국에서의 출입국과 대한민국 안에서의 법적 지위에 관하여 적용된다.”라고 규정하고 있습니다. 그리고 재외동포의 국내거소신고에 관하여 같은 법 제6조는 “① 재외국민과 재외동포체류자격으로 입국한 외국국적동포는 이 법을 적용 받기 위하여 필요한 경우에는 대한민국 안에 거소를 정하여 그 거소를 관할하는 출입국관리사무소장(사무소장) 또는 출입국관리사무소출장소장(출장소장)에게 국내거소신고를 할 수 있다. ② 제1항에 따라 신고한 국내거소를 이전한 때에는 14일 이내에 그 사실을 신거소가 소재한 시·군·구의 장이나 신거소를 관할하는 사무소장·출장소장에게 신고하여야 한다. ③ 제2 항에 따라 거소이전 신고를 받은 사무소장이나 출장소장은 신거소가 소재한 시·군· 구의 장에게, 시·군·구의 장은 신거소를 관할하는 사무소장이나 출장소장에게 각 각 이를 통보하여야 한다. ④ 국내거소신고서의 기재 사항, 첨부 서류, 그 밖에 신고 의 절차에 관하여 필요한 사항은 대통령령으로 정한다."라고 규정하고 있고, 같은 법 제7조(국내거소신고증 발급 등)에서는 "① 사무소장 또는 출장소장은 제6조의 규 정에 의하여 국내거소신고를 한 재외국민과 외국국적동포에 대하여 국내거소신고번호 를 부여하고, 재외국민에게는 재외국민 국내거소신고증을, 외국국적동포에게는 외국 국적동포 국내거소신고증을 각각 발급한다. ② 국내거소신고증에는 국내거소신고 번호·성명·성별·생년월일·국적·거주국과 대한민국 안의 거소 등을 기재한다. ③ 사무 소장 또는 출장 소장은 대통령령이 정하는 바에 의하여 국내거소신고 대장과 기타 관계서류를 작성하여 보존한다. ④ 국내 거소신고증을 발급 받은 후 분실·훼손 기타 대통령령이 정하는 사유로 재발급을 받고자 하는 자는 사무소 장 또는 출장소장에게 재발급을 신청하여야 한다. ⑤ 사무소장 또는 출장소장은 제6조의 규정에 의하여 국내거 소신고를 한 사실이 있는 자에 대하여는 법무부령이 정하는 바에 의하여 국내거소신 고사실증명을 발급할 수 있다. ⑥ 제1항 및 제4항의 규정에 의한 국내거소신고증의 발급·재발급 및 제5항의 규정에 의한 국내거소신고사실증명의 발급을 신청하는자는 법무부령이 정하는 수수료를 납부하여야 한다."라고 규정하고 있습니다. 또한, 같은 법 제9조(주민등록 등과의 관

계)에서는 "법령에 규정된 각종 절차와 거 래관계 등
에 있어서 주민등록증, 주민등록등·초본, 외국인등록
증 또는 외국인등록사 실증명을 요하는 경우에는 국내
거소신고증 또는 국내거소신고사실증명으로 이에 갈음
할 수 있다."라고 규정하고 있습니다. 따라서 귀하가
위 주택을 임차하여 인도받아 거주하면서 「재외동포의
출입국과 법적 지위에 관한 법률」에 의한 국내거소신
고를 위 임차주택소재지 지번(地番)으로 하였 다면 「주
택임대차보호법」에 의한 보호를 받을 수 있을 것으로
보입니다.

제 4 장

임차권의 대항력

제 4 장
임차권의 대항력

1. 대항력이란 무엇인가

등기부에 근저당권, 전세권, 압류, 가압류, 가처분, 가등기 등이 전혀 없을 때 임차인이 주택에 입주하고 전입신고까지 마쳤다면 그 다음날부터 제3자에 대하여 대항할 수 있는 권리가 생기는데, 이를 대항력이라 한다.

여기서 제3자란 임대인에게 집을 산 사람, 집을 상속받은 사람, 저당권이나 전세권을 취득한 사람, 경매를 통해 집을 취득한 경락인 등을 말한다.

그리고 제3자에 대해서 대항할 수 있다는 것은 임차한 주택이 다른 사람에게 넘어가거나 경매를 통해 낙찰되어도 임대차가 종료될 때까지 임차한 주택에서 살 수 있으며 새로운 집주인인 제3자에게 임차보증금 전액을 반환받을때까지 집을 비워줄 필요가 없다는 것을 뜻한다.

그러나 주택에 입주와 전입신고를 하기 전에 이미 등기부상에 근저당권, 압류 등이 있었다면 제3자에게 대항할 수 없다.

2. 대항력의 발생시기

주택임차권의 대항력은 주택의 인도와 주민등록이라는 대항요건을 모두 갖춘 다음날 오전 0시부터 생긴다.

이에 따르면 임차주택에 대한 주민등록 전입일자와 근저당권설정일자가 같은 날인 경우 임차권의 대항력은 그 다음날부터 발생하게 되어 결과적으로 근저당권이 우선하게 된다. 그러므로 대항력이 발생하기 전에 임차주택이 매매되거나 가등기·저당권 등이 설정되면 임차보증금도 돌려받지 못하고 퇴거당할 수 있으므로 각별히 유의해야 할 것이다.

3. 대항력의 취득요건

주택의 인도와 주민등록의 두가지 요건을 갖추면 대항력을 취득한다.

(1) 주택의 인도

임차인이 임차권의 대항력을 취득하려면 우선 주택을 인도받아야 한다. 주택의 인도란 주택에 대한 사실상의 지배가 임차인에게 이전하는 것을 말한다.

주택의 인도는 본래 현실의 인도를 의미하지만, 거래의 편의상 의사표시로만 행하는 간이인도·점유개정·목적물반환청구권도 인정하고 있다.

① 현실의 인도

현실의 인도란 주택을 직접 임차인에게 점유이전시키는 것으로, 임차인이 임차건물에 입주하는 것, 이삿짐을 옮기는 것, 임차주택의 열쇠를 받는 것 등이 이에 해당한다. 주택에 대한 사실상의 지배가 현실적으로 임차인에게 이전되는 것이다.

② 간이인도

간이인도란 임차인이 이미 주택을 사실상 지배하고 있는 경우에 현실의 인도 없이 당사자의 의사표시만으로 인도가 이루어지는 것을 말한다. 사용대차 또는 전대차의 형식으로 이미 점유·사용하고 있는 주택에 관하여 새로이 임대차계약을 체결하는 경우가 이에 해당한다.

③ 점유개정(간접점유의 취득)

목적물을 양도한 후에도 양도인이 그 목적물을 계속해서 점유하는 경우 점유이전의 합의만으로 점유는 이전되고, 양수인은 양도인을 직접점유자로 하여 스스로는 간접점유를 취득하게 되는데, 이것을 점유개정이라고 한다. 임대차계약을 체결하고도 주택소유자가 점유를 계속하면서 임차인에게 인도한 것으로 하고 당분간 소유자가 맡아두거나 사용하는 경우가 이에 해당한다.

④ 목적물반환청구권의 양도

목적물반환청구권의 양도란, 양도인이 점유매개자를 통하여 주택을 간접점유하고 있는 경우에 그 점유매개자에 대해 가지는 반환청구권을 양수인에게 양도함으로써 양수인이 주택을 인도받은 것으로 되는 형태이다. 예컨대, 소유자 A와 임차인 B사이에 임대차계약이 체결되고 다시 임차인 B와 전차인 C사이에 전대차계약이 체결되어 전차인 C가 주택을 점유·사용하고 있던 중에 제3자 D가 임차인 B와 전차인 C사이의 전대차계약을 인수하는 조건으로 임차인의 임차권을 양수하는 경우 목적물반환청구권의 양도가 발생하는 것이다.

(2) 주민등록 전입신고

임차인이 대항력을 갖추기 위해서는 주택의 인도와 함께 주민등록 전입신고를 마쳐야 한다.

임대차보호법은 주민등록을 임차인이 마쳐야 하는 것으로 하여 임차인 본인을 주민등록의 대상자로 하고 있으나, 본인만이 대항력을 갖춘 것으로 인정할 수는 없을 것이다. 주거생활의 안전보장은 임차인 본인뿐만 아니라 가족 등에게도 함께 이루어져야 달성될 것이기 때문이다.

요컨대, 주택임대차보호법에서 규정하고 있는 주민등록이라는 대항요건은 임차인 본인뿐 아니라 그 배우자나 자녀 등 가족의 주민등록을 포함한다.

이 때 임차권의 대항요건으로서의 주민등록을 인정받을 수 있는 가족에는 임차인과 세대를 같이하면서 임차주택에 거주하는 동거가족만이 해당된다. 임차주택에 거주하지 않은 채

세대를 달리하고 있는 가족이 전입신고를 한 경우에는 대항력을 인정받을 수 없는 것이다.

또한 임차인의 동거가족 외에 점유보조자, 외국의 주민등록도 대항력이 인정된다.

• 점유보조자

주택의 임차인이 점유보조자에 의하여 간접적으로 임차주택을 점유하고 있는 경우에도 임차인은 점유보조자의 주민등록에 의하여 대항력을 취득할 수 있다. 예컨대 시골에 거주하는 부모가 자식을 도시로 유학보내면서 자식의 거주를 위하여 주택을 임차하는 경우 점유보조자인 자식은 타인(부모)의 지시를 받아 사실상의 지배를 하는 자가 된다. 이 때 그 지시한 부모만을 점유자로 보는 것이다.

• 외국인

외국인은 주민등록의 대상자에서 제외되어 원칙으로 주민등록을 할 수 없게 되어 있다. 따라서 국내에 거주하는 외국인은 주택을 임차한 경우에도 대항요건 중 하나인 주민등록을 갖추지 못하게 되어 임대차보호법에 의한 대항력을 취득할 수 없고, 나아가 우선변제권도 취득할 수 없게 된다.

그러나 이러한 외국인도 주민등록을 구비하여 임대차보호법의 보호를 받는 길이 있다. 즉, 외국인의 주민등록에 관한 신고는 출입국관리법에 의한 체류지신고로써 대신할 수 있으며, 그 주민등록표는 출입국관리법에 의한 외국인등록표로써 대신할 수 있다. 이로써 외국인도 주택을 임차하여 출입국관리법에 의한 체류지변경신고를 하면 주민등록을 마쳤다고 보게 되어 임대차보호법상의 대항요건으로서 주민등록을 취득하게 되는 것이다.

주민등록의 주소는 주택의 등기부상 지번과 일치해야 한다. 임차인이 거주하는 주택의 소재지지번과 주민등록상의 주소가 불일치하는 경우는 임대차보호법상의 대항력을 취득할 수 없는 부실한 주민등록이 된다. 부실한 주민등록은 주민등록 신고자의 착오, 담당공무원의 업무착오 및 토지의 분할·합병·등록전환·구획정리 등의 원인으로 발생한다.

임차주택의 실제 지번과 임차인이 전입신고를 한 지번이 일치하지 않거나 주민등록 신고된 지번이 실제로 존재하지 않는 경우에 부실한 주민등록이 되는데, 아파트, 다세대주택 등 공동주택의 주민등록을 신고할 때 특히 주의해야 한다.

• 공동주택의 주민등록

공동주택이란 아파트, 연립주택, 다세대주택 등 대지 및 복도·계단 기타 설비 등의 전부 또는 일부를 공동으로 사용하는 각 세대가 하나의 건축물 안에서 각각 독립된 주거생활을 영위할 수 있는 구조로 된 주택을 말한다.

이러한 공동주택의 경우는 지번 다음에 공동주택의 명칭과 동·호수를 기재함으로써 주민등록을 한다(예 : 100번지 ○○아파트 201동 503호). 따라서 아파트·연립주택·다세대주택과 같은 공동주택의 특정세대를 임차한 자는 건물의 소재지 지번 및 공동주택의 명칭, 동·층·호수까지 구체적으로 기재하여, 어느 세대를 임차하여 몇 층 몇 호에 거주하고 있는지를 명백히 알 수 있는 주민등록을 갖추어야 임대차보호법상의 대항력을 취득할 수 있다.

만일 임차인이 공동주택의 명칭과 동·호수의 표시 없이 지번만을 기재했다거나 실제의 동·호수 표시와 다르게 기재했다면, 그것은 주택임차권의 유효한 공시방법으로 인정받을 수 없어 임대차법상의 대항력을 취득할 수 없는 것이다.

• 다가구용 단독주택의 주민등록

다가구용 단독주택은 건축법상 단독주택으로 허가받아 건축된 주택으로서 공동주택인 다세대주택과는 많은 차이가 있다. 다세대주택은 세대별로 소유권이전등기가 경료되지만, 다가구주택은 원칙적으로 가구별로 임대만 가능하고 분양이나 구분소유는 할 수 없다.

주민등록에 있어서도 다가구주택은 공동주택으로 볼 수 없고 단독주택으로 보아야 하므로, 그 지번만 기재하는

것으로 충분하다. 따라서 다가구주택 내의 호수를 기재
할 의무나 필요도 없으며, 나아가 다가구주택 내에서 이
사를 하여도 주민등록과는 상관이 없게 되는 것이다.

등기부상 지번과 주민등록의 주소가 일치하지 않아 부실
한 주민등록이 된 경우, 그 주민등록을 정정할 수 있는
데, 주민등록을 정정하는 경우 그 주민등록의 대항력은
정정한 다음날에야 비로소 발생한다. 정정의 효력은 그
전까지 소급하지 않기 때문에 임차인이 착오로 실제 지
번과 다른 지번으로 전입신고를 했다가 나중에 맞게 정
정하거나, 동·호수 등의 일부를 누락했다가 나중에 추가
한 경우, 정정한 이후부터는 제3자에게 대항할 수 있으
나 정정하기 전의 관계에까지 그 대항력을 주장할 수는
없는 것이다. 이러한 이유로 실제 임대차에서 피해를 입
는 사례가 많은데, 즉 임차인이 주민등록이 잘못된 것을
알고 정정할 무렵에는 이미 임차주택에 경매절차가 진행
중이거나 근저당권 등이 설정된 이후인 경우가 대부분이
어서 정정을 하더라도 보호를 받지 못하는 것이다. 따라
서 임차주택이 신축건물이어서 전입신고를 할 당시까지
아직 건축물대장이나 등기부가 작성되지 않은 경우에는
전입신고를 마친 후에도 수시로 확인하여 건축물대장이
작성되어 그 등본이 발급되는 즉시 비교해 보고 정정신
고를 해야 할 것이다.

한편, 임차인의 착오가 아니라 담당공무원의 착오로 주

민등록표상에 지번이 틀리게 기재된 경우에는 주민등록 시에 취득한 대항력에 지장이 없다.

4. 대항력의 내용

임대차에 있어서 대항력은, 임차주택의 양수인이 임대인의 지위를 승계하는 것을 그 내용으로 한다. 임차인의 입장에서 설명하자면, 임차주택이 매매나 증여, 경매, 상속 등에 의해 다른 사람에게 넘어가도 그 새 소유자가 전 소유자인 임대인의 지위를 승계하므로, 새 소유자에게 임차권을 주장할 수 있다는 것이다.

임대인의 지위승계란 목적물에 대한 임대인의 권리의무를 포괄적으로 승계하는 것을 말한다.

이것은 둘 사이에 특별한 합의 없이 대항력의 당연한 효과로서 승계하는 것으로서 임대인에게 통지하거나 임차인의 동의·승낙을 받을 필요가 없다.

당연승계된 임대차관계는 종전의 임대차계약에 따른 내용 그대로 승계된다. 승계내용을 구체적으로 보면 다음과 같다.

① 임차보증금 또는 전세금

계약종료시 임차인에게 임차보증금 또는 전세금을 반환할 의무는 모두 그대로 양수인에게 승계된다. 이것은 양수인이 임차보증금의 수수사실을 알고 있었는지 여부, 신소유자가 종전 소유자와의 사이에 보증금을 따로

교부받거나 이에 관하여 계산을 마쳤는지 여부를 불문
하고 당연히 승계되는 것이다. 이는 그 전까지의 연체
차임이 있는 경우에는 양수인에게 승계될 보증금에서
그 액수가 공제되고 잔액의 보증금만이 승계된다.

② 차 임

차임의 액수와 그 지급시기·방법에 관한 약정이나 차임
증감에 관한 특약도 모두 그대로 승계된다. 그러나 양
수인이 소유권을 취득하기 전에 발생한 연체차임에 대
한 채권은 따로 채권양도의 요건을 갖추지 않는 한 당
연히 승계되지는 않으며, 임대차관계와 관련하여 이미
발생한 손해배상청구채권도 양수인에게 승계되지 않는
다고 본다.

③ 존속기간

임대차의 존속기간도 그대로 승계되어 종전계약의 잔여
기간이 승계된 기간이 되고, 기간이 정해지지 않았거나
갱신된 경우도 그대로 양수인에게 승계된다.

④ 비용상환청구권 등

임차인은 임대인에 대하여 유익비상환, 부속물매수 등
을 청구할 권리를 갖는다. 양수인은 임대인의 지위를
그대로 승계하며, 위 권리들은 임대차의 종료시에 행사
할 수 있는 권리이므로 임차인은 당연히 양수인에게 이

를 행사할 수 있을 것이다.

⑤ 양도, 전대의 특약

종전 임대인이 임차인과의 사이에 임차권을 자유롭게 양도하거나 임차주택을 전대할 수 있다는 내용의 특약을 한 경우에는 그 특약도 양수인에게 승계된다. 따라서 이러한 특약이 이미 있었던 때 임차인은 양수인의 동의 없이도 임차권을 양도하거나 임차주택을 전대할 수 있으며, 임차권 양수인이나 전차인은 이러한 승계에 근거하여 임차권 또는 전차권의 적법함을 주장할 수 있다.

5. 임대차의 갱신과 대항력

일반적으로 임대차기간이 만료된 후 다른 곳으로 이사가지 않고 계약을 갱신하는 경우가 많다. 이와 같이 임대차계약이 갱신되는 경우 임차인은 임차주택에 대한 담보권자 등 제3자에 대하여 갱신 전과 마찬가지로 대항력을 주장할 수 있을까.

주택임차인이 대항요건을 구비한 후에 저당권이 설정되고 그 후에 임대차기간이 만료하더라도 임대차가 갱신된 경우에는 갱신 전후의 임대차관계는 동일성이 계속 유지되어 임차인의 대항력이 여전히 존속된다고 해석해야 한다. 왜냐하면 후순위 저당권자는 임대차의 갱신을 항상 예견해야 하고, 대항력이 존속된다고 하더라도 후순위 저당권자에게 예측하지 못한 불이익을 입게 하는 것은 아니기 때문이다. 임대차계약의 갱신은 그것이 합의갱신이든 법정갱신이든 상관없다.

따라서 이러한 주택임차인은 저당권자뿐만 아니라 그 저당권의 실행에 의하여 임차주택의 소유권을 취득한 경락인에게도 대항할 수 있다. 경락인은 갱신된 임대차가 종료된 후 임차보증금을 임차인에게 지급해야만 경락받은 주택을 명도받을 수 있게 된다.

6. 보증금의 증액과 대항력

임대차를 갱신하면서 보증금을 증액한 경우, 그 증액분에 대해서도 대항력을 주장할 수 있을까. 처음의 임차권은 선순위로 대항력을 갖추었지만 그 후 저당권이 설정되고 나서 계약을 갱신을 하면서 보증금이 증액된 경우에 증액 전의 보증금에만 대항력이 미치는가, 아니면 증액된 금액을 합하여 보증금 전액에 대해서도 대항력이 미치는가 하는 문제이다.

이에 관하여 임차인 보호라는 측면에서 증액된 보증금에 대해서도 당초의 대항력이 미치는 것으로 보아, 증액부분을 포함한 보증금 전액으로써 경락인에게 대항할 수 있으므로, 경락인의 건물명도 청구에 대하여 임차인은 증액보증금을 포함한 보증금 전액을 지급받음과 상환으로 주택을 명도하면 된다고 해석하는 견해가 있다.

그러나 이러한 해석은 임차주택의 양수인이나 저당권자 등 제3자의 이익을 지나치게 침해하게 되어 부당한 결과가 된다. 왜냐하면 위와 같은 제3자는 기존의 임차보증금을 감안하고 권리를 취득하는 것이지 장래 얼마가 될지도 모르는 증액될 보증금까지 용인하고 권리를 취득하는 것이 아니기 때문이다.

따라서 대항력을 갖춘 임차인이 근저당권설정등기 이후에 임대인과 합의하여 보증금을 증액한 경우, 전체 보증금 중 저당권설정등기 이후에 증액한 부분에 대해서는 근저당권에 기하여 건물을 경락받은 자에게 대항할 수 없다고 보아야 한다.

법 · 대 · 로

주택임대차보호법 제3조 (대항력 등)

제3조 (대항력 등)

① 임대차는 그 등기(登記)가 없는 경우에도 임차인(賃借人)이 주택의 인도(引渡)와 주민등록을 마친 때에는 그 다음 날부터 제삼자에 대하여 효력이 생긴다. 이 경우 전입신고를 한 때에 주민등록이 된 것으로 본다.

② 국민주택기금을 재원으로 하여 저소득층 무주택자에게 주거생활 안정을 목적으로 전세임대주택을 지원하는 법인이 주택을 임차한 후 지방자치단체의 장 또는 그 법인이 선

정한 입주자가 그 주택을 인도받고 주민등록을 마쳤을 때
에는 제1항을 준용한다. 이 경우 대항력이 인정되는 법인
은 대통령령으로 정한다.

③ 임차주택의 양수인(讓受人)(그 밖에 임대할 권리를 승계한
자를 포함한다)은 임대인(賃貸人)의 지위를 승계한 것으로
본다.

④ 이 법에 따라 임대차의 목적이 된 주택이 매매나 경매의
목적물이 된 경우에는 「민법」 제575조제1항·제3항 및 같
은 법 제578조를 준용한다.

⑤ 제4항의 경우에는 동시이행의 항변권(抗辯權)에 관한 「민
법」 제536조를 준용한다

이럴 땐 이렇게(실제 사례 문답)

(1) 임차주택 입주 후 임차인이 일시 퇴거한 때의 대항력

┃질문┃ 저는 2007년 4월 18일 자녀들과 함께 임차주택의 주소지에 주민등록을 마치고 점유하여 사용해 오다가 그 후 이 건 임차주택에 근저당권이 설정된 이후인 2008년 2월 27일자로 저의 주민등록을 대출관계상 다른 곳으로 퇴거했다가 그 해 3월 18일 다시 위 임차주택의 주소지로 전입신고를 한 사실이 있습니다. 그 당시 저는 자녀들과 함께 위 임차주택을 계속 점유하고 있었으며 자녀들의 주민등록은 그대로 위 임차주택에 두고 있었습니다.

그런데, 위 근저당권에 기한 경매절차에서 위 임차주택을 취득한 A가 제가 위 임차주택 주민등록 주소지에서 퇴거한 사실이 있으므로 저의 임차권의 대항력이 소멸되었다고 하는데 저는 위 주택임차권으로 A에게 대항할 수 없습니까?

┃답변┃ 귀하의 임차권을 주장할 수 있습니다.

주택임대차보호법이 제3조 제1항에서 주택임차인에게

주택의 인도와 주민등록을 요건으로 명시하여 등기된 물권에 버금가는 강력한 대항력을 부여하고 있는 취지에 비추어 볼 때 달리 공시방법이 없는 주택임대차에 있어서 주택의 인도 및 주민등록이라는 대항요건은 그 대항력 취득시에만 구비하면 족한 것이 아니고, 그 대항력을 유지하기 위해서도 계속 존속하고 있어야 한다고 해석하는 것이 상당하다 할 것입니다(대법원 1987. 2. 24. 선고 86다카1695 판결). A는 이러한 원칙 하에서 귀하가 위 임차주택을 계속 점유하고 있었다 하더라도 위와같이 주민등록을 이전한 이상 귀하의 임차권의 대항력이 소멸했다고 주장하고 있는 것 같습니다.

그러나, 귀하와 같이 그 자녀와 함께 임차주택에 대한 점유를 계속하면서 자녀의 주민등록은 그대로 둔 채 귀하만 주민등록을 일시 다른 곳으로 옮긴 일이 있다 하더라도 이는 전체적으로나 종국적으로 주민등록의 이탈이라고 볼 수 없으므로 임대차의 제3자에 대한 대항력을 상실하지 않았다고 할 것입니다(대법원 1996. 1. 26. 선고 95다30338 판결).

따라서, 귀하는 A에게 위 임차주택에 대해서 임차권을 주장할 수 있습니다.

(2) 입주와 전입신고 사이에 근저당권이 설정된 경우의 대항력

┃질문┃ 저는 2008년 3월 1일 충무시 태평동에 있는 A소유 주택에 임대보증금 1,500만원에 임대기간 2년으로 입주를 하였으나 사정상 전입신고는 2008년 4월 12일에야 마쳤습니다. 그런데 입주할 때는 아무런 이상이 없었는데 전입신고 후 혹시나 하고 등기부등본을 떼어보니 2008년 3월 20일자로 채권최고액 3,000만원의 근저당권이 설정되어 있었습니다. A는 이 집 이외에 다른 자본도 없이 사업을 하는 사람이라 좀 불안한데, 이런 경우 저의 임차권이 근저당권에 대항할 수 있습니까?

┃답변┃ 대항할 수 없습니다.

현행 주택임대차보호법 제3조 제1항에 의하면, 임차인이 주택의 인도(입주)와 주민등록(전입신고)을 마쳤을 때에는 그 다음날부터 제3자에게 대항할 수 있다고 되어있어 입주와 전입신고라는 두 가지 요건을 다 갖추어야 하는 것으로 볼 수도 있겠습니다. 그러나 실제적으로 이 두가지 요건을 동시에 충족시키기란 어렵고 또한 악의의 임대인이 입주와 전입신고 사이에 저당권이나 가등기 등을 설정할 수 있다는 것을 예상해 볼 때 임차인이 입주 후 주민등록법상의 소정기간(14일) 이내에 전입신고를 할 것을 조건으로 입주 다음날부터

효력이 생기는 것으로 보는 것이 서민의 주거생활의
안정을 보호하기 위한 주택임대차보호법의 취지라는
하급심판례가 있습니다.

이상 설명한 바에 따라 귀하의 경우를 검토해보면,
2008년 3월 1일 입주하여 43일만인 2008년 4월 12일
에 전입신고를 했으니 이는 소정기간을 훨씬 초과한
경우로서 이런 경우에도 대항력이 생긴다면 그 중간에
권리를 취득한 자의 지위가 불안하게 되므로 귀하의
경우에는 위 근저당권자에 대해서 대항할 수 없다고
하겠습니다.

(3) 주택임차 후 입주와 전입신고를 했으나 임차건물과 다른 지번에 주민등록된 경우 대항력 취득시점

┃질문┃ 저는 2008년 4월 20일 A소유의 주택을 임차하여 입주한 후 전입신고를 했으나 착오로 임대차 건물의 지번과 다른 지번에 주민등록을 했다가 그 후 관계 공무원이 직권정정을 해서 실제 지번에 맞게 주민등록이 정리되었습니다. 이런 경우 저의 대항력은 착오로 전입신고한 시점에 취득하는 것인지, 아니면 주민등록이 정리된 이후에 취득하는 것인지에 대하여 자세히 알고 싶습니다.

┃답변┃ **실제지번에 주민등록이 맞게 정리된 후에야 비로소 대항력을 취득하게 됩니다.**

우선 통상적으로 잘못 알기 쉬운 대항력의 정확한 의미부터 알아야 하겠습니다.

주택임대차보호법 제3조 제1항은 "임대차는 그 등기가 없는 경우에도 임차인이 주택의 인도와 주민등록을 마쳤을 때는 그 익일부터 제3자에 대해서 효력이 생기며 이 경우 전입신고를 할 때에 주민등록이 된 것으로 본다"라고 하고 있습니다. 여기서 제3자에 대하여 효력이 생긴다는 것은 임대인 이외의 자에 대해서도 주택임차인이 그 주택의 임대차관계를 주장할 수 있다는 의미이며 이것은 결국 임대차기간 중 임대주택의 소유자가 변경되는 경우에도 임대인의 지위가 신소유자에게 포괄적으로 승계됨으로써 임차인은 계약기간동안 (보증금을 준 경우에는 그 보증금을 반환받을 때까지) 그 집에서 쫓겨나지 않고 생활할 수 있다는 것입니다.

그러나 임차인이 입주와 전입신고를 하기 전에 그 집에 이미 저당권등기나 가압류, 압류등기, 가등기 등이 행해졌고, 그 결과로 경매나 가등기에 기한 본등기에 의해 소유권자가 변경된 경우에는 임차권은 소멸되어 임차인은 신소유권자에게 대항할 수 없다는 점에 유의해야 합니다.

귀하의 질의 내용은 위와 같은 대항요건을 갖추는 시기에 관한 것인데 주택임대차보호법 제3조 제1항의 주택의 인도와 더불어 대항력의 요건으로 규정하고 있는 주민등록은 거래의 안전을 위해서 임차권의 존재를 제3자가 명백히 인식할 수 있는 공시방법으로 마련된 것이라고 볼 것이므로 주민등록이 어떤 임대차를 공시하는 효력이 있는가의 여부는 일반적인 사회 통념상 그 주민등록으로 당해 임대차건물에 임차인이 주소 또는 거소를 가진 자로 등록되어 있는지 인식할 수 있는가의 여부에 따라 결정된다고 할 것입니다. 따라서 귀하는 실제지번과 다른 지번에 주민등록을 할 때에는 임차주택의 임대차공시방법으로서 유효한 것이라고 할 수 없고 실제지번에 주민등록이 맞게 정리된 이후에야 비로소 대항력을 취득했다고 볼 것입니다(대법원 1987. 11. 10. 선고 87다카1573 판결).

(4) 임차인이 아닌 배우자만 주민등록이 되어있는 경우의 대항력

▌질문▌ 저는 2007년 8월 30일 A소유의 주택 1동을 임차해서 보증금을 지급하고 얼마 후 주택을 인도받아 배우자 및 가족들과 함께 입주했습니다. 전입에 관해서는 편의상 배우자만 2007년 9월 10일 전입신고하고, 저와 나머지 가족은 2008년 4월 6일에야 전입신고를 했습니다. 그런데 위 주택에 2008년 2월 7일에 근저당권이 설정되고 지금 경매절차가 진행중입니다. 저는 새로운 소유자(경락자)에게 주택임대차보호법상의 대항력을 주장할 수 있습니까?

▌답변▌ 대항력을 주장할 수 있습니다.

주택임대차보호법상의 대항력을 갖추는 시기는 임차인이 임차한 주택에 입주하고 전입신고를 마친 다음날부터입니다. 또한 전입이라는 대항요건은 임차인 본인뿐만 아니라 그 배우자나 자녀들 가족의 주민등록도 포함합니다(대법원 1995. 6. 5.자 94마2134 결정, 1996. 1. 26. 선고 95다30338 판결, 1998. 1. 23. 선고 97다43468 판결).

따라서 임차한 주택에 실제로 입주하고 주민등록까지 마친 귀하의 경우에는 비록 주민등록이 귀하 가족의 일부에 대해서만 이루어진 경우라 하더라도 처음 주민

등록을 한 2007년 9월 10일의 다음날인 2007년 9월
11일에 대항력을 갖춘 것이 되어, 그 이후에 설정된
근저당권의 실행에 의해 A소유의 주택을 경락받게 되
는 자에 대해서 대항력을 취득할 수 있는 것입니다.

(5) 저당권과 강제경매신청 사이에 대항력을 갖춘 임차인의 대항

▌질문▌ 저는 A로부터 A소유 주택을 보증금 4,000만원, 계약기간 2년으로 임차하여 입주와 주민등록을 마쳤으나, 채권최고액 6,000만원인 선순위저당권이 이미 설정되어 있었고, A의 일반채권자가 위 주택을 강제경매신청하였습니다. 이 경우 저는 경락인에 대한 대항력을 가질 수 없는지요?

▌답변▌ 경락인에게 대항할 수 없습니다.

주택임대차보호법」 제3조 제1항은 "임대차는 그 등기가 없는 경우에도 임차인이 주택의 인도와 주민등록을 마친 때에는 그 다음 날부터 제3자에 대하여 효력이 생긴다. 이 경우 전입신고를 한 때에 주민등록이 된 것으로 본다."라고 규정하고 있고, 같은 조 제3항은 "임차주택의 양수인(기타 임대할 권리를 승계한 자를 포함한다)은 임대인의 지위를 승계한 것으로 본다."라고 규정하고 있습니다. 그리고 같은 법 제3조의5는 "임차권은 임차주택에 대하여 민사집행법에 의한 경매가 행해진 경우에는 그 임차주택의 경락에 의하여 소멸한다. 다만, 보증금이 모두 변제되지 아니한 대항력이 있는 임차권은 그러하지 아니하다."라고 규정하고 있습니다. 여기서 귀하의 주택임차권이 비록 강제경매를 신청한 일반채권자에게 대항할 수 있는 임차권

이라 하더라도 선순위 근저당권보다 뒤에 대항요건을
갖추었으므로, 임차주택이 경매절차에서 매각된 경우
매수인이 같은 법 제3조에서 말하는 임차주택의 양수
인 중에 포함된다고 할 수 있을 것인지, 귀하의 주택
임차권이 같은 법 제3조의5 단서 의 대항력이 있는 임
차권에 해당될 수 있는지 문제됩니다. 그런데 「민사집
행법」 제91조 제2항 및 제3항은 "②매각부동산 위의
모든 저당권은 매각으로 소멸된다. ③지상권 · 지역
권 · 전세권 및 등기된 임차권은 저당권 · 압류채권 ·
가압류채권에 대항할 수 없는 경우에는 매각으로 소멸
된다." 라고 규정하고 있습니다. 그러므로 일반채권자
의 강제경매신청으로 부동산이 매각된 경우에 선순위
저당권까지도 당연히 소멸하게 되고, 비록 후순위 일
반채권자에게는 대항할 수 있는 임차권이 라 하더라도
소멸된 선순위 저당권보다 뒤에 대항력을 갖춘 임차권
은 함께 소멸하는 것이고, 따라서 그 경매절차의 매수
인은 「주택임대차보호법」 제3조에서 말하는 임차 주택
의 양수인 중에 포함된다고 할 수 없을 것이며, 이 경
우의 주택임차권은 같은 법 제3조의5 단서의 대항력이
있는 임차권에 해당될 수 없다고 하여야 할 것입니다.
그리고 위 「민사집행법」 제91조 제3항과 같은 규정이
없었던 구 「민사소송법」 (2002. 1. 26. 법률 제6626
호로 개정되기 전의 것)의 적용을 받는 경우에도, 판

례는 "근저당권설정등기와 제3의 집행채권자의 강제경매신청 사이에 대항력을 갖춘 주택 임차인이 있는 경우에, 그 주택임차인이 경락인에게 대항할 수 있다고 한다면 경락인은 임차권의 부담을 지게 되어 부동산의 경매가격은 그만큼 떨어질 수 밖에 없고 이것은 임차권보다 선행한 담보권을 해치는 결과가 되어 설정 당시의 교환가치를 담보하는 담보권의 취지에 맞지 않게 되므로 동인의 임차권은 경락인에게 대항할 수 없다."라고 하였습니다(대법원 1987. 3. 10. 선고 86다카1718 판결, 1999. 4. 23. 선 고 98다32939 판결). 따라서 귀하도 경매절차의 매수인에게 귀하의 주택임차권으로 대항할 수 없을 것입니다.

(6) 다가구용 단독주택의 전입신고를 하나의 지번으로 한 경우의 대항력

▌질문▌ 저는 다가구용 단독주택의 방 2칸을 임차보증금 5,000만원에 임차하여 입주하고 주민등록전입신고를 하고 확정일자를 받았습니다. 그런데 최근에 법원에서 위 주택이 저보다 후순위 근저당권자에 의해 경매신청되었음을 이유로 권리신고 겸 배당요구신청을 할 것을 통지하여 위 주택에 대한 등기부등본을 열람한 결과, 위 주택은 같은 번지 2호, 3호의 2필지 대지상에 축조되어 있음을 발견했습니다. 저의 주민등록등본에는 같은 번지 2호로만 전입신고되어 있습니다. 이러한 경우 제가 주택임대차보호법상의 보호를 받을 수 있는지요?

▌답변▌ **귀하도 주택임대차보호법상의 대항력을 갖습니다.**

주택임대차보호법 제3조 제1항에서 주택의 인도와 더불어 대항력의 요건으로 규정하고 있는 주민등록은 거래의 안전을 위하여 임대차의 존재를 제3자가 명백히 인식할 수 있게 하는 공시방법으로 마련된 것이라고 볼 것이므로, 주민등록이 어떤 임대차를 공시하는 효력이 있는가의 여부는 사회통념상 그 주민등록으로 당해 임대차 건물에 임차인이 주소 또는 거소를 가진 자로 등록되어 있는지를 인식할 수 있는가의 여부에 따라 결정된다고 할 것입니다(대법원 2003. 5. 16. 선고

2003다10940 판결, 2007. 2. 8. 선고 2006다70516
판결).

그리고 다가구용 단독주택의 경우 건축법이나 주택건
설촉진법상 이를 공동주택으로 볼 근거가 없이 단독주
택으로 보아야 하는 이상 주민등록법시행령 제9조 제3
항에 따라 임차인이 위 건물의 일부나 전부를 임차하
여 전입신고를 하는 경우 지번만 기재하는 것으로 충
분하고, 나아가 위 건물 거주자의 편의상 구분하여 놓
은 호수까지 기재할 의무나 필요가 있다고 할 수 없습
니다(대법원 1998. 1. 23. 선고 97다47828 판결).

그런데 다가구용 단독주택의 경우 위와 같이 호수를
기재할 필요는 없지만, 대지의 지번이 2이상인 경우
하나의 지번만으로 주민등록전입신고가 되어도 위와
같은 공시방법이 효력이 있는 것인지에 관하여는 건축
법과 그 시행령에서 한 채의 건물이 2필지 이상에 걸
쳐 건축된 경우 이를 하나의 대지로 보도록 규정하고
있고, 행정관서에서도 위와 같은 경우에 주민등록상
한 필지의 지번만을 기재하고 있으므로 주택의 대지인
여러 필지 지번 중 하나만 기재한 주민등록도 유효한
공시방법이라고 할 수 있을 것입니다.

따라서 귀하도 주택임대차보호법상의 대항력 및 확정
일자에 의한 우선변제권을 취득하였다고 할 것이므로
권리신고 겸 배당요구신청을 경락기일 이전에 해두어
야 할 것입니다.

(7) 임차인의 대항력 구비요건

┃질문┃ 저는 2009년 4월 1일 방 2개와 부엌 1칸에 대해 전세보증금 4,000만원에 건물주와 임대차계약을 체결하여 입주하고, 그 해 4월 12일 주민등록 전입신고를 마치고 현재까지 살고 있으나 확정일자는 받지 않았습니다.

그런데 위 건물에 제가 임대차계약을 체결하기 전인 2008년 10월 1일 은행에 1번 근저당권이 설정되고, 그 후 2009년 2월 1일 다른 은행에 2번 근저당권이 설정되었습니다. 그 후 2번 근저당권자인 은행이 경매신청을 하고 소유자는 행방불명이 된 경우 보호받을 수 있습니까?

┃답변┃ **거주지에 따라 최고 2천만원만을 우선변제받을 수 있을 뿐입니다.**

주택임대차보호법에 의하면 귀하는 1번, 2번의 근저당권자 사이에 대항요건을 갖춘 것으로 볼 수 있는데 경매진행으로 제3자가 경락받았다면 1번이 말소되어 귀하는 1번보다 후순위이므로 경락인에게 대항할 수 없습니다.

그러나 위 법 제8조와 위 법 시행령 제3조 및 4조에 의해서 지역에 따라 금 1,400만원부터 2,000만원까지 우선변제받을 수 있습니다. 다만, 임대차계약서에 확정일자를 받았다면 후순위 권리자 기타 채권자보다 우선하여 변제받을 권리가 있으므로 1순위 피담보액을 변제한 후 남는 금액에 대해서는 2순위 근저당권보다 우선하여 위의 우선변제금액을 공제한 나머지 금액을 받을 수 있었을 것입니다. 참고로 경락대금의 환가대금이 1, 2순위 근저당권의 피담보채권에 충당하고도 남는다면 그 돈은 소유자에게 돌아가게 되고 귀하에게 주는 것이 아니므로 귀하의 못받은 돈은 소유자를 상대로 임대차보증금 반환소송을 제기하여 받을 수 있는데 소유자재산이 있다면 가압류하여 소송에서 이긴 판결문을 가지고 경매신청하여 해결할 수 있으나 소유자가 아무것도 없다면 구제방법이 없습니다. 따라서 확정일자를 받는 것이 중요하다는 것을 알아야 합니다.

(8) 임차권을 양도받은 경우의 대항력

┃질문┃ 저는 주택소유자인 임대인의 동의를 얻어 대항력 있는 임차인으로부터 임차권을 양도받았습니다. 그런데 원래의 임차인이 대항력을 취득한 후 제가 임차권을 양도받기 전에 임차주택에 관하여 저당권이 설정되고 그 저당권에 기한 경매절차가 현재 진행 중에 있습니다. 저는 경락인에 대하여 임대보증금을 반환받을 때까지 임차주택을 비워주지 않아도 됩니까?

┃답변┃ 비워주지 않아도 됩니다.

귀하처럼 임대인의 동의를 얻어 대항력을 갖춘 임차인으로부터 적법하게 임차권을 양도받은 경우 임차인의 주민등록 퇴거일부터 주민등록법상의 전입신고기간인 14일 이내에 전입신고를 마치고 주택에 입주하였다면 원래의 임차인이 갖고 있던 대항력을 주장할 수 있습니다. 따라서 귀하가 위 요건을 갖추었다면 임차권을 양도받기 전에 저당권이 설정되었어도 그 실행을 위한 경매절차에서 경락받은 자에 대하여 임대보증금을 반환받을 때까지 임차주택을 비워주지 않아도 됩니다.

(9) 소유권이전등기청구권 보전을 위한 가등기나 처분금지가처분이 된 주택을 임차하여 대항요건을 갖춘 경우

┃질문┃ 저는 주택을 임차하여 입주 및 전입신고를 마쳤는데 그 당시에 이미 임차주택에 다른 사람 명의로 소유권이전청구권 보전의 가등기가 되어 있었습니다. 그런데 그 후 가등기권자가 가등기에 기한 소유권이전의 본등기를 마친 후 저에게 명도를 요구하고 있습니다. 임대보증금을 반환받지 못한 채 무조건 비워 주어야 하는 것인지요?

┃답변┃ 유감스럽지만 무조건 집을 비워 주어야 하고 임대보증금은 종전 소유자인 임대인으로부터 반환받을 수밖에 없습니다.

귀하가 가등기경료시보다 나중에 대항요건을 갖춘 이상 설사 가등기에 기한 소유권이전의 본등기시보다는 앞선다 하더라도 본등기를 경료한 자에 대하여 대항할 수 없습니다. 따라서 임대보증금은 종전 소유자에게 받아야 합니다. 이것은 처분금지가처분자가 본안소송에서 승소확정판결을 받아 소유권이전등기를 경료한 경우에도 마찬가지입니다.

그런데 반대로 만일 임차인이 대항요건을 구비한 후에 가등기가 경료된 경우에는 본등기를 경료한 자에 대하여 대항할 수 있습니다.

(10) 임차주택이 양도된 경우 임대차보증금 반환청구의 상대방

┃질문┃ 저는 2008년 4월 5일 A소유 주택의 방 1칸을 임차, 보증금을 지급하고 입주했고 5일 후 주민등록까지 마쳤습니다. 그런데 A는 2008년 9월 8일 위 주택을 B에게 매도하여 소유권이전등기까지 경료했습니다. 이러한 경우에 임대차기간이 종료되면 저는 A와 B 중 누구에게 임대차보증금 반환청구를 해야 합니까?

┃답변┃ 신소유자인 B에 대해서만 임대차보증금 반환청구를 할 수 있습니다.

주택임대차보호법은 "임대차는 그 등기가 없는 경우에도 임차인이 주택의 인도와 주민등록을 마친 때에는 그 다음날부터 제3자에 대해서 효력이 생기며, 임차주택의 양수인은 임대인의 지위를 승계한 것으로 본다"고 규정(주택임대차보호법 제3조 제1항 및 제3항 참조)하고 있으므로 임차주택이 양도되면 임대차계약 관계가 구소유자로부터 신소유자에게 이전되는 것으로 해석됩니다.

그런데 이 경우에 구소유자가 임대차계약 관계로부터 완전히 벗어나 임차인에 대한 채무를 면하는지, 아니면 임차인에 대해서 병존적으로 채무를 부담하는지가 문제되는데, 대법원판례(대법원 1996. 2. 27. 선고 95다35616 판결)는 "주택임대차보호법상의 대항력을 갖춘 후 임대부동산의 소유권이 이전되어 그 양수인이 임대인의 지위를 승계하는 경우에는 임대차보증금 반환채무도 부동산의 소유권과 결합하여 일체로서 이전하는 것이며 이에 따라 양도인의 보증금 반환채무는 소멸한다"고 밝히고 있습니다.

따라서 귀하는 신소유자인 B에 대해서만 임대차보증금 반환청구를 할 수 있다 할 것입니다.

(11) 다가구주택의 임차인에 대한 소유권지분 양수인의 책임

┃질문┃ 제 남편 A가 가족들의 거주를 목적으로 은평구 대조동 소재 B소유의 다가구주택 방 2칸을 전세보증금 2,500만원에 전세기간을 2006년 7월 19일 부터 2007년 7월 19일까지로 임차하여 입주한 후 주민등록전입신고를 마치고, 등기소에서 확정일자를 받았습니다. 그러나 저희 가족들이 위 주택을 임차하기 전부터 B는 다가구주택의 일부를 분양하여 소유지분을 이전하였고, 현재는 소유지분의 대부분이 이전된 상태이고 남아 있는 B의 지분마저 국세체납으로 압류되어 있는 상태입니다. 전세보증금을 안전하게 돌려 받을 수 있는 방법은 무엇입니까?

┃답변┃ 주택임대차보호법상의 대항요건을 확보한 후 임차보증금반환청구를 할 수 있습니다.

다가구주택은 원래 건축법상의 단독주택으로 구분되어 주택을 구분하여 소유권의 객체로 할 수 없는 것이 원칙이나, 당사자간에 이를 지분등기의 형태로 분양하고 있는 것이 현실입니다. 그러나 당사자간에 특정부분을 점유·사용키로 하고 지분소유권을 취득했다면 이는 이른바 구분소유적 공유관계(區分所有的 共有關係)라 할 것입니다.

그리고 각 지분 소유권자들의 각 개별로 성립한 사용
수익과 관련된 채권채무에 관해서 각 구분소유자가 그
책임을 전적으로 부담한다 하겠습니다. 귀하의 경우
주택임대차보호법상의 대항요건을 확보하기 전에 지분
권을 취득한 지분소유권자들에게는 임대차관계를 주장
할 수 없으나 귀하가 동법상의 대항요건을 확보한 후
에 임차주택의 지분권을 양수한 양수인들은 주택임대
차보호법 제3조 제1항과 제3항에 의거 임대차계약상의
채권·채무를 당연히 승계한다고 할 것이고 그 책임은
민법 제266조 제1항에 따라 각 지분권자들의 지분비율
에 따른다 할 것입니다. 따라서 귀하는 주택임대차보
호법상의 대항요건을 확보한 이후 지분소유권을 취득
한 소유자들에게 임차보증금 반환청구를 할 수 있다고
하겠습니다.

(12) 공무원의 실수로 주민등록표가 잘못 기재된 경우의 대항력

▮질문▮ 저는 A소유의 주택을 임차하기로 하고 보증금을 지급한 뒤 2005년 9월 15일 위 주택에 입주하고 같은 날 전입신고를 마쳤습니다. 그런데 동사무소 직원의 착오로 주민등록표에 새로운 주소가 잘못 기재됐고 저는 그 사실을 알지 못하고 있던 중 2007년 8월경 A의 채권자 B가 위 주택을 경매신청한 뒤 다시 경락받아서 저에게 위 주택의 명도를 요구하고 있는데 저는 보호받을 수 있습니까?

▮답변▮ 귀하는 B의 명도요구를 거부할 수 있습니다.

주택임대차보호법 제3조 제1항은, 주택임대차는 그 등기가 없는 경우에도 임차인이 주택의 인도와 주민등록을 마쳤을 때는 제3자에 대해서 대항할 수 있다고 규정하고 있습니다.

위 사안의 경우 판례는 "임차인이 전입신고를 올바르게(즉 임차건물 소재지 지번으로) 하였다면 그 임대차의 대항력이 생기는 것이므로 설사 담당 공무원의 착오로 주민등록표상에 신거주지 지번이 다소 틀리게 기재되었다고 해도 대항력에는 영향이 없다"고 판시(대법원 1991. 8. 13. 선고 91다18118 판결)하고 있으므로 귀하는 임대차계약기간 동안은 B의 명도요구를 거부할 수 있다고 하겠습니다.

(13) 주택의 경매와 임차인의 배당순위

▌질문▌ 저는 2007. 2. 1. A와 그의 소유건물에 보증금 5천
만원, 기간은 1년으로 주택임대차계약을 체결하고
동년 2. 14. 입주하고 2. 20. 주민등록을 마쳤으며
2008. 1. 2. 임대차계약과 같은 내용의 전세권설정
등기를 마쳤습니다. 그 후 건물과 대지에 근저당권
을 설정한 은행에서 경매를 하여 경매개시결정이 났
고, 저는 그 후에 급히 확정일자를 받았는데 이 경
우 배당은 어떻게 됩니까?

▌답변▌ **변제받은 금액을 공제한 나머지 보증금을 경락인으로
부터 받을 수 있습니다.**

어떠한 담보권도 설정되지 않은 주택에 임대차계약을
체결하고 주택을 인도받아 입주하고 주민등록까지 마
쳤으므로 주택임대차보호법 제3조 제1항에 의한 대항
력을 갖추게 됩니다. 귀하는 경매의 배당절차에서 건
물에만 전세권설정등기를 하였으므로 건물가격에서만
배당을 받을 수 있습니다(토지에 전세권설정등기가 인
정되지 않으므로). 경락인은 동법 제3조 제3항에 의
해 전임대인의 지위를 승계한 것이 되므로 귀하는 대
항력이 있어 배당절차에서 변제받은 금액을 공제한 나
머지 보증금을 경락인으로부터 받을 수 있고 주지 않

을 때는 건물을 명도할 의무가 없으므로 계속해서 거
주할 수 있습니다.

(14) 대항력을 갖춘 임차인이 임대인의 동의 하에 임차권을 양도하는 경우 대항력의 소멸

┃질문┃ 저는 A소유 시가 9,500만원 정도의 주택에 2007년 2월 4일부터 보증금 3,500만원에 전세입주하고 있는 사람입니다. 이 집은 원래 B가 A로부터 임차한 것인데, 제가 A의 동의 아래 B에게서 다시 임차하여 전입신고하고 거주하고 있는 것입니다.

B의 입주와 전입신고일인 2006년 3월 10일 이전에는 등기부상에 아무런 저당권 등이 없었고 2006년 9월 4일에 6,000만원, 2007년 12월 8일에 2,500만원의 근저당권이 설정되어 있었는데 A는 곧 해결될 것이니 걱정말라고 하여 안심하고 있었습니다. 그런데 2개월 전인 2008년 4월 13일 갑자기 경매개시가 되어 주택이 현재 경락된 상태입니다. 경락자는 집을 비워 달라고 요구하고 있고, A는 3,000만원을 돌려줄 형편이 못됩니다.

저는 어떻게 해야 합니까?

┃답변┃ 경락자에게서 보증금을 돌려받을 때까지는 적법하게 그 집을 점유할 수 있습니다.

이에 대한 대법원 판례를 보면 "주택임대차보호법 제3조 제1항에 의한 대항력을 갖춘 주택임차인이 임대인

의 동의를 얻어 적법하게 임차권을 양도하거나, 전대
(轉貸)한 경우에 양수인이나 전차인(轉借人)이 임차인
의 주민등록 퇴거일로부터 주민등록법상의 전입신고
기간 내에 전입신고를 마치고, 주택을 인도받아 점유
를 계속하고 있다면 비록 위 임차권이 양도나 전대에
의해서 임차권의 공시방법인 점유와 주민등록이 변경
되었다 하더라도 원래의 임차인이 갖는 임차권의 대항
력은 소멸되지 아니하고 동일성을 유지한 채로 존속한
다고 보아야 한다(대법원 1988. 4. 25. 선고 87다카
2509호 판결, 1994. 6. 24. 선고 94다3155 판결)"고
판시하고 있습니다. 귀하의 질문에서 B(원래의 임차인)
는 저당권보다 먼저 입주와 전입신고가 되어 있으므로
주택임대차보호법 제3조 소정의 대항력은 구비하고 있
었으며, 위 판결에서 보듯이 B의 대항력은 양수인인
귀하(새로운 임차인)에게도 소멸되지 않고 동일성을 유
지한 채로 존속한다고 볼 것입니다. 원래의 임차인과
새로운 임차인이 집주인의 동의 하에 임차권의 양도계
약을 하고 원래 임차인의 퇴거일로부터 주민등록법상
의 전입신고기간인 14일 내에 새로운 임차인이 전입신
고와 입주를 하면, 새로운 임차인에게도 대항력이 인
정되어 저당권의 실행에 있어서 경락자 등에게 보증금
을 반환받을 때까지 그 주택을 적법하게 점유, 사용수
익할 권리가 주어진다고 하겠습니다.

그러므로 귀하는 위 판례의 경우에 해당되므로 대항력이 인정되어 경락자에게서 전세보증금을 돌려받을 때까지는 적법하게 그 집을 점유, 사용할 수 있을 것입니다.

(15) 임차보증금 증액의 후순위 근저당권자에 대한 효과

▌질문▐ 저는 2004년 2월 A소유주택을 1,600만원에 임차하여 거주하던 중 2005년 3월 보증금을 500만원 인상하고 2008년 3월 300만원을 추가로 인상했습니다. A는 계약기간중이던 2005년 10월 위 주택에 근저당을 설정했습니다. 그런데 근저당권자의 경매신청에 의해 B가 위 주택을 경락받았고 B는 저에게 1,600만원을 줄테니 위 주택을 명도하라고 합니다. 이 경우 저의 나머지 보증금을 돌려받을 수 있습니까?

▌답변▐ 저당권 설정 전에 증액된 임차보증금인 500만원만을 돌려받을 수 있습니다.

위 사안의 법률적 쟁점은 임대주택에 저당권을 설정한 후 임대인과 임차인간의 합의에 의해 임차보증금을 증액하기로 한 경우 그 증액된 임차보증금의 대항력이 증액 전에 당해 주택에 설정된 저당권에도 미치느냐 하는 임차보증금 증액부분의 대항력이 미치는 범위의 문제로서 현행 주택임대차보호법은 등기를 하지 않더라도 임차인의 임차주택에의 입주와 주민등록의 이전에 의해 대항력이 발생하고, 임차주택의 양수인(경락인도 포함)은 임대인의 지위를 승계하며 임대차가 종료한 경우에도 임차인이 보증금의 반환을 받을 때까지 임대차관계는 존속하는 것으로 의제하고 있습니다(동법 제3조).

따라서 귀하의 임차권은 후순위 근저당권에 대해서 대항력을 가지고 있고 저당권의 실행에 의해서 임차주택의 소유권을 취득한 경락인 B는 임대인의 지위를 승계하므로 임차보증금을 귀하에게 지급해야만 경락받은 주택을 명도받을 수 있습니다.

그런데 귀하는 두차례에 걸쳐서 임대인과의 합의에 의해 임차계약을 갱신한 바, 첫번째의 합의갱신은 근저당권을 설정하기 전이고, 두번째의 합의갱신은 근저당권을 설정한 후였습니다. 주택임차권의 대항력은 그 임차주택의 사용권뿐만 아니라 임차보증금에 대해서도 미치므로 저당권 설정 전에 증액된 임차보증금의 대항력은 후순위의 저당권자에게 미치지만 저당권설정 후에 증액된 임차보증금 부분의 대항력은 증액전의 저당권자에게는 미치지 못한다고 할 것입니다.

한편 대법원 판례도 법률이론의 구성은 달리하지만 저당권설정등기 이전에 취득하고 있던 임차권은 선순위로서 저당권자에게 대항할 수 있는 것은 물론이나 저당권이 설정등기된 후에 건물주와의 사이에 임차보증금을 증액하기로 한 합의는 건물주가 저당권자를 해치는 법률행위를 할 수 없게된 결과 그 합의당사자에서만 효력이 있는 것이고 저당권자에게는 대항할 수 없

다고 했습니다(대법원 1990. 8. 24. 선고 90다카11377
판결).

따라서 귀하는 저당권설정등기 이후에 증액된 임차보
증금 300만원에 대해서는 B에게 대항할 수 없습니다.

(16) 대항력을 갖추지 못한 임대차의 보증금반환

┃질문┃ 저는 2007년 4월 10일 보증금 1,800만원에 2년 기간으로 A소유주택 1층을 임차하여 2007년 4월 20일 입주를 함과 동시에 전입신고를 마치고 지금까지 살고 있습니다. 제가 처음 A소유주택을 임차하기 위해서 등기부를 열람할 때는 A가 은행으로부터 4,000만원을 융자받아 사용하고 근저당을 설정했을 뿐이어서 집 시가에 비해 2,000만원 정도 차용금이 적어 보증금의 반환 걱정은 하지도 않았는데 최근에 와서 A가 사업에 실패하여 집이 경매된다고 해서 알아보니 위 근저당 외에 2,000만원을 빌려 2순위 근저당을 설정해주었고 이 사람에 의해 경매가 신청된 것을 알았습니다. 저는 보증금을 받을 수 있습니까?

┃답변┃ **임대차계약증서상 확정일자를 갖추었다면 보증금을 우선변제받을 수 있습니다.**

주택임대차보호법에 따라서 주거용 건물에 관해 임대차계약을 체결하고 입주 및 주민등록을 마쳤을 때에는 '대항력'이 생겨 그 이후에 그 집 소유자의 변동이 있어도 임차인은 양수인에게 기존의 임대차계약의 효력을 주장할 수 있어 그 계약기간까지 그 집에서 살 수 있고, 계약기간 종료시에는 보증금도 새 주인에게 돌려 받을 수 있습니다.

단, 위와 같이 대항력을 갖추기 이전에 이미 저당권등 기나 가압류, 압류 또는 가등기가 행해졌고, 그 결과로 경매 또는 가등기에 기한 본등기에 의해서 소유자가 변경된 경우에는 임차권이 소멸되어 임차인은 새로운 소유자에게 대항할 수 없습니다.

한편 주택임대차보호법 제3조의2를 보면 주택을 임차 한 임차인이 주택의 인도와 주민등록을 마치고 임대차 계약증서상에 확정일자를 갖추면 민사소송법에 의한 경매 또는 국세징수법에 의한 경매시 임차주택의 환가 대금에서 후순위 권리자 기타 채권자보다 우선하여 보 증금을 변제받을 권리가 있다고 하고 있습니다.

따라서 귀하의 경우 임대차계약증서상에 확정일자를 갖추었다면 환가대금에서 1순위 저당권자의 차용금 4,000만원을 공제하고 난 나머지 금액에서 2순위 저 당권자보다 우선하여 변제받을 수 있어 보증금 반환에 는 별 문제가 없다고 하겠으나 만약 임대차계약증서상 에 확정일자를 갖추지 않았다면 2순위 저당권자보다 우선하여 변제받을 수 없습니다.

그리고 수도권정비계획법에 따른 수도권 중 과밀억제 권역은 6,000만원 이하의 보증금으로 입주하고 있는 임차인에 대하여는 2,000만원까지, 군지역과 인천을 제외한 광역시는 5,000만원 이하의 보증금으로 입주하고 있는 임차인에 대하여는 1,700만원까지, 그 밖의 지역은 4,000만원 이하의 보증금으로 입주하고 있는 임차인에 대하여는 1,400만원까지, 주택에 대한 경매 신청의 등기 전에 입주와 주민등록을 마치면 주택가액의 2분의 1 범위 안에서 다른 담보물권자보다 우선하여 변제받을 권리를 인정하고 있으므로 귀하는 최악의 경우 최소한 1,400만원까지는 보호받을 수 있습니다.

(17) 건물신축 전에 대지에 설정된 저당권에 기한 경매를 한 경우 주택임대차계약의 효력

┃질문┃ 저는 2008년 3월 2일 A소유의 연립주택 1층에 대해서 보증금 5,000만원, 계약기간은 2년으로 하는 임대차계약을 체결하고 현재까지 거주하고 있습니다. 위 주택의 대지는 A가 연립주택을 신축하기 위해 은행에서 대출받으며 저당권을 설정한 것인데, 최근 A가 대출금을 제때 갚지 못하자 은행에서는 저당권이 설정된 대지뿐만 아니라 본인 등이 거주하는 연립주택까지 경매를 신청했습니다. 은행이 대지 및 주택에 대해 함께 경매를 신청하는 것이 가능한지, 가능하다면 임차기간만료 후 저는 누구에게 보증금을 받을 수 있는지 알고 싶습니다.

┃답변┃ **주택임대차보호법에 의한 대항력이 갖추어져 있다면 경락인에게 보증금을 받을 수 있습니다.**

대지에 대한 저당권자가 그 지상건물에 대해서도 경매를 신청할 수 있는지의 여부에 대해 민법 제365조는 "토지를 목적으로 저당권을 설정한 후 그 설정자가 그 토지에 건물을 건축했을 경우에 저당권자는 토지와 함께 그 건물에 대해서 경매를 청구할 수 있다"고 규정하고 있습니다. 따라서 사안의 경우처럼 토지와 주택을 일괄하여 경매신청한 부분에 대해 법률상 하자는 없다고 볼 수 있습니다.

다만, 민법 제365조의 단서규정에 의하면 "일괄경매의 경우 그 건물의 경락대금에 대해서는 우선변제를 받을 권리가 없다"고 규정하여 저당권은 대지에만 한정됨을 규정하고 있습니다. 또한 귀하의 경우에는 실제로 거주하고 주민등록전입신고가 되어있어 주택임대차보호법 제3조의 규정에 의한 대항력이 갖추어져 있다면 위 주택에 계속 거주할 수 있으며, 나아가 임대차기간 만료 후에는 경락인에 대해서 보증금을 청구할 수 있습니다.

(18) 임차주택이 팔린 경우 임차보증금은 누구에게 받는가?

▎질문▎ 저는 2008년 3월 A소유 주택의 방 2칸을 임차, 입
주함과 동시에 주민등록 이전까지 마쳤습니다. 그런
데 A는 6개월 후에 위 주택을 B에게 매도하여 소유
권이전등기까지 완료하였습니다.

이러한 경우에 임대차보증금 반환청구를 하여야 할
까요?

▎답변▎ 임대차 보호 기간인 2년동안 그대로 살거나 B에게 전
세금 반환을 요구하시면 됩니다.

주택임대차보호법은 임대차는 그 등기가 없는 경우에
도 임차인이 주택의 인도와 주민등록을 마친 때에는
그 다음날부터 제3자에 대하여 효력이 생기며, 임차주
택의 양수인은 임대인의 지위를 승계한 것으로 본다고
규정하고 있으므로 임차주택이 양도되면 임대차계약
관계가 구 소유자로부터 신 소유자에게 이전되는 것으
로 해석됩니다.

그러므로 신 소유자인 B에게 임대차보증금 반환청구를
할 수 있습니다.

그런데 이경우에 구 소유자가 임대차계약 관계로부터
완전히 벗어나 임차인에 대한 채무를 면하는지, 아니
면 임차인에 대하여 병존적으로 채무를 부담하는지가

문제되는데, 대법원판례(대법원 1996. 2. 27. 선고 95다35616 판결)는 "주택임대차보호법상의 대항력을 갖춘 후 임대부동산의 소유권이 이전되어 그 양수인이 임대인의 지위를 승계하는 경우에는 임대차보증금 반환채무도 부동산의 소유권과 결합하여 일체로써 이전하는 것이며 이에 따라 양도인의 보증금 반환채무는 소멸한다"고 밝히고 있습니다.

(19) 근저당권이 대지에만 설정된 주택을 임대하여 살고있는데 경매신청된 경우

┃질문┃ 저는 근저당권이 대지에만 설정된 주택에 입주하여 주민등록까지 마쳤는데 대지의 근저당권자가 대지 외에 건물에 대해서도 경매신청을 하였습니다. 저는 어떻게 해야 하나요?

┃답변┃ 집을 비워주지 않아도 됩니다.

건물을 건축하기 이전에 대지에 저당권이 설정되었고 그 후 건물이 건축된 경우에 대지상의 저당권자는 대지뿐만 아니라 건물에 대하여도 경매를 청구할 수가 있습니다(민법 제 365조).

그러나 저당권은 대지상에만 설정된 것이지 건물에 대해 설정된 것은 아니기 때문에 건물부분에 대해서는 아무런 저당권이 설정되지 않은 상태에서 입주 및 주민등록을 마친 임차인은 건물 경락인에 대해 대항력을 가집니다. 따라서 집을 비워주지 않아도 되겠습니다.

(20) 가압류된 주택을 취득한 자와 임대차계약을 체결한 경우

┃질문┃ 저는 가압류된 주택을 취득한 A로부터 주택을 임차하여 입주 후 주민등록을 마치고 확정일자까지 받았습니다. 그런데 가압류권자인 B가 본안소송에서 승소판결을 받아 위 주택의 경매를 신청하였습니다. 저의 지위는 어떻게 되는가요?

┃답변┃ 임대차의 효력을 주장할 수가 없습니다.

압류·가압류 등이 설정된 주택을 취득한 제3취득자와 임대차계약을 체결한 경우 가압류권자 등의 신청에 의하여 경매가 시작되면 경락인에게 대항할 수 없는 것은 물론 확정일자를 갖추었다 하더라도 배당요구를 할 수 없습니다. 이 경우는 가압류 등 당시의 전소유자의 부동산에 대하여 경매를 한 것으로 전 소유자와 임차인간에는 하등의 법률적인 관계가 없기 때문입니다.

이 경우 임차인은 A에게 배당될 금원을 압류할 수 밖에 없습니다.

(21) 가등기된 주택을 임차한 경우 임차인의 지위

▮질문▮ 저는 A로부터 주택을 임차하여 입주 후 주민등록도 마쳤습니다. 그런데 위 주택에는 이미 B 앞으로 소유권이전청구권보전의 가등기가 되어있고 B는 이 가등기에 의한 본등기를 마친 후 집을 비워줄 것을 요구하고 있습니다.

저는 퇴거를 해야 하나요? 또 전세금은 누구에게 받아야 할까요?

▮답변▮ B의 요구대로 집을 비워주어야 하고 전세금은 A에게 받아야 합니다.

가등기에는 순위보전의 효력이 있으므로 임차권의 대항력을 취득하기 전에 가등기가 경료되어 있으면 비록 그 가등기에 의한 본등기가 임차권의 대항력 취득 후에 이루어졌다고 하더라도 임차인은 본등기경료자에 대하여 임차권을 주장할 수가 없습니다. 이것은 소액임차인의 경우도 마찬가지입니다.

반대로 임차권의 대항력 취득 후에 가등기가 된 경우에는 그 가등기에 의하여 본등기가 경료되어도 임차인은 본등기 경료자에게 임차권을 주장할 수가 있습니다.

다만, 가등기 후에 임대보증금을 인상하였다면 그 인상분에 대하여는 본등기 경료자에게 주장할 수가 없습니다.

(22) 주택에 저당권을 설정받는 경우

┃질문┃ 저는 사채업을 하는 사람인데 친지가 A라는 사람을 데려와서 A소유의 점포가 딸린 주택을 담보로 하여 금 3,000만원을 대여해 줄 것을 부탁하여 부득이 승낙하였습니다. 그런데 주택임대차보호법에 의해 집을 담보로 잡을 수 없다고 하는데 저는 어떤 절차와 방법으로 저당권을 설정해야 안전할까요?

┃답변┃ 돈을 대여하기 전에 주택소재지 동사무소에서 주민등록부나 색인부를 열람하고 면밀하게 확인해 보시는게 좋습니다.

주택임대차보호법에 의하면 주택을 임차한 사람은 주택의 인도와 주민등록을 마친 경우에는 제3자에게 대항할 수 있고, 그 후 개정된 주택임대차보호법에는 소액임차인은 다른 담보권자보다 우선하여 소액보증금을 변제받을 권한이 있도록 규정되어 있습니다.

귀하가 A에게 돈을 대여하고 저당권을 설정하여 등기할 당시에 그 주택에 대하여 귀하의 저당권보다 선순위로 임차권을 취득하여 대항력을 갖춘 임차인에게는 대항할 수 없으며, 또한 귀하보다 늦게 임차권을 취득한 임차인이라도 소액보증금으로 임차한 소액임차권자에 대해서는 우선적으로 보증금을 반환할 의무가 있는 것입니다.

그러므로 귀하로서는 돈을 대여하기 전에 우선 주택의 소재지 동사무소에서 주민등록부나 그 색인부를 면밀히 열람하여 그 주택에 전입신고가 되어 있는지, 세대가 몇 세대인지를 확인하여야 합니다. 동사무소에서는 색인부를 비치하여 주민등록 상태를 알 수 있도록 하고 있습니다.

그 다음에는 저당권을 설정하려는 주택을 답사하여 임차권 유무를 조사하고 확인하며 선순위 임차권자의 유무 및 그 임대차계약 내용을 확인해야 할 것입니다.

끝으로 그 주택의 구조와 방의 개수를 확인하여 소액임차인의 발생가능성 유무를 타진하고 대여할 금액을 결정하는 것이 현명할 것입니다. 왜냐하면 귀하가 저당권을 취득한 이후 귀하가 저당권을 실행하여 경락인이 소유권을 취득할 때까지 소액임차인은 얼마든지 생길 수 있는 것이고 만일 소액임차인이 생겼을 때에는 경매절차에서 우선변제를 해 주어야 하기 때문입니다.

그리고 소액보증금은 주택가액, 즉 경락가액의 2분의 1 범위 내에서만 우선변제권이 있음도 참고하시기 바랍니다.

(23) 임대인이 경매사실을 알리지 않고 임대차계약을 체결한 경
우의 책임

▌질문▐ 저는 부동산 중개소를 통하여 A소유의 주택 일부분
(방3칸, 주방1칸, 욕실1칸)을 전세보증금 4,000만원
으로 정하여 입주한 후 주민등록까지 하였습니다.

그런데 위 A의 주택은 제가 전세계약을 체결하기
전에 이미 제3자인 B에게 경락허가결정이 되어
있었는데도 A와 부동산중개업자는 그러한 사실을
저에게 알리지 않았습니다.

이러한 경우 위 전세 보증금을 보호받을 수 있을까요?

그리고 A와 부동산중개업자에게는 형법상 어떠한
범죄가 성립되는가요?

▌답변▐ 보호받을 수 없습니다. A에게 임차보증금반환청구를
하든지 불법행위(경락허가 결정된 사실을 알고 고지하
지 아니한 행위 등)가 인정된다면 이들(A와 부동산중
개업자)을 상대로 손해배상청구를 할 수 있습니다.

부동산경매의 경우 배당요구를 할 수 있는 채권자가
배당요구를 할 수 있는 기간은 경락기일까지이고 이는
법원이 경락허가결정을 선고한 때까지를 의미합니다.

귀하의 경우 전세계약을 체결하기 전에 이미 제3자인

B에게 경락허가 결정이 있었다면 배당요구를 할 수 있는 채권자도 아니고 배당요구를 할 수 있는 시기도 지난 것이기 때문에 경매대금에서 배당받을 수는 없습니다. 다만 A에게 임차보증금반환청구를 하든지 불법행위(경락허가 결정된 사실을 알고 고지하지 아니한 행위 등)가 인정된다면 이들(A와 부동산중개업자)을 상대로 손해배상청구를 할 수 있습니다.

그리고 형법상으로는 사기죄의 여부가 문제되는데, 사기죄의 성립 요건인 기망은 널리 재산상의 거래관계에 있어서 서로 지켜야 할 신의성실의 의무를 저버리는 적극적 또는 모든 소극적 행위를 말하는 것이라고 보았을 때 거래의 상대방이 일정한 사정에 관한 고지를 받았더라면 당해 계약을 하지 않았을 것이 사회상규상 명백한 경우에는 사전에 그와 같은 사정을 고지할 의무가 있습니다.

질문의 경우와 같이 A가 임대를 놓을 때 부동산이 이미 B에게 경락허가결정이 되어있는 사실을 고지하지 않고 계약을 체결했다면 이는 사기죄를 구성한다고 보아야 할 것이며 경락허가결정에 의하여 아직 B에게 소유권이전등기가 경료되지 않았다 하더라도 사기죄의 구성에는 아무런 영향을 미치지 않는다고 보아야 합니다.

그러나 A에 대하여 사기죄가 성립된다고해서 바로 부

동산중개업자에 대하여서도 사기죄가 성립된다고 할 수는 없고 부동산중개업자가 A와 사전모의를 하거나 공동가담한 경우에 사기죄가 성립한다고 할 수 있습니다.

이와 별도로 부동산중개업자에게는 고의 또는 과실로 인하여 거래당사자에게 손해를 끼친데 대해 손해배상책임을 지워야 할 것입니다.

(24) 복덕방에 전세를 의뢰하면서 열쇠를 맡겼는데 복덕방에서 전세 입주자로부터 전세금을 챙겨 도피한 경우 어떻게 해야 하는가?

┃질문┃ 저는 아들이 결혼 한 후 입주시키기 위해 17평짜리 아파트를 한 채 사서 두었다가 결혼이 미루어지기에 근처 복덕방에 전세를 놓아 달라고 부탁했습니다. 며칠 후 복덕방에서 어린애 하나 가진 신혼부부가 1000만원에 세를 들겠다고 한다기에 이를 승낙했습니다.

그 후 복덕방에서 열쇠를 보내달라고 해서 보내주고 오랫동안 아무 소식이 없기에 궁금해서 가보았더니 그 아파트에는 전세가 들어있고, 전세입주자는 1000만원을 그 복덕방에 전세금으로 주고 열쇠를 인수받아 입주했다고 했습니다. 그래서 복덕방을 찾아 보았더니 그 사람은 행방을 감추었습니다. 저는 복덕방에 전세입주자를 소개만 해 달라고 한 것이었는데 이 사람들을 내보낼 수는 없을까요?

┃답변┃ 입주자들을 내보낼 수는 없습니다.

귀하가 그 복덕방에 소개만 해달라는 취지였다면 열쇠까지 보내준 것은 실수입니다. 전세입주자의 입장에서 보면 그 복덕방이 열쇠까지 가지고 있다가 계약을 맺고 전세금을 받은 다음 입주하라는 취지로 열쇠를 인도해 주었다면 그 복덕방을 귀하의 대리인으로 믿을 수밖에 없습니다. 그러므로 귀하는 단순한 소개를 부탁했다기 보다는 전세를 내놓을 대리권을 부여한 것이라고 보아야 할 것 같습니다. 설사 내부적으로 대리권이 없었다고 하더라도 전세 입주하는 사람의 입장에서 보면 그 복덕방을 귀하의 대리인으로 믿게 되어 있고 그러한 믿음에서 어떤 잘못이 있다고 트집잡기가 어렵게 되어 있습니다.

그러므로 그 전세계약은 귀하와 그 입주자간에 체결된 것을 인정되는 것입니다. 따라서 귀하는 그 전세계약을 다툴 수 없습니다.

다만 귀하는 그 복덕방에 대해서 형사상으로 횡령죄의 책임을 물을 수 있고 민사상으로 전세금의 반환을 요구할 수 있을 뿐입니다.

(25) 다가구주택 임차시 주민등록상 지번만 기재한 경우 대항력이 있는가?

┃질문┃ 저는 A소유의 다가구주택 지층 1호를 임차보증금 4,000만원 계약기간 2년으로 임차하여 입주한 후 전입신고하면서 호실기재를 지층 1호로 하지 않고 이웃사람들이 부르는 대로 연립 101호로 기재하였습니다. 그런데 위 임차주택이 제가 입주하여 주민등록전입신고를 한 후 설정된 근저당권에 기하여 현재 임의경매절차가 진행중에 있습니다. 주위사람들이 말하기를 전입신고시에 동호수 기재를 잘못하면 임차보증금을 전혀 보호받지 못한다고 하는데 저의 경우에도 보증금을 보호받을 수 없는지요?

┃답변┃ **지번만 기재한 것으로 충분하여 임차보증금을 보호받을 수 있습니다.**

주택임대차보호법 제3조 제1항은 "임대차는 등기가 없는 경우에도 임차인이 주택의 인도와 주민등록을 마친 때에도 그 익일부터 제3자에 대하여 효력이 생긴다. 이 경우 전입신고를 한 때에 주민등록이 된 것으로 본다"고 규정하고 있습니다.

그런데 판례는 "다가구주택은 건축법이나 주택건설촉진법상 이를 공동주택으로 볼 근거가 없어 단독주택으로 구분되며, 단독주택의 경우에 임차인이 건물의 일부나 전부를 임차하고 전입신고를 하는 경우에 지번만 기재하는 것으로 충분하고 위 건물 거주자들이 편의상 구분하여 놓은 호수까지 기재할 의무나 필요가 없으며, 임차인이 실제로 건물의 어느 부분을 임차하여 거주하고 있는지 여부의 조사는 위 건물에 담보권을 설정하려는 이해관계인의 책임하에 이루어져야 할 것이므로 임차인이 지번을 정확하게 기재하여 전입신고를 한 이상 임차인의 공시방법은 유효하고, 그 임차인이 위 건물 중 종전에 임차하고 있던 부분에서 다른 부분으로 옮기면서 그 옮긴 부분으로 다시 전입신고를 하였다고 하더라도 이를 달리 볼 것은 아니다"라고 판시하였습니다(대법원 1998. 1. 23. 선고, 97다47828 판결).

따라서 귀하가 전입신고시 임차건물의 지번을 정확하게 기재한 것만으로도 유효한 공시방법이 되므로 설령 임대차계약서상 확정일자를 받아 놓지 않았다 하더라도 대항력(입주와 전입신고)의 효력발생당시 선순위 근저당등기, 가압류, 압류등기, 가등기 등이 없었다면 경락인에게 대항력을 주장하여 임차보증금을 보호받을 수 있을 것입니다.

(26) 임차권자는 어떤 방법으로 권리를 행사할 수 있는가?

┃질문┃ 1번 근저당권 설정등기가 되어 있는 주택에 임차입
주하여 대항력을 갖추었는데 그 후 2번 근저당권 설
정등기가 되고 그 후 또다시 일반채권자의 강제경매
신청에 의해 경매가 진행중에 있는 경우 임차권자는
어떤 절차에 의해서 권리구제를 받을 수 있습니까?

┃답변┃ 임차권자는 빨리 보증금에 기하여 가압류나 본압류를
하거나 판결 등의 채무명의를 얻는 방법으로 배당절차
에 참가할 수 있는 절차를 밟아야 경락대금에서 배당
받을 수 있습니다.

임차인이 입주와 주민등록을 마침으로써 취득하는 대
항력의 내용은 임대차계약기간 동안 주택을 점유·사용
할 수 있는 권리와 주택을 명도할 때 보증금을 반환받
을 권리 등이고, 또한 그 권리를 확보하기 위해서 주
택의 명도를 거절할 수 있는 동시이행의 항변권이 있
습니다.

그러나 보증금에 대해서 그것이 소액보증금이 아닌 한
우선변제권은 없기 때문에 주택이 경매되는 경우에 배
당절차에서 우선변제를 받을 권리는 없는 것입니다.

그러므로 귀하의 경우와 같이 후순위 일반채권자의 신
청에 의해서 경매절차가 진행될 경우에는 귀하가 별도

로 권리행사를 하지 않는 한 경매대금은 1번 근저당권자 → 2번 근저당권자 → 일반채권자의 순서로 배당되고 그래도 잔액이 있으면 주택소유자에게 배당됨으로써 경매절차가 종료되고 임차권자는 전혀 배당도 받지 못하고 주택을 명도당하게 될 것입니다.

따라서 이런 경우에 임차권자는 빨리 보증금에 기하여 가압류나 본압류를 하거나 판결 등의 채무명의를 얻는 방법으로 배당절차에 참가할 수 있는 절차를 밟아야 하며, 그래야만 경락대금에서 배당받을 수 있고 그와 같은 절차를 취하지 않으면 배당에도 참가할 수가 없습니다. 배당에 참가하더라도 배당의 순위는 일반채권자의 순위와 같아서 우선변제권이 있는 선순위 배당권자에 대한 배당이 끝난 후 잔액이 있을 때에 채권액에 비례해서 배당을 받게 될 것입니다. 그러나 임차권자가 소액보증금에 해당될 때는 우선변제권이 있어서 별다른 배당참가요건을 구비하지 않더라도 배당요구를 할 수 있고 선순위 저당권자보다도 우선하여 배당받을 수 있는 것입니다.

(27) 공무원의 실수로 주민등록표가 잘못 기재된 경우에 주택임
대차보호법상 대항력 취득여부

┃질문┃ 저는 A 소유의 주택을 임차하기로 하고 보증금을 지
급한 뒤 2005년 9월 15일 위 주택에 입주하고 같은
날 전입신고를 마쳤습니다. 그런데 동사무소 직원의
착오로 주민등록표에 새로운 주소가 잘못기재됐고
저는 그 사실을 알지 못하고 있던 중 2007년 8월경
A의 채권자 B가 위 주택을 경매신청 한 뒤 다시 경
락받아서 저에게 위 주택의 명도를 요구하고 있는데
저는 보호받을 수 있습니까?

┃답변┃ 귀하는 B의 명도요구를 거부할 수 있습니다.

주택임대차보호법 제3조 제1항은, 주택임대차는 그 등
기가 없는 경우에도 임차인이 주택의 인도와 주민등록
을 마쳤을 때는 제3자에 대해서 대항할 수 있다고 규
정하고 있습니다.

위 사안의 경우 판례는 "임차인이 전입신고를 올바르
게(즉 임차건물 소재지 지번으로) 하였다면 그 임대차
의 대항력이 생기는 것이므로 설사 담당 공무원의 착
오로 주민등록표상에 신거주지 지번이 다소 틀리게 기
재되었다고 해도 대항력에는 영향이없다"고 판시(대
법원 1991. 8. 13. 선고, 91다18118 판결)하고 있으므

로 귀하는 임대차 계약기간 동안은 B의 명도요구를 거
부할 수 있다고 하겠습니다.

> **(28) 주택임차 후 입주와 전입신고를 했으나 임차건물과 다른 지번에 주민등록된 경우 대항력 취득시점**

▌질문 ▌ 저는 2008년 4월 20일 A소유의 주택을 임차하여 입주한 후 전입신고를 했으나 착오로 임대차 건물의 지번과 다른 지번에 주민등록을 했다가 그 후 관계공무원이 직권정정을 해서 실제 지번에 맞게 주민등록이 정리되었습니다. 이런 경우 저의 대항력은 착오로 전입신고한 시점에 취득하는 것인지, 아니면 주민등록이 정리된 이후에 취득하는 것인지에 대해 알고 싶습니다.

▌답변 ▌ **실제지번에 주민등록이 맞게 정리된 이후에야 비로소 대항력을 취득하게 됩니다.**

우선 통상적으로 잘못 알기 쉬운 대항력의 정확한 의미부터 알아야 하겠습니다.

주택임대차보호법 제3조 제1항에서 "임대차는 그 등기가 없는 경우에도 임차인이 주택의 인도와 주민등록을 마쳤을 때는 그 익일부터 제3자에 대해서 효력이 생기며 이 경우 전입신고를 할 때에 주민등록이 된 것으로 본다"라고 되어 있습니다. 여기서 제3자에 대하여 효력이 생긴다는 것은 임대인 이외의 자에 대해서도 주택임차인이 그 주택의 임대차관계를 주장할 수 있다는 의미이며 이것은 결국 임대차기간 중 임대주택의 소유자가 변경되는 경우에도 임대인의 지위가 신소유자에게 포괄적으로 승계됨으로써 임차인은 계약기간동안 (보증금을 준 경우에는 그 보증금을 반환 받을 때까지) 그 집에서 쫓겨나지 않고 생활할 수 있다는 것입니다.

그러나 주의할 것은 임차인이 입주와 전입신고를 하기 전에 그 집에 이미 저당권등기나 가압류, 압류등기, 가등기 등이 행해졌고, 그 결과로 경매나 가등기에 의한 본등기에 의해 소유권자가 변경된 경우에는 임차권은 소멸되어 임차인은 신소유권자에게 대항할 수 없다는 점에 유의해야 합니다.

귀하의 질의 내용은 위와 같은 대항요건을 갖추는 시기에 관한 것인데 주택임대차보호법 제3조 제1항의 주택의 인도와 더불어 대항력의 요건으로 규정하고 있는 주민등록은 거래의 안전을 위해서 임차권의 존재를 제3자가 명백히 인식할 수 있는 공시방법으로 마련된 것이라고 볼 것이므로 주민등록이 어떤 임대차를 공시하는 효력이 있는가의 여부는 일반적인 사회 통념상 그 주민등록으로 당해 임대차건물에 임차인이 주소 또는 거소를 가진자로 등록되어 있는지 인식할 수 있는가의 여부에 따라 결정된다고 할 것입니다. 따라서 귀하는 실제지번과 다른지번에 주민등록을 할 때에는 임차주택의 임대차공시방법으로서 유효한 것이라고 할 수 없고 실제지번에 주민등록이 맞게 정리된 이후에야 비로

소 대항력을 취득했다고 볼 것입니다(대법원 1987. 11. 10. 선고, 87다카1573판결).

(29) 건물경매의 경우 주택임차인에 대한 인도명령의 가부

▌질문▌ 저는 A로부터 A소유의 주택 중 방 2칸을 임차보증금 3,000만원 계약기간 2007년 10월 2일부터 2년동안 임차했습니다. 입주하여 5개월 정도 되었을 때 위 주택이 경매개시 되고, 그 후 6개월 만에 B에게 경락되었으며, B는 법원으로부터 부동산 인도명령을 받아 A가 거주하던 방 등을 인도 받고서는, 저에게도 인도명령을 받아 집행하겠다고 합니다. 저는 근저당권이 설정된 후 입주하여 주택임대차보호법상의 대항력도 없다고 하는데 저도 임차가옥을 인도해 주어야 하는지요?

▌답변▌ **일단 부동산인도명령에 의해서 임차한 방을 명도당하지는 않습니다.**

부동산인도명령이란 경락대금을 납부한 후 6개월 내에 경락인의 신청이 있을 때 법원이 채무자, 소유자, 또는 압류의 효력이 있은 후에 점유를 시작한 부동산점유자에 대해서 부동산을 경락인에게 인도할 것을 명하는 것입니다(민사집행법 제136조 제1항).

그런데 귀하는 위 주택이 압류되기 5개월 전에 위 방등을 임차한 것으로 보여지므로 채무자, 소유자 또는 압류의 효력이 있은 후에 점유를 시작한 부동산점유자

에 해당되지 않아서 인도명령의 상대방은 아니라 할
것이므로 일단 부동산인도명령에 의하여 위 방 등을
명도 당하지는 않을 것입니다.

그러나, 귀하는 근저당권이 설정된 이후에 위 가옥을
임차했으므로 주택임대차보호법상의 대항력이 없고,
따라서 B가 별도의 건물명도청구소송을 제기하면 대항
할 수 없을 것입니다.

(30) 임대인의 책임 범위는?

▌질문▌ 저는 주택을 임대해주면서 임대차계약서에 임차물건에 대한 모든 사고는 임차인이 책임지기로 약정했습니다. 임대차물건에 화재가 발생할 경우 저는 책임이 있는지요?

▌답변▌ 사고에 관한 귀하의 과실 여부에 따라 달라집니다.

임대차 계약당시 계약서에 임차인은 고의, 과실을 불문하고 임차물건에서 화재, 도난 등의 사고가 발생했을 경우에는 이에 대한 모든 대내외적 책임을 진다고 규정했더라도 이와 같은 면책조항이 임대인의 고의, 중과실로 인한 경우까지 적용된다면 약관의 규제에 관한 법률에 위반되어 무효라고 보아야 하기 때문에 그 외의 경우, 즉 경과실로 인한 경우에 한하여 임대인의 면책을 정한 규정이라고 해석해야 합니다(대법 제3부 판결).

참고로 대항력없는 임차인은 양도인에게 보증금반환을 청구해야 하므로 양수인(매수인, 경락인, 상속인 등)에게 청구하려면 대항요건을 갖추어야 우선변제권이 인정되는데 그 요건은 ① 주택을 인도받고 전입신고하고, ② 확정일자를 갖추고, ③ 임대차가 종료되고, ④ 경락기일까지 배당요구해야 하며, ⑤ 이해관계인의 이의가 없어야 합니다.

소액보증금의 최우선변제요건은 대항요건을 경매신청
기입전까지 갖추어야 하지만 위 우선변제권은 그렇지
않습니다. 즉, 확정일자는 보증금의 우선변제요건이고
임차권의 대항요건이나 소액보증금의 최우선 변제요건
이 아닙니다.

(31) 임대차계약서상의 확정일자와 우선변제권

▎질문▎ 저는 지난 4월 10일 A소유주택 2층을 전세금 3,000만원에 2년 계약해 같은 달 20일 입주와 함께 전입신고를 마쳤습니다.

계약전 이 집에 대한 등기부를 열람했더니 은행으로부터 7,000만원을 융자받은데 대한 근저당이 설정돼 있는 것을 알았으나 집의 시가에 비해 5,000만원 정도 적어 전세보증금을 떼이리라고 걱정하지 않았습니다.

그런데 최근 집주인의 사업실패로 집이 경매된다고 해 알아보니 이 근저당 이후에 또 5,000만원이라는 2순위 근저당이 설정되어 있었습니다. 이 경우 저는 전세보증금을 받을 수 있습니까?

▎답변▎ 받을 수 있습니다.

주택임대차보호법에 의해 임대차계약을 맺고 입주 및 주민등록을 마친 때에는 '대항력'이 생겨 그 이후에 집소유주가 바뀌더라도 새주인으로부터 전세보증금을 돌려 받을 수 있습니다.

단 이같이 대항력을 갖추기 전에 이미 저당권등기나 가압류, 압류 또는 가등기가 행해지고 그 결과로 경매나 본등기로 인해 소유자가 변경되었을 때는 임차권이

소멸되므로 이 때는 새로운 소유자에게 권리를 주장할
수 없습니다.

따라서 이 사안처럼 임차인이 주택의 인도와 주민등록
을 마치고 임대차계약증서상에 확정일자를 갖춘 경우
에는 민사소송법에 의한 경매 또는 국세징수법에 의한
경매에서 후순위 권리자나 기타 채권자보다 먼저 보증
금을 변제받을 권리가 있습니다.

그러므로 이 주택이 경매에 부쳐진 뒤 환가대금에서 1
순위 저당권자의 차용금 7,000만원을 공제하고 난 나
머지 금액에서 2순위 저당권자보다 먼저 변제받을 수
있어 보증금을 찾는데는 별 문제가 없을 것으로 판단
됩니다.

(32) 임차주택이 양도된 경우 양도인의 주택임차보증금채무가 소멸되는가?

┃질문┃ 저는 주택을 임차보증금 3,000만원, 계약기간 2년으로 임차하여 전입신고를 필하고 확정일자를 받았습니다. 그런데 임대인이 위 주택을 최근에 매도하였다고 해서 등기부를 확인해본 결과 위 주택 및 대지의 소유권이 이미 이전되었고, 저보다 선순위 근저당권채권이 많아서 경매된다면 저는 배당받기 어려운 상태입니다. 위 주택의 양수인은 다른 재산이 거의 없고 오히려 양도인인 전소유자는 다른 부동산을 소유하고 있는데, 이 경우 양도인에게 임차보증금반환청구를 할 수는 없는지요?

┃답변┃ 양도인에게 임차보증금을 청구할 수 없습니다.

주택임대차는 임차인이 주택의 인도와 주민등록을 마친 때에는 그 익일부터 제3자에 대하여 효력이 생기며, 임차주택의 양수인이 임대인의 지위를 승계한 것으로 보게 됩니다(주택임대차보호법 제3조 제1·3항).

그런데 임차주택이 양도되었을 경우 임차인이 계약기간만료 등으로 임차보증금을 반환받으려 할 때 양수인에게만 청구해야 하는지(면책적 채무인수), 아니면 양도인(임대인)·양수인 모두에게 청구할 수 있는지(중첩적 채무인수)가 문제됩니다. 이에 대해 판례는 "주택의

임차인이 제3자에 대한 대항력을 갖춘 후 임차주택의
소유권이 양도되어 그 양수인이 임대인의 지위를 승계
하는 경우에는 임차보증금의 반환채무도 부동산의 소
유권과 결합하여 일체로서 이전하는 것이므로, 양도인
의 임대인으로서의 지위나 보증금반환채무는 소멸한
다"고 판시하고 있습니다(대법원 1996. 2. 27. 선고,
95다35616 판결). 따라서 귀하도 전소유자인 양도인에
게 임차보증금을 청구할 수 없을 것입니다.

(33) 주민등록상 동호수 표시가 기재되지 않은 경우

┃질문┃ 저는 다세대주택(여러 가구가 거주할 수 있는 건물 중 아파트처럼 각 호실마다 구분등기를 할 수 있는 주택)을 임차하여 거주하고 있는데 주민등록상에 주택소재지의 지번만 기재되어 있고 동호수 표시는 기재되어 있지 않습니다. 이러한 경우에도 주택임대차보호법의 보호를 받을 수 있는지요?

┃답변┃ 보호를 받을 수 없습니다.

주민등록법 시행령 제9조 제3항은 다세대주택과 같은 공동주택의 경우에는 지번 다음에 공동주택의 명칭과 동·호수를 기재하도록 규정하고 있고(예 : ○○빌라 ○동 ○호),주민등록에 동호수를 기재하지 않으면 제3자의 입장에서 임차인이 그 다세대주택의 몇동·몇호에 주소를 가지고 있는지 여부를 알 수 없기 때문에 보호받을 수 없습니다. 다만 공동주택이 아닌 다가구용 단독주택(1동의 주택에 출입문을 별도로 설치하는 등 2가구 이상이 독립된 생활을 할 수 있도록 건축되었으나 아파트처럼 각 호실마다 구분등기를 할 수 없는 단독주택)의 층·호수는 편의상 구분하여 놓은 데 불과하고 주민등록법 시행령에 기재하도록 규정되어 있지 않기 때문에 임차인이 전입신고를 하면서 주택소재지의 지번만 기재해도 주택임대차보호법의 보호를 받을 수 있습니다.

(34) 일시적으로 주민등록을 이전한 경우

▌질문▐ 저는 주택을 임차하여 주민등록전입신고까지 마치고 거주하던 중 사정이 생겨서 가족 전원의 주민등록만을 다른 곳으로 일시이전을 했다가 다시 전입을 했습니다. 그런데 그 사이에 저당권이 설정되고 그에 따른 경매가 실시되어 현재 경락인이 저에게 집을 비워 줄 것을 요구하고 있습니다. 임대보증금의 반환을 받지 못한 채 무조건 비워 주어야 하는 것인지요?

▌답변▐ 유감스럽지만 경락인에게 무조건 집을 비워 주어야 합니다.

귀하와 같이 임대기간 중에 주민등록을 옮기면 비록 그 집에서 가족과 함께 계속 거주하고 있었다고 해도 대항력을 상실하고 그 후 다시 전입신고를 해도 그 때부터 새로운 대항력이 다시 발생하는 것이므로 그 사이에 저당권이 설정되면 그에 기한 경매절차에서 경락인에 대하여 임차권을 주장할 수 없습니다. 다만 귀하가 가족의 주민등록은 그대로 둔 채 본인의 주민등록만을 일시적으로 옮겼다면 대항력을 상실하지 않기 때문에 경락인에게 임대보증금의 반환을 요구할 수 있습니다.

(35) 가압류등기가 된 주택을 임차한 경우 대항할 수 있나?

▌질문▌ 저는 가압류등기가 된 집을 임차하여 입주한 후 주민등록을 마쳤습니다. 그런데 그 후 가압류채권자가 본안소송에서 승소판결을 받아 임차주택에 관한 강제경매신청을 했습니다. 제가 그 강제경매절차에서 임차주택을 경락받은 사람에게 대항할 수 있는지요?

▌답변▌ **대항할 수 없습니다.**

귀하가 가압류등기시보다 나중에 대항요건을 모두 갖춘 이상 경락인에게 대항할 수 없습니다. 다만 귀하가 확정일자를 갖추었다면 선순위 가압류채권자보다 우선변제를 받을 수는 없지만 채권액에 비례하여 평등배당을 받게 됩니다.

예컨대 주택의 경락대금이 8,000만원, 선순위 가압류채권자의 채권액이 6,000만원, 귀하의 임차보증금이 4,000만원인 경우 가압류채권자가 4,800만원(8,000×6/10), 귀하가 3,200만원(8,000×4/10)을 각 배당받게 됩니다.

(36) 확정일자와 같은 날짜에 수 개의 저당권이 설정된 경우 우선권은?

┃질문┃ 저는 주택임대차계약을 체결하고 입주와 주민등록을 모두 갖춘 다음날에 계약서에 확정일자도 받았습니다. 그런데 우연히 확정일자를 받은 날에 순위 1, 2, 3의 저당권이 설정되었습니다. 저와 저당권자들 사이의 우선순위는 어떻게 되는지요?

┃답변┃ 저당권자들 사이의 우선순위는 정해지지만 임차인과의 우선순위를 정하는 일은 어렵습니다.

먼저 임차인의 임대보증금액과 각 저당권자의 피담보채권액에 비례하여 평등배당을 하고, 저당권자 상호간에는 선순위 저당권자가 그 채권액을 만족받을 때까지 후순위 저당권자의 배당액을 다 가져갑니다.

예컨대 경락대금이 8,000만원이고, 임차인의 보증금액이 4,000만원, 저당권자들의 채권액이 각 2,000만원이라면 임차인은 3,200만원(8,000×4/10)을 배당받고, 저당권자들의 배당액은 각 1,600만원(8,000×2/10)이 되지만 실제로는 1, 2 순위 저당권자가 각 2,000만원(1,600만원+400)을 배당받고, 3순위 근저당권자는 800만원(1,600-400-400)만을 배당받게 됩니다.

그 이유는 저당권자 상호간에는 우선순위가 분명히 정

해지나 임차인이 대항요건과 확정일자를 모두 갖춘 최
종시점과 저당권설정등기를 경료한 시점의 선후를 정
하는 것은 사실상 불가능하기 때문입니다.

(37) 근저당권 설정 통 임차한 가옥 경매시 인도명령에 응해야 하는가?

┃질문┃ 저는 A로부터 A소유의 주택 중 방 2칸을 임차보증금 3,000만원, 계약기간 2년으로 임차하였는데, 입주하여 5개월 정도 되었을 때 위 주택이 경매 개시되고, 그 후 6개월만에 B에게 경락되었습니다. B는 법원으로부터 부동산인도명령을 받아 A가 거주하던 방 등을 인도받고 저에게도 인도명령을 받아 집행하겠다고 합니다. 저는 근저당권이 설정된 후 입주하여 주택임대차보호법상의 대항력도 없다고 하는데 임차한 방을 인도해주어야 하는지요?

┃답변┃ **인도명령에 의해서는 명도당하지 않으나 건물명도청구 소송에서는 대항할 수 없습니다.**

부동산인도명령이란 경락대금을 납부한 후 6월 내에 경락인의 신청이 있는 때에 법원이 채무자, 소유자, 또는 압류의 효력이 있은 후에 점유를 시작한 부동산 점유자에 대하여 부동산을 경락인에게 인도할 것을 명하는 것입니다(민사집행법법 제136조 제1항). 그런데 귀하는 위 주택이 압류되기 5개월 전에 위 방 등을 임차한 것으로 보여지므로 채무자, 소유자 또는 압류의 효력이 있은 후에 점유를 시작한 부동산점유자에 해당되지 않아서 인도명령의 상대방은 아니라 할 것입니

다. 따라서 일단 부동산인도명령에 의하여 위 방 등을
명도당하지는 않을 것입니다.

그러나 귀하는 근저당권이 설정된 이후에 위 가옥을
임차하였으므로 주택임대차보호법상의 대항력이 없고,
따라서 B이 별도의 건물명도청구소송을 제기하면 대항
할 수 없을 것입니다.

(38) 임대아파트 임차인이 소유권 취득한 경우 그 전에 입주한 전차인의 대항력

┃질문┃ 저는 甲회사소유 임대아파트를 임차한 乙로부터 위 아파트를 보증금 5,000만원에 전차하여 입주와 주민등록전입신고를 마치고 거주하던 중, 乙이 甲회사로부터 위 아파트를 분양 받아 소유권이전등기를 경료하면서 같은 날 丙에게 근저당권을 설정해주었습니다. 그런데 최근 丙이 그 근저당권에 기하여 경매를 신청하였고, 저는 확정일자를 받지 않았으며 소액임차인도 아닌데, 이러한 경우 제가 위 아파트의 경매절차 매수인에게 대항할 수 있는지요?

┃답변┃ 대항력을 주장할 수 있습니다.

사안의 경우 귀하는「주택임대차보호법」제3조 제1항 소정의 대항요건인 입주와 주민등록전입신고는 근저당권이 설정되기 이전에 마쳤으나, 그 당시에는 위 아파트의 소유자는 甲이고 乙이 임차인이어서 귀하는 乙의 임차인으로서의 권리를 원용할 수밖에 없는 전차인(轉借人)에 불과하였고, 그 후 乙이 소유자가 됨으로써 乙의 임차인으로서의 권리가 소멸함과 동시에 귀하가 소유자 乙에 대한 임차인이 된다고 할 수 있는데, 乙이 소유자가 되어 귀하가 임차인이 된 날짜와 丙의 근저당권설정일자가 같은 날이므로 귀하의 입주와 주민등록이 언제부터 제3자에 대한 공시방법으로서 효력이 있는지에 따라서 귀하의 대항력인정 여부가 결정될 것으로 보입니다. 이에 관하여 판례는 "주택임대차보호법 제3조 제1항에서 주택의 인도와 더불어 대항력의 요건으로 규정하고 있는 주민등록은 거래의 안전을 위하여 임차권의 존재를 제3자가 명백히 인식할 수 있게 하는 공시방법으로 마련된 것으로서, 주민등록이 어떤 임대차를 공시하는 효력이 있는가의 여부는 그 주민등록으로 제3자가 임차권의 존재를 인식할 수 있는가에 따라 결정된다고 할 것이므로, 주민등록이 대항력의 요건을 충족시킬 수 있는 공시방법이 되려면 단순히 형식적으로 주민등록이 되어 있다는 것만으로는 부족하고, 주민등록에 의하여 표상(表象)되는 점유관계가 임차권을 매개로 하는 점유임을 제3자가 인식할 수 있는 정도는 되어야 한다."라고 하였으며(대법원 2000. 2. 11. 선고 99다59306 판결, 2002. 11. 8. 선고 2002다38361, 38378 판결), "甲이 丙회사소유 임대아파트의 임차인인 乙로부터 아파트를 임차하여 전입신고를 마치고 거주하던 중, 乙이 丙회사로부터 그 아파트를 분양 받아 자기 명의로 소유권이전등기를 경료한 후 근저당권을 설정한 사안에서, 비록 임대인인 乙이 甲과 위 임대차계약을 체결한 이후에, 그리고 甲이 위 전입신고를 한 이후에 위 아파트에 대한 소유권을 취

득하였다고 하더라도, 주민등록상 전입신고를 한 날로
부터 소유자 아닌 甲이 거주하는 것으로 나타나 있어서
제3자들이 보기에 甲의 주민등록이 소유권 아닌 임차
권을 매개로 하는 점유라는 것을 인식할 수 있었으므
로, 위 주민등록은 甲이 전입신고를 마친 날로부터 임
대차를 공시하는 기능을 수행하고 있었다고 할 것이고,
따라서 甲은 乙명의의 소유권이전등기가 경료되는 즉
시 임차권의 대항력을 취득하였다."라고 하였습니다
(대법원 2001. 1. 30. 선고 2000다58026 등 판결). 따
라서 귀하의 경우에도 乙의 소유권이전등기와 동시에
대항력을 취득하여 그 이후에 설정된 근저당권에 앞서
서 대항력을 취득한 것이므로 위 아파트의 경매절차 매
수인에게 대항력을 주장할 수 있다고 할 것입니다.

---

(39) 명의수탁자로부터 주택을 임차한 자의 명의신탁자에 대한 대항력

┃질문┃ 저는 甲으로부터 甲명의의 주택을 전세보증금 3,000 만원, 계약기간 2년으로 임차하여 입주와 주민등록을 마쳤습니다. 그런데 최근에 甲이 소속된 乙종중에서 위 주택은 乙종중의 소유인데, 甲의 명의로 등기만 되어 있었던 경우이고, 甲의 재산관리에 문제가 있어서 甲에 대한 명의신탁을 해지하고 乙종중명의로 소유권이전등기까지 하였다고 하면서 위 주택의 명도를 요구합니다. 만일, 乙종중이 명도소송을 제기하면 저는 어떻게 대응해야 하는지요?

┃답변┃ 동시이행항변권을 행사하실 수 있습니다.

「부동산 실권리자명의 등기에 관한 법률」제4조 제1항은 "명의신탁약정은 무효로 한다."라고 규정하고 있고, 같은 법 제4조 제2항은 "명의신탁약정에 따라 행하여진 등기에 의한 부동산에 관한 물권변동은 무효로 한다. 다만, 부동산에 관한 물권을 취득하기 위한 계약에서 명의수탁자가 그 일방 당사자가 되고, 그 타방 당사자는 명의신탁약정이 있다는 사실을 알지 못한 경우에는 그러하지 아니하다."라고 규정하고 있으며, 같은 법 제4조 제3항은 "제1항 및 제2항의 무효는 제3자에게 대항하지 못한다."라고 규정하고 있습니다.

또한, 같은 법 제8조에서는 조세포탈이나 강제집행의 면탈 또는 법령상 제한을 회피할 목적으로 명의신탁한 경우를 제외하고 종중이 보유한 부동산에 관한 물권을 종중 외의 자의 명의로 등기한 경우에는 명의신탁의 약정을 무효로 보지 않고 있습니다. 위 규정에 의하면 귀하의 임차권은 명의신탁계약의 해지여부와 상관없이 유효합니다. 즉, 명의수탁자는 대외적으로는 적법한 소유자로 인정되고, 그의 신탁목적물에 대한 처분·관리행위는 유효하기 때문입니다. 그리고 乙종중이 임차주택에 관하여 명의신탁해지를 원인으로 소유권이전등기를 하였다고 하는데, 그러한 경우 乙종중은「주택임대차보호법」제3조 제3항의 규정에 따라 임대인의 지위를 승계한 것으로 보게 되므로, 귀하께서는 乙종중에 대해 임대차기간 동안의 거주 및 기간만료 시 임대차보증금의 반환을 구할 권리가 있습니다. 따라서 乙종중이 귀하를 상대로 건물명도소송을 제기하는 경우에는 응소(應訴)하여 임대차기간이 남아 있으면 기간이 만료되지 않았음을 주장할 수도 있고, 그렇지 않은 경우에는 임차보증금을 반환 받음과 동시에 건물을 명도 하겠다는 내용으로 동시이행항변권을 행사하시면 될 것으로 보입니다.

(40) 대항력 취득을 위하여 임차보증금의 전액 지급이 필요한지

┃질문┃ 甲은 주택을 임차하여 입주하고 주민등록전입신고를 하였습니다. 그런데 임차보증금은 임대차계약서상에 5,000만원으로 정하였으나, 甲은 그 중 500만원을 미처 마련하지 못하여 임대인의 양해를 얻어 입주 후 2개월 후에 지급하였으며, 그 기간은 위 500만원에 대한 이자상당을 지급하였습니다. 이 경우 甲의 입주와 주민등록전입신고는 제1순위였는데, 그 후 보증금잔액 500만원을 지급하기 이전에 乙의 근저당권이 설정되었습니다. 이 경우 위 임차주택이 경매될 경우에도 甲은 계약기간동안은 계속 거주하기를 원하는바, 경매절차의 매수인에 대하여 위 보증금전액에 대하여 「주택임대차보호법」제3조에 의한 대항력을 취득할 수 있는지요?

┃답변┃ 경매절차의 매수인에게 대항력을 주장해 볼 수 있습니다.

「주택임대차보호법」제3조 제1항 및 제3항은 "① 임대차는 그 등기가 없는 경우에 도 임차인이 주택의 인도와 주민등록을 마친 때에는 그 다음 날부터 제3자에 대하여 효력이 생긴다. 이 경우 전입신고를 한 때에 주민등록이 된 것으로 본다. ③ 임차주택 의 양수인(기타 임대할 권리를 승계한 자를 포함)은 임대인의 지위를 승계한 것으로 본다."라고 규정하고 있습니다. 그런데 「주택임대차보호법」상의 대항력은 매매나 증여 등으로 임차주택이 양도될 경우에는 선순위 저당권이 있을 경우에도 양수인이 임대인의 지위를 승계 하게 될 것 이지만, 임차주택이 경매될 경우에는 소멸된 선순위 저당권보다 뒤에 등기되었거나 대항력을 갖춘 임차권은 함께 소멸하는 것이고, 따라서 그 경매절차의 매수인은 같 은 법 제3조에서 말하는 임차주택의 양수인 중에 포함된다고 할 수 없을 것이므로 경매절차의 매수인에 대하여 그 임차권의 효력을 주장할 수는 없습니다(같은 법 제3조 의5, 대법원 2000. 2. 11. 선고 99다59306 판결). 그리고 대항력을 갖춘 임차인이 저당권설정등기 이후에 임대인과 보증금을 증액하기 로 합의하고 초과부분을 지급한 경우에는 저당권설정등기 이후에 증액한 임차보증금으로써는 경매절차의 매수인에게 대항할 수 없습니다(대법원 1990. 8. 24. 선고 90다 카11377 판결). 그러나 위 사안의 경우에는 乙의 근저당권이 설정되기 이전에 甲과 임대인간에 임차 보증금을 5,000만원으로 정하여 계약이 성립된 경우이므로 乙의 근저당권에 기한 경매절차의 매수인에게 5,000만원 전액에 대하여 대항력을 주장할 수 있는지 문제됩니 다. 임차인이 대항력을 취득하기 위하여 새로운 이해관계인이 생기기 전까지 보증금을 전부 지급하여야 하는지에 관하여 판례는 "임차인이 주택의 인도와 전입신고를 마친 때에는 주택임대차보호법 제3조에 의하여 그 다음날부터 임차주택의 양수인에 대하여 대항력을 취득하게 되므로, 보증금의 반환을 받을 때까지 임대차관계의 존속을 주장할 수 있는 권리를 가지게 되는 것이고, 여기서 임차인이라 함은 적법하게 임대 차계약을 체결하여 그 임대차관계가 유지되고 있으면 족한 것이며, 반드시 새로운 이 해관계인이 생기기 전까지 임대인에게 그 보증금을 전부 지급하여야 하는 것은 아니다."라고 하였습니다(대법원 2001. 1. 19. 선고 2000다61855 판결). 따라서 甲은 위 임차주택이 경매절차에서 매각되고, 우선변제를 받기 위하여 배당요 구를 하지 않고 경매절차의 매수인에게 대항력을 주장할 경우 위 임차보증금전액에 대하여 대항력을 주장해볼 수 있을 것입니다.

(41) 대항력 갖춘 주택임차보증금을 지급한 매수인의 구상권 인정 여부

┃질문┃ 저는 강제경매절차에서 甲소유의 주택을 매수하였는데, 위 주택에 거주하고 있는 임차인이「주택임대차보호법」상의 대항력을 갖추고 있었으므로 그 임차보증금을 지급하고 위 주택을 명도 받았습니다. 이 경우 저는 원래의 임대인 甲을 상대로 임차보증금 상당의 금원을 구상할 수 있는지요?

┃답변┃ 귀하가 대항력 있는 임차인에게 지급한 주택임차보증금은 원래의 임대인 甲으로부터 반환받을 수 없을 것으로 보입니다.

위 사안과 관련하여 판례는 "주택의 임차인이 제3자에 대한 대항력을 구비한 후 임차주택의 소유권이 양도된 경우에는, 그 양수인이 임대인의 지위를 승계 하게 되고, 임차보증금반환채무도 주택의 소유권과 결합하여 일체로서 이전하며, 이에 따라 양도인의 위 채무는 소멸한다 할 것이므로, 주택양수인이 임차인에게 임차보증금을 반환하였다 하더라도, 이는 자신의 채무를 변제한 것에 불과할 뿐, 양도인의 채무를 대위변제 한 것이라거나, 양도인이 위 금액상당의 반환채무를 면함으로써 법률상 원인 없이 이익을 얻고 양수인이 그로 인하여 위 금액상당의 손해를 입었다고 할 수 없다."

라고 하였습니다(대법원 1993. 7. 16. 선고 93다17324 판결, 1996. 11. 22. 선고 96다38216 판결, 1998. 9. 25. 선고 97다28650 판결). 따라서 경매절차의 매수인인 귀하가 대항력 있는 임차인에게 지급한 주택임차보증금은 원래의 임대인 甲으로부터 반환받을 수 없을 것으로 보입니다.

(42) 근저당권 설정 후 증액된 주택임차보증금의 대항력

▌질문▌ 저는 甲소유 주택을 임차보증금 4,500만원에 임차하여 주민등록전입신고를 마치고 거주하던 중 1년 후 보증금 500만원을 인상하였고, 그 후 다시 300만원을 추가로 인상해주었습니다. 甲은 제가 두 번째 300만원을 인상해주기 직전, 위 주택에 근저당권을 설정해주었으며, 그 근저당권에 의한 경매신청으로 乙이 위 주택을 경매절차에서 매수하였습니다. 그런데 乙은 저에게 4,500만원을 지급받고 위 주택을 명도하라고 하는데, 이 경우 증액된 보증금 800만원은 보호받을 수 없는지요?

▌답변▌ 귀하는 乙에게 5,000만원을 지급받을 때까지 위 주택의 명도를 거부할 수 있고, 우선변제권을 행사할 수 있다고 할 것이지만, 저당권설정등기 이후에 증액된 임차보증금 300만원에 대하여는 최초의 임대인이었던 甲으로부터 받을 수 밖에 없을 것으로 보입니다.

「주택임대차보호법」 제3조는 등기를 하지 않더라도 임차인이 임차주택에의 입주와 주민등록의 전입신고를 한 때에는 그 다음날부터 제3자에 대하여 대항력이 발생하고, 임차주택의 양수인(경매절차의 매수인도 포함)은 임대인의 지위를 승계 한 것으로 보며, 임대차가 종료한 경우에도 임차인이 보증금의 반환을 받을 때까지는 임대차관계는 존속하는 것으로 의제하고 있습니다. 그런데 귀하는 두 차례에 걸쳐서 임대인과의 합의에 의하여 임차계약을 갱신하면서 첫 번째의 합의갱신은 근저당권을 설정하기 전이고, 두 번째의 합의갱신은 근저당권을 설정한 후인바, 위 사안에서 문제되는 것은 임차주택에 근저당권을 설정한 후 임대인과 임차인간의 합의에 의해 임차보증금을 증액하기로 한 경우, 그 증액된 임차보증금도 대항력을 취득하는지 문제됩니다. 이에 관하여 판례는 "대항력을 갖춘 임차인이 저당권설정등기 이후에 임대인과 보증금을 증액하기로 합의하고 초과부분을 지급한 경우, 임차인이 저당권설정등기 이전에 취득하고 있던 임차권으로 선순위로서 저당권자에게 대항할 수 있음은 물론이나, 저당권설정등기 후에 건물주와의 사이에 임차보증금을 증액하기로 한 합의는 건물주가 저당권자를 해치는 법률행위를 할 수 없게 된 결과, 그 합의당사자 사이에서만 효력이 있는 것이고, 저당권자에게는 대항할 수 없다고 할 수밖에 없으므로, 임차인은 위 저당권에 기하여 건물을 경락 받은 소유자의 건물명도청구에 대하여 증액 전 임차보증금을 상환 받을 때까지 그 건물을 명도 할 수 없다고 주장할 수 있을 뿐이고, 저당권설정등기 이후에 증액한 임차보증금으로써는 경락자인 소유자에게 대항할 수 없다."라고 하였습니다(대법원

1990. 8. 24. 선고 90다카11377 판결). 따라서 귀하는 첫 번째 증액된 500만원을 포함한 임차보증금 5,000 만원의 범위에서 대항력을 가지고 있으므로 乙에게 5,000만원을 지급받을 때까지 위 주택의 명도를 거부할 수 있고, 증액된 계약서상에 확정일자를 받아두었다면 우선변제권을 행사할 수 있다고 할 것입니다. 그러나 저당권설정등기 이후에 증액된 임차보증금 300만원에 대하여는 乙에게 대항할 수 없는 것이므로, 두 번째 증액된 300만원의 임차보증금은 최초의 임대인이었던 甲으로부터 받을 수 밖에 없을 것으로 보입니다.

(43) 은행직원의 임대차 조사에서 임차사실을 숨긴 임차인의 대항력

┃질문┃ 저는 甲소유의 주택을 전세보증금 5,000만원에 계약기간 2년으로 임차하여 입주와 주민등록전입신고를 마치고 거주하던 중, 최근 집주인 甲이 은행으로부터 돈을 빌려야 한다면서 임차권이 있으면 돈을 빌릴 수 없으니 은행직원에게 임대차관계가 없다고 거짓말을 하여 달라고 합니다. 만일 그렇게 한다면 저에게 불이익이 없는지요?

┃답변┃ 귀하가 임대차관계를 숨긴 경우 귀하의 임차권이 보호받지 못하는 경우가 발생할 수 있으므로 은행직원의 임대차관계 조사 시 임대차관계에 관하여 사실대로 밝히는 것이 좋을 것입니다.

판례는 "은행직원이 근저당권실행의 경매절차와는 아무런 관련도 없이 행한 담보건물에 대한 임대차조사에서 임차인이 그 임차사실을 숨겼다고 하더라도 그 후의 경매절차에서 임대차관계가 분명히 된 이상은 은행이 경매가격을 결정함에 있어서 신뢰를 준 것이라고는 할 수 없는 것이므로, 위와 같이 일시 임대차관계를 숨긴 사실만을 가지고서 은행의 건물명도청구에 대하여 임차인이 주택임대차보호법 제3조 소정의 임차권의 대항력에 기하여야 하는 임차보증금반환과 동시이행의 항변이 신의성실의 원칙에 반하는 것이라고는 볼 수 없다."라고 하였습니다(대법원 1987. 1. 20. 선고 86다카1852 판결). 그러나 "甲이 乙의 소유건물을 보증금 3,400만원에 채권적 전세를 얻어 입주하고 있던 중 乙이 은행에 위 건물을 담보로 제공함에 있어 乙의 부탁으로 은행직원에게 임대차계약을 체결하거나 그 보증금을 지급한 바가 없다고 하고 그와 같은 내용의 각서까지 작성해줌으로써 은행으로 하여금 위 건물에 대한 담보가치를 높게 평가하도록 하여 乙에게 대출하도록 하였고, 은행 또한 위 건물에 대한 경매절차가 끝날 때까지도 乙과 甲사이의 위와 같은 채권적 전세관계를 알지 못하였다고 한다면, 甲이 명도청구에 즈음하여 이를 번복하면서 위 전세금반환을 내세워 그 명도를 거부하는 것은 특단의 사정이 없는 한 금반언 내지 신의칙에 위반된다."라고 하였으며(대법원 1987. 11. 24. 선고 87다카1708 판결), "근저당권자가 담보로 제공된 건물에 대한 담보가치를 조사할 당시 대항력을 갖춘 임차인이 그 임대차 사실을 부인하고 임차보증금에 대한 권리주장을 않겠다는 내용의 확인서를 작성해준 경우, 그 후 그 건물에 대한 경매절차에서 이를 번복하여 대항력 있는 임대차의 존재를 주장함과 아울러 근저당권자보다 우선적 지위를 가지는 확정일자부 임차인임을 주장하여 그 임차보증금반환채권에

대한 배당요구를 하는 것은 특별한 사정이 없는 한 금
반언 및 신의칙에 위반되어 허용될 수 없다."라고 하
였습니다(대법원 1997. 6. 27. 선고 97다12211 판결,
2000. 1. 5.자 99마4307 결정). 따라서 귀하가 임대차
관계를 숨긴 경우 귀하의 임차권이 보호받지 못하는
경우가 발생할 수 있으므로 은행직원의 임대차관계 조
사 시 임대차관계에 관하여 사실대로 밝히는 것이 좋
을 것입니다. 참고로 하급심 판례는 "대출 받으려는
집주인의 부탁을 받고 임차인이 임대차보증금을 허위
로 확인해주어 아파트의 담보가치를 초과한 금원을 대
출해주게 되었고, 이후 경매절차에서 대출금 중 변제
받지 못한 부분이 발생한 경우 임차인은 그 손해의
70%를 배상해야 한다."라고 한 바도 있습니다(서울지
법 1998. 9. 23. 선고 98나11702 판결).

(44) 공동저당된 대지와 주택이 재건축된 후 일괄매각 시 임차인의 대항력

▌질문▐ 저는 甲으로부터 대지와 주택이 공동담보로 근저당권이 설정되었다가 재건축되어 대지에만 근저당권이 남아 있는 주택을 임차하여 입주와 주민등록전입신고를 마치고 확정일자도 받아 두었습니다. 그런데 최근 대지상의 근저당권자가 대지뿐만 아니라 그 지상의 위 재건축된 임차주택까지 경매를 신청하였습니다. 이 경우 저는 경매절차의 매수인에게 주택임차인으로서의 대항력을 주장할 수 있는지요?

▌답변▐ 귀하는 「주택임대차보호법」 제3조의 규정에 의한 대항력을 갖춘 경우이므로 경매절차의 매수인에게 대항력을 주장하여 보증금을 반환받을 때까지 위 주택에 계속 거주할 수 있을 것으로 보입니다.

대지에 대한 저당권자가 그 지상건물에 대해서도 경매를 신청할 수 있는지 여부와 관련하여 「민법」 제365조는 "토지를 목적으로 저당권을 설정한 후 그 설정자가 그 토지에 건물을 건축한 때에는 저당권자는 토지와 함께 그 건물에 대하여도 경매를 청구할 수 있다."라고 규정하고 있고, 일괄경매청구권의 규정 취지에 관하여 판례는 "민법 제365조가 토지를 목적으로 한 저당권을 설정한 후 그 저당권설정자가 그 토지에 건물을 축조한 때에는 저당권자가 토지와 건물을 일괄하여 경매를 청구할 수 있도록 규정한 취지는, 저당권은 담보물의 교환가치의 취득을 목적으로 할 뿐 담보물의 이용을 제한하지 아니하여 저당권설정자로서는 저당권 설정 후에도 그 지상에 건물을 신축할 수 있는데, 후에 그 저당권의 실행으로 토지가 제3자에게 경락 될 경우에 건물을 철거하여야 한다면 사회경제적으로 현저한 불이익이 생기게 되어 이를 방지할 필요가 있으므로 이러한 이해관계를 조절하고, 저당권자에게도 저당토지상의 건물의 존재로 인하여 생기게 되는 경매의 어려움을 해소하여 저당권의 실행을 쉽게 할 수 있도록 한 데에 있다."라고 하였습니다(대법원 2001. 6. 13.자 2001마1632 결정). 그런데 위 사안과 같이 대지와 그 지상 주택이 공동담보로 근저당권이 설정되었다가 기존주택이 멸실되고 새로이 주택을 건축한 경우에도 위 규정에 의한 일괄경매가 가능한 것인지 문제됩니다. 이에 관하여 판례는 "토지와 그 지상건물의 소유자가 이에 대하여 공동저당권을 설정한 후 건물을 철거하고 그 토지 상에 새로이 건물을 축조하여 소유하고 있는 경우에는 건물이 없는 나대지 상에 저당권을 설정한 후 그 설정자가 건물을 축조한 경우와 마찬가지로 저당권자는 민법 제365조에 의하여 그 토지와 신축건물의 일괄경매를 청구할 수 있다."라고 하였습니다(대법원 1998. 4. 28.자 97마2935 결정). 그러므로 토지와 주택을 일괄하여 경매 신청한 부분에 대한 법률상 하자는 없는 것으로 보입니다. 다만, 「민법」 제365조의 단서는, "그러나 그 건물의 경락대금에 대하여는 우선변제를 받을 권리가 없다."라고 규정하고 있으므로, 위 근저당권은 대지부분에 한하여 우선변제권이 인정되고 건물부분에 대해서는 일반 채권자와 동일한 권리를 갖는다 할 것입니다. 따라서 귀하가 위 경매절차에서 권리신고 겸 배당요구신청을 하고 다른 우선권자가 없다면, 귀하는 확정일자에 의한 임차보증금 우선변제로서 대지에 대하여는 위 근저당권자 보다 후순위로, 건물에 대하여는 제1순위로 매각대금의 배당을 받게 될 것으로 보입니다. 그리고 귀하는 「주택임대차보호법」 제3조의 규정에 의한 대항력을 갖춘 경우이므로 위 경매절차에서 배당받지 못한 임차보증금이 있을 경우에는 경매절차의 매수인에게 대항력을 주장하여 보증금을 반환받을 때까지 위 주택에 계속 거주할 수 있을 것으로 보입니다.

제 5 장

보증금의 회수

제 5 장
보증금의 회수

주택을 임차하여 입주한 뒤 그 임대차기간이 마쳐지고 집을 나오기까지 임차한 주택에 아무런 문제가 생기지 않는다면 가장 좋은 일이겠지만, 현실적으로는 주택에 저당권이 설정되거나 해서 보증금을 반환받는데 문제가 생기는 일이 많다. 이런 경우, 임차인을 보호하기 위해 법률은 임차인의 보증금을 우선하여 반환받도록 하는 우선변제권, 최우선변제권 등의 제도를 두고 있다.

또한 임대차기간 만료 후 이사를 가기까지 보증금을 돌려받지 못하는 경우를 위하여 임차권등기명령제도를 두고 있다.

그 요건과 내용 등을 살펴보기로 하자.

1. 우선변제권

(1) 우선변제권이란 무엇인가

우선변제권이란 특정 채권자가 다른 채권자에 우선하여 변제받을 수 있는 권리로, 채무자의 재산이 모든 채무를 변제하기에 부족한 경우에 그 실익이 있다. 각 채권자는 제각기 동등한 지위에서 채권액에 비례하여 변제를 받는 것을 원칙으로 하는데, 예외적으로 법률이 인정한 경우에 한하여 우선변제를 받을 수 있는 것이다.

임대차관계에서 임차인은 대항요건과 임대차계약증서상의 확정일자를 갖추면 경매 또는 공매시 임차주택(대지를 포함한다)의 환가대금에서 후순위권리자 기타 채권자보다 우선하여 보증금을 변제받을 권리가 있다.

우선변제권을 갖는다는 것은 임차주택이 경매 또는 체납처분 등에 의하여 매각되어 임대차관계가 소멸되었을 때 임대차의 종료로 인해 발생하는 보증금반환채권을 후순위 권리자나 다른 채권자보다 우선하여 임차주택의 환가대금에서 변제받을 수 있는 권리를 갖는다는 의미이다.

〈대항력과 우선변제권〉

구 분	개 념	요 건	효 과
대항력	집주인이 바뀌어도 임차기간 및 보증금을 반환받을 때까지 계속 살 수 있는 권리	① 주택의 입주 ② 주민등록 전입신고	보증금 전액에 대하여 소유자·양수인·경락인에게 대항
우 선 변제권	후순위 권리자보다 우선하여 보증금을 변제받을 수 있는 권리	① 주택의 입주 ② 주민등록 전입신고 ③ 계약서상 확정일자	보증금 전액을 순위에 의해 우선변제
최우선 변제권	선순위 권리자보다 우선하여 소액보증금을 변제받을 수 있는 권리	경매개시등기 전에, ① 주택의 입주 ② 주민등록 전입신고	보증금 중 일정액을 최우선변제

(2) 우선변제권의 요건

① 대항요건을 갖추었어야 한다

우선변제권은 주택의 인도와 주민등록의 대항요건을 갖춘 임차인에게만 인정된다. 이러한 대항요건은 경락기일까지만 유지하면 되며, 배당을 받기 전에 대항요건을 상실했다 하더라도 우선변제권은 유효하다.

그러나 임차인이 경락기일 이후 주민등록을 이전하거나 이사를 갔는데 경매절차가 항고심 등에서 취소되어 신경매를 실시하거나, 경락인의 대금미납으로 재경매가 실시될 때는 우선변제권을 상실하게 된다. 따라서 임차인은 경락대금이 납부될 때까지는 대항요건을 유지하는 것이 바람직하다.

한편, 새로 임차권등기명령제도가 신설되면서는 임대차가 종료된 후 임차인이 임차권등기를 마친 때에는 이사를 하면서 대항요건을 유지하지 않아도 우선변제권은 상실되지 않게 되었다.

② 임대차계약증서상의 확정일자를 갖추었어야 한다

임차보증금의 우선변제권이 인정되려면 주택의 인도와 주민등록 이외에 임대차계약서에 확정일자를 갖추어야 한다.

확정일자는 "어떤 일자에 그 문서가 존재하고 있었음을

증명하는 것으로 공무원이나 공증인 등이 사문서에 날 인한 일자"를 의미한다.

확정일자는 임대차계약서의 작성시기를 증명하고, 임대 인과 임차인이 담합하여 제3자의 권리를 침해하는 것 을 방지한다. 임차보증금에 대한 우선변제권의 인정여 부는 다른 채권자들의 이해관계가 크기 때문에 임차보 증금의 공시없이 우선변제권을 인정하면 임대인과 임차 인이 보증금액수를 담합하여 다른 채권자들을 해할 수 있기 때문에 확정일자를 요구하는 것이다.

확정일자를 갖추는 방법은 다음과 같다.

ⅰ) 확정일자는 임차인 본인이 아니라도 임대차계약서 원본을 소지하고 있으면 확정일자를 취급하는 곳에 서 구술로 확정일자의 부여를 요구하여 받을 수 있 다. 이때는 임대인의 동의나 임차인과의 관계 또는 신원의 증명을 필요로 하지 않는다. 확정일자를 취 급하는 곳은 공증인·법무법인·공증인가 합동법률사 무소·지방법원 또는 지방법원 지원 및 등기소이며, 전입신고처리가 된 관할 읍·면·동·출장소에서도 확정 일자를 받을 수 있다.

ⅱ) 확정일자를 받을 임대차계약서는 임대인·임차인의 서명 또는 기명날인이 있는 원본으로 완성된 것이 어야 한다. 계약서의 공란은 그 부분을 지우고 쌍

방이 날인해야 한다.

iii) 수수료는 공증인·법무법인·공증인가 합동법률사무소에서는 1,000원, 법원·등기소와 읍·면·동·출장소에서는 600원이다.

iv) 확정일자는 반드시 임대차계약서에 받아야 우선변제권의 효력을 인정받을 수 있다. 따라서 임대차 갱신에 따른 보증금 증액의 영수증에 확정일자를 받게 되면 증액한 금액에 대해 우선변제권을 인정받을 수 없다.

③ 임차주택이 경매(또는 공매)에 의하여 매각되어야 한다

주택임차인이 우선변제권을 행사하려면 임차주택이 경매 또는 공매에 의하여 매각되어야 한다. 매매·교환 등의 법률행위에 의하여 임차주택이 양도되는 경우에는 우선변제권을 행사할 수 없다. 이 경우에는 임차인이 임차주택의 양수인에게 대항력을 가지는지 여부가 문제될 뿐이다.

④ 배당요구 또는 우선권행사의 신고를 해야 한다

임차인이 임차주택의 환가대금에서 임차보증금을 우선변제받으려면 반드시 경매법원에 배당요구를 하거나 체납처분청에 우선권행사의 신고를 해야 한다. 배당요구는 경락기일까지 해야 하며, 확정일자가 찍혀 있는 임대차계약서 사본, 주민등록표등본 등을 첨부하여 배당

요구서를 경매법원에 제출하면 된다.

(3) 우선변제권의 내용 - 보증금의 우선변제

① 우선순위의 결정

대항요건을 갖추고 임대차계약서에 확정일자를 부여받은 임차인은 경매 또는 체납처분에 의한 임차주택의 환가대금에서 후순위권리자와 기타 채권자보다 우선하여 보증금을 변제받을 권리가 있다.

이에 따라, 일반적으로 정해지는 배당순위는 다음과 같다.

- 조세채권의 법정기일 전에 설정된 저당권, 질권, 전세권에 의하여 담보된 채권이 있는 경우

  ⅰ) 소액보증금채권, 근로기준법 제38조 제2항 소정의 임금채권(최종 3월분의 임금, 재해보상금)

  ⅱ) 경매목적물에 부과된 당해세

  ⅲ) 저당권 등에 의하여 담보된 채권, 확정일자부 임차보증금채권

  근로기준법 제38조 제1항 소정의 일반 임금채권

  ⅴ) 당해세를 제외한 조세채권(국세, 지방세 등 지방자치단체의 징수금)

  ⅵ) 공과금채권(산재보험료, 의료보험료, 국민연금보

험료 기타 징수금)

vii) 일반채권

- 조세채권의 법정기일 후에 설정된 저당권, 질권, 전세권에 의하여 담보된 채권이 있는 경우

  ⅰ) 소액보증금채권, 근로기준법 제38조 제2항 소정의 임금채권(최종 3월분의 임금, 재해보상금)

  ⅱ) 경매목적물에 부과된 당해세

  ⅲ) 당해세를 제외한 조세채권(국세, 지방세 등 지방자치단체의 징수금)

  ⅳ) 저당권 등에 의하여 담보된 채권, 확정일자부 임차보증금 채권

  ⅴ) 근로기준법 제38조 제1항 소정의 일반 임금채권

  ⅵ) 공과금채권(산재보험료, 의료보험료, 국민연금보험료 기타 징수금)

  vii) 일반채권

② 우선변제권이 발생하는 시점

우선변제권은 임차인이 주택에 입주하고 전입신고를 마친 뒤 최종적으로 임대차계약서에 확정일자를 부여받은 날을 기준으로 발생한다.

확정일자는 입주나 전입신고와 상관 없이 임대차계약체

결 후 언제든지 할 수 있으므로 입주와 전입신고를 마치기 전이라도 확정일자를 부여받을 수 있다.

임차인이 임대차계약서상의 확정일자를 입주 및 주민등록과 같은 날 또는 그 이전에 갖춘 경우라면 주택의 인도와 주민등록을 마친 다음날을 기준으로 우선변제권이 발생하게 된다. 따라서 예를 들어, 임차인이 임대차계약을 체결하고 주택을 인도받은 다음 5월 7일 주민등록을 마침과 동시에 임대차계약서에 확정일자를 받았고, 근저당권자도 같은 날 위 주택에 관하여 근저당권설정등기를 마쳤다면, 임차인의 우선변제권은 주민등록을 마치고 확정일자를 받은 다음날인 5월 8일을 기준으로 발생하므로 그 전날 설정등기를 마친 근저당권이 우선한다.

③ 우선변제를 받는 대상

임차인은 대지를 포함한 임차주택의 환가대금에서 우선변제를 받을 수 있다. 따라서 건물만을 임차했더라도 대지를 포함한 주택의 환가대금 전부에서 우선변제받을 수 있다. 참고로 소액보증금의 우선변제권은 주택가액(대지와 건물의 환가대금)의 1/2 범위 내에서 적용된다.

또한 대지 및 건물에 관한 근저당권자가 경매를 신청하였다가 건물에 대한 경매신청만을 취하하여 대지 부분만 낙찰되었어도 주택의 임차인은 대지에 관한 낙찰 대금 중 임차보증금을 우선변제받을 수 있다.

대지에 대해서만 경매가 진행되더라도 확정일자부 임차인은 대지의 환가대금에서 우선변제받을 수 있다고 본다.

요컨대, 대항요건과 확정일자를 갖춘 임차인은 건물과 대지가 동시에 또는 시기를 달리하여 경매가 되어도 각 절차에 모두 참가해 우선변제를 받을 수 있다.

그러나 당초 임대차계약시에는 계약서에 확정일자를 받았으나 임대차를 갱신하면서 증액한 보증금에 대해 확정일자를 받지 않았다면 증액부분에 대해서는 우선변제를 받을 수 없다.

(4) 보증금의 증액과 우선변제

주택임차인이 대항요건(주택인도와 주민등록)과 임대차계약서상의 확정일자를 갖추게 되면 경매나 공매절차에서 그 순위에 의하여 임차보증금의 우선변제를 받을 수 있다. 그런데, 임대차계약의 갱신과 더불어 보증금이 증액된 경우 그 증액부분에 대해서도 우선변제를 받을 수 있는지, 우선변제를 받을 수 있다면 어떠한 요건을 갖추어야 하는지, 또 우선변제권의 효력이 당초의 시기로 소급하는지 등에 의문이 있다.

① 증액부분에 대해서도 우선변제를 받을 수 있는가

임차인이 대항요건과 확정일자를 구비한 후에 저당권이 설정되고 그 후에 임대차계약을 갱신하면서 보증금을 증액한 경우에는, 제3자에게 불측의 손해를 주지 않기 위해서 그리고 임대인과 임차인간의 담합에 의한 보증금의 인상을 방지하기 위해서 저당권설정 전의 보증금에 한하여 우선변제권이 인정된다. 하지만 증액부분에 대하여 전혀 우선변제를 받을 수 없는 것은 아니다. 주택임대차보호법 제3조의2 제2항은 우선변제권의 취득요건으로서 주택의 인도와 주민등록 외에도 임대차계약증서상의 확정일자를 요구하고 있으므로, 보증금의 증액부분에 관해서도 확정일자를 받으면 그 순위에 의하여 우선변제를 받을 수 있다.

② 증액부분에 대하여 확정일자를 받는 방법

임대차계약을 갱신하면서 보증금을 증액한 경우 변경계약서 또는 재계약서, 증액보증금의 영수증들 중 어느 곳에 확정일자를 받아야 효력이 있을까. 만약 보증금을 증액하면서 변경계약서 또는 재계약서를 작성하지 않고 영수증만 받았다면 그곳에 확정일자를 받아도 효력이 있을까?

이에 대하여 주택임대차보호법 제3조의2 제2항은 본문에서 우선변제를 받을 권리를 취득하기 위해서는 임대차계약증서상의 확정일자를 갖추도록 명문으로 규정하

고 있으므로 계약서 이외의 영수증 등에 확정일자를 갖
춘 때에는 우선변제권이 인정되지 않는다고 할 것이다.
따라서 반드시 갱신계약에 관한 변경계약서 또는 재계
약서를 작성하여 확정일자를 부여받아야 비로소 증액부
분에 대하여도 우선변제권을 취득할 수 있다. 변경계약
서나 재계약서를 작성하기 번거로우면 당초의 계약서
뒷면에 약식으로 "○○년 ○월 ○일자로 보증금을 ○원
인상하고 계약기간을 ○까지로 한다"라고 기재하고 쌍
방이 서명날인한 후 그 여백에 확정일자를 받아도 무방
할 것이다.

③ 우선변제권의 소급효

대항력을 갖춘 임차인이 증액부분에 대하여 받은 확정
일자가 근저당권의 등기일이나 국세채권의 법정기일보
다 빠르다면, 임차인은 그 임차권에 기하여 근저당권이
나 국세채권에 우선하여 임차보증금 전체를 변제받을
권리가 있다.

그러나, 임대차계약을 갱신하면서 보증금을 증액하고
변경계약서 또는 재계약서에 확정일자를 받은 경우라도
증액된 임차보증금을 우선하여 변제받을 수 있는 효력
은 당초의 확정일자에 소급하여 발생하지 않는다. 즉
증액부분의 보증금에 관하여는 새로 확정일자를 받아
우선변제요건을 갖춘 그 때에 비로소 우선변제권을 취

득한다. 따라서 임차인이 갱신계약에 따라 증액된 임차
보증금을 지급하고 확정일자를 받았더라도 증액부분에
있어서는 확정일자를 받기 전에 등기가 경료된 근저당
권이나 법정기일이 도과한 국세채권에 우선하여 변제받
을 권리가 없다고 할 것이다.

요컨대, 임대차계약의 갱신과 더불어 증액된 보증금에
대하여도 재계약서 또는 변경계약서를 작성하여 다시
확정일자를 받으면 배당절차에서 증액부분을 우선변제
받을 수 있다. 다만, 임대차의 갱신계약에 따라 증액부
분을 우선하여 변제받을 수 있는 효력은 당초의 확정일
자에 소급하여 발생하는 것이 아니므로, 그 증액부분의
확정일자보다 후순위의 담보물건이나 일반채권에게 우
선할 뿐이다. 따라서 임대차계약을 갱신하거나 보증금
을 증액할 때 임차인은 ① 최초의 임대차계약서를 분
실·훼손하지 않도록 관리를 철저히 하고, ② 보증금 증
액시 등기부등본을 발급받아 담보물권의 설정여부 확인
하여야 하며, ③ 반드시 재계약서 또는 변경계약서를
작성하여 다시 확정일자를 받아야 할 것이다.

법·대·로

주택임대차보호법 제3조의2 제1~6항(보증금의 회수)

① 임차인(제3조제2항의 법인을 포함한다. 이하 같다)이 임차

주택에 대하여 보증금반환청구소송의 확정판결이나 그 밖에 이에 준하는 집행권원(執行權原)에 따라서 경매를 신청하는 경우에는 집행개시(執行開始)요건에 관한「민사집행법」제41조에도 불구하고 반대의무(反對義務)의 이행이나 이행의 제공을 집행개시의 요건으로 하지 아니한다.

② 제3조제1항 또는 제2항의 대항요건(對抗要件)과 임대차계약증서(제3조제2항의 경우에는 법인과 임대인 사이의 임대차계약증서를 말한다)상의 확정일자(確定日字)를 갖춘 임차인은「민사집행법」에 따른 경매 또는「국세징수법」에 따른 공매(公賣)를 할 때에 임차주택(대지를 포함한다)의 환가대금(換價代金)에서 후순위권리자(後順位權利者)나 그 밖의 채권자보다 우선하여 보증금을 변제(辨濟)받을 권리가 있다.

③ 임차인은 임차주택을 양수인에게 인도하지 아니하면 제2항에 따른 보증금을 받을 수 없다.

④ 제2항에 따른 우선변제의 순위와 보증금에 대하여 이의가 있는 이해관계인은 경매법원이나 체납처분청에 이의를 신청할 수 있다.

⑤ 제4항에 따라 경매법원에 이의를 신청하는 경우에는「민사집행법」제152조부터 제161조까지의 규정을 준용한다.

⑥ 제4항에 따라 이의신청을 받은 체납처분청은 이해관계인

> 이 이의신청일부터 7일 이내에 임차인을 상대로 소(訴)를
> 제기한 것을 증명하면 해당 소송이 끝날 때까지 이의가 신
> 청된 범위에서 임차인에 대한 보증금의 변제를 유보(留保)
> 하고 남은 금액을 배분하여야 한다. 이 경우 유보된 보증
> 금은 소송의 결과에 따라 배분한다[전문개정 2008. 3. 21]

2. 소액임차인의 최우선변제권

(1) 최우선변제권이란 무엇인가

최우선변제권은 일정액 이하의 소액보증금에 대하여 다른 담보물권자보다 우선하며 변제받을 수 있는 권리이다.

임대차 보증금이 수도권정비계획법에 따른 수도권 중 과밀억제권역의 6천만원 이하(군지역과 인천을 제외한 광역시 지역은 5천만원, 그 밖의 지역은 4천만원)인 임차인은 (경매등기일 전에 입주와 전입신고를 마치고 낙찰기일까지 주민등록을 유지했다면 최우선변제권을 갖는다. 최우선변제권이 있는 임차인은 자기보다 권리가 앞서는 선순위 담보물권자보다 우선하여 보증금의 일부를 돌려받게 된다. 돌려받을 수 있는 금액은 각 세대에 수도권정비계획법에 따른 수도권 중 과밀억제권역은 2천만원, 군지역과 인천을 제외한 광역시 지역은 1천7백만원, 그 밖의 지역은 1천400만원 이하이며 최우선변제액의 총액이 주택가액의 1/2을 넘을 수 없다.

(2) 최우선변제의 요건

① 보증금이 소액이어야 한다.

최우선변제를 받으려면 보증금이 일정 기준 이하인 소액임차인이어야 한다. 수도권정비계획법에 따른 수도권 중 과밀억제권역의 6천만원 이하, 군지역과 인천을 제외한 광역시 지역은 5천만원 이하, 그 밖의 지역은 4천만원 이하인 임차인이 보호대상이 된다.

범위를 초과하는 경우 보증금 중 위 범위 내의 소액보증금으로 인정할 수 없다.

물론 소액보증금의 범위를 초과하는 액수의 임차보증금에 대해서는 그 일부만을 떼어 소액보증금으로 할 수 없다. 따라서 한도액을 조금만 초과해도 임대차보호법의 최우선변제권이 인정되지 않는다.

이에 대해 조금더 복잡한 상황과 의문이 생길 수 있다. 몇가지 경우를 살펴보자.

• 수인의 임차인이 가정공동생활을 하는 경우

하나의 주택에 임차인이 2인 이상이고 이들이 주택에서 가정공동생활을 하는 경우에는 이들을 1인의 임차인으로 보아 각 보증금을 합산한다. 예를 들어 임차주택 중 안방과 거실은 아버지 명의로, 작은방은 어머니 명의로, 문간방은 아들 명의로 각각 계약을

하였더라도 한 사람의 임차인 몫에 대해서만 최우선
변제권을 인정받게 된다. 이때 가족 모두의 보증금
합산액이 소액임차인의 기준범위를 초과하면 임차인
모두 최우선변제권을 인정받지 못하는 것이다.

• 계약체결 당시와 후의 보증금 액수가 다른 경우

소액임차인의 판단시점은 압류의 효력발생시(채무자
에게 경매개시결정이 송달된 때 또는 경매개시결정의
기입등기가 된 때 중 빠른 날)를 기준으로 한다. 처
음 임대차계약을 체결할 때는 소액임차인에 해당되었
다 하더라도 임대차 갱신과정에서 보증금이 증액되어
압류의 효력발생 당시에는 기준범위를 초과하게 되었
다면 더이상 소액임차인에 해당되지 않는 것이다.

그런데 임대차계약을 체결할 당시에는 소액보증금의
기준범위를 초과했으나 나중에 보증금의 액수를 범위
내로 감액한 경우가 문제된다.

이에 대해 압류의 효력이 발생하기 전에 계약 내용이
소액보증금의 범위 내로 변경(감액)되었다면 최우선
변제권을 인정해야 한다는 입장이 다수의 견해를 차
지하고 있다.

그러나 소액임차인으로서 우선변제를 받기 위해 임대
인과 짜고 허위로 보증금액을 감액한 것이라면 최우
선변제에서 제외해야 할 것이다.

- 공동임대인 중 1인이 공유지분에 대해 경매를 신청한 경우

주택을 1/2씩의 비율로 공유하고 있는 A와 B가 공동으로 C에게 주택 전체를 임대했는데 B가 공유지분에 관하여 경매를 신청해 경매절차가 개시된 경우, C의 임차보증금 중 경매대상 공유지분에 상응하는 금액과 임차보증금 전액 중 어느 것으로 소액임차인인지 여부를 판단할 것인가.

공동임대인이 부담하는 임차보증금 반환의무는 불가분채무이므로, 이 경우 소액임차인인지 여부는 임차보증금 전액을 기준으로 판단된다.

② 대항요건(주택인도와 주민등록)을 갖추었어야 한다.

소액임차인의 최우선변제권은 대항요건, 즉 주택의 인도와 주민등록을 구비한 임차인에게만 인정되고, 대항요건을 구비하지 않은 소액임차인에게는 인정되지 않는다. 대항요건은 주택에 대한 경매신청의 등기 전에 갖추어야 하는데, 이때 경매신청의 등기는 경매개시결정의 기입등기 또는 체납처분으로서의 압류등기를 의미한다.

또한 이러한 대항요건은 경락기일까지 존속해야 한다. 따라서 경락기일 이전에 임차주택에서 다른 곳으로 이사를 가거나 주민등록을 옮기는 경우에는 대항요건을

상실하여 최우선변제권을 가질 수 없다.

③ 임차주택이 경매 또는 체납처분에 의하여 매각되었어야
한다.

소액임차인이 우선변제권을 행사하려면 임차주택이 경
매 또는 체납처분에 의하여 매각되었어야 한다. 경매나
체납처분이 아닌 매매·교환 등의 법률행위에 의해 양도
되는 경우에는 대항력 유무만이 문제될 뿐 우선변제권
은 인정되지 않는다.

④ 배당요구 또는 우선권행사의 신고를 해야 한다.

소액임차인이 우선변제를 받으려면 확정일자부 임차인
의 우선변제권과 같이 경매법원에 배당요구를 하거나
체납처분청에 우선권의 행사를 신고해야 한다.

또한 이러한 권리신고 외에 경매법원에 비치된 양식을
이용하여 '권리신고 및 배당요구서'를 제출하면 좋다.

(3) 최우선변제권의 내용

① 최우선변제되는 일정액

최우선변제를 받을 수 있는 소액보증금의 범위는 소액
보증금 중 일정액에 한한다. 즉 수도권정비계획법에 따
른 수도권 중 과밀억제권역은 2천만원, 군지역과 인천
을 제외한 광역시 지역은 1천7백만원, 그 밖의 지역은
1천400만원 이하의 금액만이 최우선변제 된다.

〈소액임차인 및 우선변제를 받을 소액보증금의 변동〉

제·개정일	적용기간	지 역	소액임차인 범위	우선변제권의 범위
1984.6.14	1984.1.1~ 1987.11.30	서울특별시·직할시	300만원 이하	
		기타의 지역	200만원 이하	
1987.12.1	1987.12.1~ 1989.12.29	서울특별시·직할시	500만원 이하	
		기타의 지역	400만원 이하	
1990.2.19	1989.12.30~ 1995.10.18	서울특별시·직할시	2,000만원이하	700만원이하
		기타의 지역	1,500만원이하	500만원이하
1995.10.19	1995.10.19~ 2001.09.14	특별시·광역시(군지역제외)	3,000만원이하	1,200만원이하
		기타의 지역	2,000만원이하	800만원이하
2001.09.15	2001.09.15~ 2002.06.29	수도권정비계획법에 의한 수도권중 과밀억제권역	4,000만원이하	1,600만원이하
		광역시(군지역과 인천광역시지역 제외)	3,500만원이하	1,400만원이하
		그 밖의 지역	3,000만원이하	1,200만원이하
2002.06.19	2002.06.30~ 2007.11.03	수도권정비계획법에 의한 수도권중 과밀억제권역	4,000만원이하	1,600만원이하
		광역시(군지역과 인천광역시지역 제외)	3,500만원이하	1,400만원이하
		그 밖의 지역	3,000만원이하	1,200만원이하
2007.10.23	2007.11.04~ 2008.08.20	수도권정비계획법에 의한 수도권중 과밀억제권역	4,000만원이하	1,600만원이하
		광역시(군지역과 인천광역시지역 제외)	3,500만원이하	1,400만원이하
		그 밖의 지역	3,000만원이하	1,200만원이하
2008.08.21	2008.08.21~ 현재	수도권정비계획법에 의한 수도권중 과밀억제권역	6,000만원이하	2,000만원이하
		광역시(군지역과 인천광역시지역 제외)	5,000만원이하	1,700만원이하
		그 밖의 지역	4,000만원이하	1,400만원이하

임차인의 소액보증금이 주택가액의 1/2을 초과하면 주택가액의 1/2의 금액에 한해서만 우선변제권이 인정된다. 여기서 주택가액은 배당할 금액 중에서 집행비용을 제한 경락가액을 뜻한다.

하나의 주택에 임차인이 2인 이상이고 각 소액보증금의 합산액이 주택가액의 1/2을 초과하면, 주택가액의 1/2에 해당하는 금액에서 소액보증금의 합산액을 각 임차인의 소액보증금 비율로 분할한 금액이 각 임차인의 소액보증금의 변제액수가 된다.

② 최우선변제의 대상

소액보증금의 최우선변제를 받을 수 있는 대상은 건물과 대지의 가액을 합한 1/2이다. 주택과 대지에 대한 경매가 따로 진행되어도 보증금반환청구권이 있으면 소액임차인은 각 경매절차에 모두 참가해 우선변제를 받을 수 있다. 이 경우 먼저 경매되는 목적물의 경락대금의 1/2 내에서 우선변제를 받고, 그래도 돌려받지 못한 보증금이 있으면 후에 경매되는 목적물의 경락대금의 1/2 내에서 다시 우선변제를 받을 수 있다.

대지와 건물 모두에 대해 저당권이 설정되어 경매가 개시되었는데 대지 부분만 낙찰된 경우에도 소액임차인은 대지에 관한 낙찰대금에서 소액보증금을 우선변제받을 수 있다.

③ 우선변제의 순위

임차인은 보증금 중 일정액을 다른 담보물권자보다 우선하여 변제받을 수 있고 국세·지방세 등 모든 조세채권에도 우선하여 변제받는다. 다만, 근로기준법 제27조 제2항 소정의 최종 3월분의 임금채권 및 최종 3년간의 퇴직금채권과는 같은 순위로 배당받는다.

(4) 소액전차인에 대한 최우선변제권

① 전대인(임차인)이 소액임차인인 경우

소액임차인으로부터 목적물을 적법하게 전차한 소액전차인에게도 최우선변제권에 대한 법률이 적용되어, 소액전차인도 보증금반환청구권에 대하여 소액임차인과 동일한 권리, 즉 최우선변제권을 갖는다.

② 전대인(임차인)이 소액임차인이 아닌 경우

소액임차인에 해당하지 않는 임차인에게 주택을 전차한 전차인은 그 전차 보증금이 소액보증금의 범위에 해당하는 경우라도 최우선변제권을 인정받을 수 없다.

위와 같은 소액전차인에게 최우선변제권을 인정하면 소액임차인이 아닌 임차인이 임차주택을 여러 명의 소액전차인에게 전대하여 기존 담보권자의 우선변제권이 침해받는 경우가 생기고, 허위의 소액전차인을 양산하여 배당요구를 하게 함으로써 탈법을 조장할 수도 있기 때문이다.

소액전차인이 최우선변제의 보호를 받으려면 임차인도 소액임차인이어야 하는 것이다.

법 • 대 • 로

주택임대차보호법 제8조(보증금 중 일정액의 보호)

제8조 (보증금 중 일정액의 보호)

① 임차인은 보증금 중 일정액을 다른 담보물권자(擔保物權者)보다 우선하여 변제받을 권리가 있다. 이 경우 임차인은 주택에 대한 경매신청의 등기 전에 제3조제1항의 요건을 갖추어야 한다.

② 제1항의 경우에는 제3조의2제4항부터 제6항까지의 규정을 준용한다.

③ 제1항에 따라 우선변제를 받을 임차인 및 보증금 중 일정액의 범위와 기준은 주택가액(대지의 가액을 포함한다)의 2분의 1의 범위에서 대통령령으로 정한다[전문개정 2008. 3. 21].

---

3. 임차권등기명령

(1) 임차권등기명령이란 무엇인가

임대차가 종료되었음에도 불구하고 임차인이 임대인으로부터 임차보증금을 돌려받지 못하는 경우, 근무지가 변경되거나 해서 이사를 해야 하는데도 보증금을 돌려받지 못할 것을 우려해 이사를 하지 못하고 주민등록을 이전할 수 없어 부부가 별거를 하거나 자녀들을 전학시키지 못하는 경우가 있다.

임차권등기명령은 이런 경우를 위해 1999년 신설된 제도이다. 기존의 임대차법에 의하면 임대차가 종료되었으나 임차보증금을 돌려받지 못한 상태에서 이사를 하거나 주민등록을 옮기게 되면 대항력과 우선변제권을 상실하였다.

그러나 임차권등기명령제도의 신설로, 임대차가 종료된 후 보증금을 돌려받지 못한 임차인이 법원에 임차권등기명령을 신청하여 임차권등기가 마쳐지면 그와 동시에 대항력과 우선변제권을 취득하도록 하고, 임차인이 이미 대항력과 우선변제권을 취득하고 있는 경우에는 종전의 대항력과 우선변제권을 그대로 유지하며, 임차권등기 이후에는 주택의 점유와 주민등록의 요건을 갖추지 않더라도 종전에 가지고 있던 대항력과 우선변제권이 유지되게 되었다.

따라서 임대차 만료 후 보증금을 받지 못한 상태에서 이사하게 되더라도 임차인은 보증금의 반환을 확보하게 된다.

임차권등기명령은 임대인의 동의가 없어도 임차인 단독으로 법원에서 간단한 절차를 밟아 신청할 수 있다.

(2) 임차권등기명령의 신청요건

임차권등기명령은 임대차가 종료된 후 보증금을 반환받지 못한 임차인만이 신청할 수 있다.

① 임대차의 종료

임대차는 그 기간만료 전에 임대인이나 임차인이 상대방에게 임대차의 갱신을 원하지 않는다는 취지의 의사표시를 한 경우에 그 기간의 만료와 동시에 종료하며, 갱신거절의 의사표시가 없이 묵시의 갱신이 이루어진 경우에는 임차인이 계약해지의 통고를 하고 임대인이 그 통지를 받은 날부터 3개월이 지난 후 종료한다.

임차권등기명령은 임대차가 종료된 후라야 신청할 수 있으므로, 갱신거절의 의사표시 또는 해지통고를 하지 않았거나 계약해지의 효력이 생기기 전에는 신청할 수 없다.

② 보증금을 반환받지 못한 때

'보증금을 반환받지 못한 경우'에는 보증금의 전액을 반환받지 못한 경우뿐만 아니라 일부를 반환받지 못한 경우도 포함된다. 따라서 임차인은 반환받을 일부의 보증금을 뺀 나머지 보증금에 대해서도 임차권등기명령을 신청할 수 있다.

(3) 임차권등기명령의 신청

임차권등기명령은 임차주택의 소재지를 관할하는 지방법

원·지방법원지원 또는 시·군법원에 신청한다.

신청할 때에는 '임차권등기명령신청서' 외에 다음의 서류를 첨부한다.

① 임대인의 소유로 등기된 주택에 대한 등기부등본

② 임대인의 소유로 등기되지 않은 주택에 대한 건축물관리대장 등 즉시 임대인의 명의로 소유권보존등기를 할 수 있음을 증명할 서면

③ 임대차계약의 체결사실 및 그 계약내용을 증명하기 위한 임대차계약증서 사본

④ 임차인이 신청 당시에 이미 법 제3조 제1항의 규정에 의한 대항력을 취득한 경우에는 임차주택을 점유하기 시작한 날과 주민등록을 마친 날을 소명하는 서류(주민등록등본 등), 제3조의2 제2항의 규정에 의한 우선변제권을 취득한 경우에는 임차주택을 점유하기 시작한 날과 주민등록을 마친 날을 소명하는 서류 및 공정증서로 작성되거나 확정일자가 찍혀있는 임대차계약증서 사본

⑤ 임대차목적물에 관한 등기부상의 용도가 공장, 점포 등과 같이 주거시설이 아닌 경우에는 임대차계약체결시부터 현재까지 주거용으로 사용하고 있음을 증명하는 서류(건물사진 등 이용현황을 증명할 수 있는 자료)

⑥ 소송대리인이 있는 경우에는 위임장, 등기부등본 등
그 자격을 증명하는 서면(신청서에도 대리인의 성명
등을 기재해야 한다)

(4) 임차권등기명령의 효력

임차권등기명령이 집행되어 임차권등기를 마치면 임차인은
대항력 및 우선변제권을 취득한다. 또한 임차인이 임차권등
기 이전에 이미 대항력 또는 우선변제권을 취득하고 있었다
면 그 대항력 또는 우선변제권은 그대로 유지되며, 임차권등
기 이후에 대항요건을 상실하더라도 이미 취득한 대항력 또
는 우선변제권을 상실하지 않는다. 따라서 임차권등기를 마
쳤다면 주택의 점유와 주민등록의 요건을 상실하더라도 이미
취득한 대항력과 우선변제권은 여전히 유지되어 임차인은 다
른 곳으로 이사하거나 주민등록을 옮길 수 있다.

이러한 임차권등기명령의 효력은 판결에 의한 때에는 선고
를 한 때에, 결정에 의한 때에는 상당한 방법으로 임대인에
게 고지를 한 때에 비로소 발생한다. 따라서 임차인은 임차
권등기명령을 신청했다고 해서 다른 곳으로 이사하거나 주민
등록을 옮겨서는 안되고 임차권등기가 마쳐진 사실을 확인한
후에 이사를 하거나 주민등록을 옮겨야 한다.

또한 임차인이 아직 대항력과 우선변제권을 취득하지 못한
상태에서 임차권등기가 된 경우, 임차권등기시에 이미 임차
주택에 저당권 등의 담보권이 설정되어 있다면 임차권등기의

효력이 그 담보권에 미치지 않으므로 임차인은 그 임차권등 기로써 담보권 실행을 위한 경매절차에서 경락인에게 대항할 수 없으며, 이미 설정된 저당권자 등의 담보권자에 우선하여 배당을 받을 수도 없을 것이다.

• 임차권등기 후에 임차한 소액임차인

임차권등기가 되어 있는 주택(임대차의 목적이 주택의 일부분인 경우에는 해당 부분에 한함)을 임차한 임차인 에 대하여는 소액보증금의 최우선변제가 적용되지 않는 다. 왜냐하면 임차인이 임차권등기를 마친 후 자신의 우 선변제권이 존속한다고 믿고 다른 곳으로 이사를 간 이 후에 소액임차인이 주택을 임차한 때에는 소액임차인의 최우선변제권 때문에 임차권등기를 하고 퇴거한 임차인 의 우선변제권이 유명무실화될 우려가 있기 때문이다. 따라서 소액임차인의 최우선변제권 행사로 인하여 임차 권등기를 한 전 임차인의 손해를 방지하기 위하여 소액 임차인의 최우선변제권을 배제하는 것이다.

법·대·로

주택임대차보호법 제3조의3(임차권등기명령)

① 임대차가 끝난 후 보증금을 반환받지 못한 임차인은 임차 주택의 소재지를 관할하는 지방법원·지방법원지원 또는 시·군 법원에 임차권등기명령을 신청할 수 있다.

② 임차권등기명령의 신청서에는 다음 각 호의 사항을 적어야
하며, 신청의 이유와 임차권등기의 원인이 된 사실을 소명
(疎明)하여야 한다.

1. 신청의 취지 및 이유

2. 임대차의 목적인 주택(임대차의 목적이 주택의 일부분
인 경우에는 해당 부분의 도면을 첨부한다)

3. 임차권등기의 원인이 된 사실(임차인이 제3조제1항 또
는 제2항에 따른 대항력을 취득하였거나 제3조의2제2
항에 따른 우선변제권을 취득한 경우에는 그 사실)

4. 그 밖에 대법원규칙으로 정하는 사항

③ 다음 각 호의 사항 등에 관하여는「민사집행법」 제280조
제1항, 제281조, 제283조, 제285조, 제286조, 제288조제1
항·제2항 본문, 제289조, 제290조제2항 중 제288조제1항
에 대한 부분, 제291조 및 제293조를 준용한다. 이 경우 "
가압류"는 "임차권등기"로, "채권자"는 "임차인"으로, "채무
자"는 "임대인"으로 본다.

1. 임차권등기명령의 신청에 대한 재판

2. 임차권등기명령의 결정에 대한 임대인의 이의신청 및
그에 대한 재판

3. 임차권등기명령의 취소신청 및 그에 대한 재판

4. 임차권등기명령의 집행

④ 임차권등기명령의 신청을 기각(棄却)하는 결정에 대하여

임차인은 항고(抗告)할 수 있다.

⑤ 임차인은 임차권등기명령의 집행에 따른 임차권등기를 마치면 제3조제1항 또는 제2항에 따른 대항력과 제3조의2제2항에 따른 우선변제권을 취득한다. 다만, 임차인이 임차권등기 이전에 이미 대항력이나 우선변제권을 취득한 경우에는 그 대항력이나 우선변제권은 그대로 유지되며, 임차권등기 이후에는 제3조제1항 또는 제2항의 대항요건을 상실하더라도 이미 취득한 대항력이나 우선변제권을 상실하지 아니한다.

⑥ 임차권등기명령의 집행에 따른 임차권등기가 끝난 주택(임대차의 목적이 주택의 일부분인 경우에는 해당 부분으로 한정한다)을 그 이후에 임차한 임차인은 제8조에 따른 우선변제를 받을 권리가 없다.

⑦ 임차권등기의 촉탁(囑託), 등기공무원의 임차권등기 기입(記入) 등 임차권등기명령을 시행하는 데에 필요한 사항은 대법원규칙으로 정한다.

⑧ 임차인은 제1항에 따른 임차권등기명령의 신청과 그에 따른 임차권등기와 관련하여 든 비용을 임대인에게 청구할 수 있다[전문개정 2008. 3. 21].

⑥ 임차권등기명령의 집행에 따른 임차권등기가 끝난 주택(임대차의 목적이 주택의 일부분인 경우에는 해당 부분으로 한정한다)을 그 이후에 임차한 임차인은 제8조에 따른 우선변제를 받을 권리가 없다.

⑦ 임차권등기의 촉탁(囑託), 등기공무원의 임차권등기 기입(記入) 등 임차권등기명령을 시행하는 데에 필요한 사항은 대법원규칙으로 정한다.

⑧ 임차인은 제1항에 따른 임차권등기명령의 신청과 그에 따른 임차권등기와 관련하여 든 비용을 임대인에게 청구할 수 있다[전문개정 2008. 3. 21].

이럴 땐 이렇게(실제 사례 문답)

(1) 대항요건과 확정일자 구비 후 저당권이 설정된 경우

▌질문▐ 저는 주택을 임차하고 입주하여 주민등록을 마치고
계약서에 확정일자를 받았는데, 집주인이 그 후 은
행에서 사업자금을 빌리면서 임차주택에 저당권을
설정했고 대출금을 변제하지 않아서 현재 경매절차
가 진행 중에 있습니다. 저는 주택임대차보호법상
어떤 보호를 받을 수 있는지요?

▌답변▐ 임차주택 반환을 거부할 수 있으며 보증금의 우선변제
를 받을 수도 있습니다.

귀하는 근저당권에 대한 대항요건과 우선변제권 취득
요건을 모두 갖추었으므로 첫째 경락인에게 대항하여
나머지 임대기간 동안 그리고 기간만료후에는 보증금
의 반환을 받을 때까지 임차주택의 반환을 거부할 수
있고, 둘째 경매절차에서 배당요구를 하여 보증금의
우선변제를 받을 수도 있습니다. 위 두 가지 권리 중
어느 것을 행사할 것인지 여부는 귀하가 자유롭게 결
정할 수 있고 우선변제권을 행사한 경우 만일 보증금
전액을 배당받지 못하면 나머지 보증금을 반환받을 때

까지 경락인에게 임차주택을 비워주지 않아도 됩니다. 다만 저당권설정등기 후에 임대인과 계약을 갱신하면서 보증금을 인상한 경우에는 인상 전 보증금액에 한하여 경락인에게 대항할 수 있고 보증금 중 인상된 부분에 대해서는 대항력이나 우선변제를 주장할 수 없습니다.

(2) 계약기간 만료 전에 임차주택이 경락된 경우의 우선변제

┃질문┃ 저는 A로부터 A소유 주택의 방2칸을 전세보증금 5,000만원, 계약기간을 2006년 7월 5일부터 2년으로 하는 임차계약을 체결하고 즉시 입주하여 주민등록 전입신고를 하였으며, 확정일자도 받아 두었습니다. 그런데 2006년 10월 7일 채권최고금액 금 5,000만원인 근저당권 2건이 설정되고 2007년 11월 1일 위 주택의 담보권실행경매가 개시되었다고 합니다. 저는 제1순위로 확정일자를 받았으므로 우선변제권이 있는지요?

┃답변┃ 우선변제를 받을 수 있습니다.

이에 관한 주택임대차보호법 제3조 제1항의 규정을 살펴보면 "임대차는 그 등기가 없는 경우에도 임차인이 주택의 인도와 주민등록을 마친 때에는 그 익일부터 제3자에 대하여 효력이 생긴다"라고 규정하고 있습니다.

따라서 귀하는 위 주택에 근저당권 등이 설정되지 않은 상태에서 입주하고 주민등록 전입신고를 하였으므로 주택임대차보호법 제3조에 의해서 대항력을 갖추고 있습니다.

또한 동법 제3조의2 제2항은 주택의 인도와 주민등록

을 마치고, 임대차계약증서상의 확정일자를 갖춘 임차인은 후순위권리자 기타 채권자보다 우선하여 보증금을 변제받을 수 있다고 규정하고 있습니다.

따라서 귀하는 위 근저당권이 설정되기 이전에 확정일자를 받았으므로 주택임대차보호법 제3조의2 제2항 본문에 의하여 우선변제권이 인정됩니다. 주택임대차보호법이 개정되기 전에는 단서규정을 두어 "임차인이 당해주택의 양수인에게 대항할 수 있는 경우에는 임대차가 종료된 후가 아니면 보증금의 우선변제를 청구하지 못한다"고 규정하여 경매절차가 임대차기간 종료 전에 완결되는 경우에는 경락대금에서 우선변제를 받을 수는 없고, 다만 대항력이 인정되어 계약기간 만료후 경락인에게 보증금의 반환을 청구할 수 있었습니다. 그러나 지금은 귀하는 임대차가 종료되지 않은 상태에서도 우선변제를 받을 수 있습니다.

(3) 1번 저당권과 2번 저당권 사이에 주택임대차가 성립한 경우

▌질문▐ 저는 2007년 7월 1일에 세검동 12번지에 있는 A소유의 주택을 임대보증금 3,500만원으로 정해서 임차입주하여 주민등록을 옮기고 현재에 이르고 있습니다. 입주 후 안심하고 있다가 이 집이 경매에 부쳐졌다는 소문이 있어 내용을 알아본 바, 이 집은 2005년 4월 1일자로 국민은행에 4,000만원 1번 저당권이 설정되어 있고, 그 다음에 제가 2007년 7월 1일자로 입주하고 2007년 10월 1일자로 신한은행에 3,000만원의 2번 저당권이 설정되고 2008년 5월 1일자로 우리은행에 2,000만원 저당권이 설정되었는데, 이번에 신한은행에서 2번 저당권을 실행하게 되었다고 합니다. 이 집은 시가가 약 1억원쯤 되는 것으로 알려지고 있는데, 저는 분명히 1번과 2번 사이에 세를 들었으므로 경락이 되어도 1번 저당권자에게 배당하고 남은 것 중에서 제가 배당을 받고 그 나머지를 2번, 3번 저당권자가 차지해야 할 것 같은데, 서로 의견이 엇갈려서 잘 알 수가 없습니다. 어떻게 해결해야 되는지요?

▌답변▐ 경락인에게 대항할 수 없습니다.

이런 법률문의가 무척 많습니다. 주택임대차보호법이 귀하와 같이 자기 집을 못 가지고 사는 영세민을 보호하기 위한 법률임에는 틀림없습니다. 당초 이 법을 만들 때에(1981년 3월 5일 시행) "임대차는 그 등기가 없는 경우에도 임차인이 주택의 인도와 주민등록을 마친 때에는 그 익일부터 제3자에 대하여 효력이 생긴다"(같은 법 제3조 제1항)고만 규정하였기 때문에 혼란이 생기게 되었습니다. 즉 "제3자에 대하여 효력이 생긴다"는 말은 임차 후 집이 팔리거나 새로 저당권을 취득한 사람이 경매를 하여 경락이 되거나 간에 이들은 전부 제3자에 해당하고, 그 제3자에 대하여 효력이 있다는 말은 임대보증금을 내주기 전에는 집을 명도 당하지 않는다는 뜻이 명백하므로 임차 후에 설정된 2번, 3번의 저당권자에 대하여서도 보증금의 우선변제를 받아야 옳지 않느냐는 견해가 나오게 되는 것입니다. 임대차가 성립되기 전에 아무 저당권도 없었다면 그 후에 소유권 변동이 되더라도 보증금을 내주기 전에는 신소유자에게 명도를 거절할 수 있는 권리가 위 규정으로 보호되는 데에는 의문이 없습니다. 그러한 권리가 임대차보다 먼저 성립된 저당권자에게는 대항할 수 없는 것도 명백합니다. 그런데 2번, 3번 저당권이 비록 임대차보다 늦게 되었다고 하더라도 그 저당권이 실행되면 1번 저당권이 소멸되는 것이 현행 저당제도입니다.

따라서 그 임대차는 그가 대항할 수 없는 1번 저당권

때문에 또한 소멸되는 것입니다. 이러한 폐단을 막기 위하여 위 법 제8조에서는 "임차인은 보증금 중 일정액을 다른 담보물권자보다 우선하여 변제받을 권리가 있다"고 규정하고 있습니다. 그리고 그 소액이란 액수는 대통령령으로 정하게 되는데 그 시행령은 수도권정비계획법에 따른 수도권 중 과밀억제권역은 6천만원, 광역시(군지역과 인천광역시지역은 제외)은 5천만원, 그 밖의 지역은 4천만원으로 정하고 있습니다.

그러므로 소액보증금은 선순위가 있건 말건 절대적으로 우선변제를 받을 수 있으나 그 외의 경우는 임대차보다 앞선 저당권자에게 우선할 수 없습니다. 따라서 귀하의 경우는 경락인에게 대항할 수 없습니다.

(4) 우선변제를 받으려면 어떤 요건을 갖추어야 하는가

┃질문┃ 확정일자부 임차인이나 소액임차인이 경매절차에서
우선변제를 받으려면 어떤 요건을 갖추어야 하는지
요?

┃답변┃ 다음과 같은 요건을 갖추어야 합니다.

    (1) 배당요구신청

        임대차계약서(확정일자부 임차인의 경우에는 임대차
계약서가 공정증서로 작성되거나 임대차계약서에 확
정일자가 찍혀 있어야 합니다) 사본, 주민등록표등
본(임차인 본인의 전입일자 및 임차인의 동거가족이
표시된 것이어야 합니다) 및 연체된 차임 등이 있을
때에는 이를 공제한 보증금 잔액에 관한 계산서를
첨부하여 경매법원에 배당요구신청서를 제출해야 합
니다. 배당요구는 반드시 경락기일까지 해야 하고
배당요구신청서 양식은 법원에 비치되어 있습니다.

    (2) 임대차종료

        임대기간이 끝나지 않은 경우 우선변제권 있는 주택
임차인이 경매절차에 참가하여 우선변제를 받으려면
임대차가 종료되어야 하지만, 주택임차인은 임대인
에게 별도의 해지 의사표시를 할 필요는 없습니다.
왜냐하면 주택임차인이 배당요구를 하면 임대인에게

대하여 그 배당요구사실을 통지함으로써 임차인의
해지의사표시가 집행법원을 통해 임대인에게 전달되
기 때문입니다.

(3) 임차주택의 명도

우선변제권 있는 주택임차인이 경매법원으로부터 자
신에게 우선배당된 배당금을 실제로 수령하기 위해
서는 임차주택을 명도받았다는 경락인의 명도확인서
를 경매법원에 제출해야 합니다. 다만 귀하가 대항
력도 있는데 보증금 중 일부만 배당받은 경우에는
나머지 보증금을 반환받을 때까지 경락인에게 임차
주택을 비워주지 않아도 됩니다.

(5) 대지·건물이 시기를 달리하여 경매되는 경우의 우선변제

┃질문┃ 임대차목적물인 대지와 건물이 시기를 달리하여 경매되는 경우 소액임차인이 우선변제를 받을 수 있는 방법이 있습니까?

┃답변┃ 일단 경락대금의 2분의 1 범위 내에서 우선변제받을 수 있습니다.

소액임차인이 우선변제를 받을 수 있는 범위는 주택(대지를 포함하여)가액의 2분의 1의 범위 내이므로 대지와 건물이 시기를 달리하여 따로따로 경매되는 경우에는 소액임차인은 먼저 경매되는 부동산의 매각대금, 즉 경락대금의 2분의 1 범위 내에서 우선변제를 받고 잔액이 있으면 뒤에 경매되는 부동산의 경락대금에서 나머지를 우선변제받을 수 있습니다. 이 경우 소액임차인이 2인 이상이고 그 보증금 합산액이 경매가액의 2분의 1을 초과할 때에는 경락대금의 2분의 1 범위 내에서 보증금 액수에 비례하여 배분된 금액만 소액보증금으로서 우선변제받을 수 있습니다.

(6) 경락인과 소액임차인의 관계

▮질문▮ 저는 2007년 10월 16일 주택 1동을 법원으로부터 경락받아 소유권을 취득했습니다. 그런데 경매절차 진행중에 확인해 보니 위 집에는 집주인 외에 소액보증금으로 입주하여 주민등록까지 마친 임차인이 3명 더 있었습니다. 그런데 그 중 한 사람 A는 경매법원에 배당요구를 하여 돈을 받아갔지만 나머지 두 사람 B·C가 배당요구를 하지 않고 있는 사이에 경매절차가 종료되었습니다. 제가 소유권을 취득한 후 B와 C에게 명도를 요구했더니 자기들은 소액임차인들이니까 나갈 수 없다고 합니다. 저는 어떻게 해야 합니까?

▮답변▮ B와 C가 선순위임차권자인가 아닌가가 문제됩니다.

B와 C가 귀하에게 대항할 수 있는 선순위 임차권자들이라면 귀하는 경락인으로서 주택임대차보호법 제3조에 의해서 B와 C의 임차권을 승계한 것이니 그 보증금(소액보증금이 아니라도 동일함)을 반환하지 않는 한 명도를 요구할 수 없을 것입니다.

반대로 B와 C의 임차권이 경매의 원인이 된 저당권보다 뒤에 성립되어 경락인에게 대항할 수 없는 소액임대차였다면 경락인인 귀하로서는 B와 C의 소액보증금을 변제할 의무가 없고 명도시킬 수가 있을 것입니다. 위와 같은 대항력이 없는 소액임차인은 반드시 경매절차에서 배당요구를 해야 하고 만일 소정시한까지 배당요구를 하지 않으면 실권되어 우선변제권을 행사할 수가 없게 됩니다.

(7) 소액전차인의 요건과 지위

┃질문┃ A가 주택 1동을 7,000만원에 전부 임차한 후 그 중 방 1칸을 저에게 보증금 1,500만원에 전대하여 제가 전차인으로서 주민등록을 하고 거주하고 있습니다. 이런 경우 저도 소액보증금에 대한 우선변제권이 있습니까?

┃답변┃ 귀하는 소액전차인이 아니므로 우선변제권이 없습니다.

전차인의 소액 여부는 임차인을 기준으로 하게 됩니다. 따라서 A가 소액임차인이며, 전차할 때 임대인의 승낙을 얻어 적법하게 전차 입주한 것일 때에만 소액전차인으로 우선변제권을 가질 수 있습니다. 그러나 질문을 보면 A의 보증금은 7,000만원으로 소액임차인의 범위에 포함되지 않습니다. 따라서 귀하도 소액전차인에는 포함되지 않아, 소액전차인으로서의 보호를 받을 수 없게 되는 것입니다.

(8) 최우선변제권과 확정일자인제도

▌질문▌ 서울에서 경매가격 1억,4000만원의 주택에 A가
2008. 2. 5. 5,000만원의 저당권을 설정한 뒤에
B·C·D는 각 7,000만원, 3,000만원, 2,500만원의
보증금으로 전세살면서 주민등록전입신고 및 B·C·
D의 순으로 확정일자인을 받고, 그 뒤 甲이 동 주
택에 6,000만원의 저당권을 설정했다면 동 주택
이 경매되었을 경우 A·B·C·D·甲은 각 경매대금에서
얼마씩 변제받게 됩니까?

▌답변▌ 주택의 인도와 주민등록의 전입신고를 마치고 임대차
계약증서상의 확정일자를 갖춘 임차인은 민사소송법에
의한 경매 또는 국세징수법에 의한 공매시 임차주택
등의 환가대금에서 후순위권리자 기타 채권자보다 우
선하여 보증금을 변제받을 권리가 있습니다.

임대차계약증서상의 확정일자란 그 날짜 현재에 그 문
서가 존재하고 있었다는 것을 증명하기 위해서 공증인
또는 법원서기가 임대차계약서상에 확정일자부의 번호
를 써 넣거나 일자인을 찍는 것을 말합니다. 임대차계
약증서에 확정일자인을 받지 않을 때에는 우선변제권
(후순위담보권자 보다 우선하여 변제받을 권리)이 인정
되지 않으므로 법률의 무지로 인하여 불이익을 받지
않기 위해서는 임대차계약서에 반드시 확정일자인을

받아야 합니다. 공증인, 법원(등기소)은 확정일자인을 찍어주고 소정의 수수료(약 1,000원)를 받도록 되어있으므로 경제적인 부담도 없으며 공증인, 법원은 소급하여 확정일자인을 찍어주지 않고 확정일자인부를 작성, 비치하도록 되어 있으므로, 후일 법률분쟁이 생겼을 경우에는 문서작성의 시기를 판단하는데 강력한 증명력을 발휘하게 되는 이점도 있습니다.

확정일자인을 받기 위해서는 임대인의 동의가 필요없으므로 임차인 혼자서도 확정일자인을 받을 수 있으며 임대차계약서를 공증했을 때에는 확정일자인을 갖춘 것으로 별도 확정일자인을 받지 않아도 됩니다.

주택임대차보호법은 일정한 임차인에게 보증금 중 일정액의 최우선변제권을 인정하고 있습니다.

최우선변제권이란 채권자, 후순위담보권리자는 물론이고 자신보다 먼저 담보권을 설정한 담보권자보다도 우선하여 보증금을 변제받을 수 있는 권리를 말합니다. 이는 영세임차인의 전재산이라고 할 수 있는 보증금을 절대적으로 확보해 주기 위해서 인정된 권리입니다.

최우선변제권은 수도권정비계획법에 따른 수도권 중 과밀억제권역은 6천만원 이하, 광역시(군지역과 인천광역시지역은 제외)은 5천만원 이하, 그 밖의 지역은 4천만원 이하인 임차인에게만 인정됩니다.

최우선변제권으로 우선변제를 받을 수 있는 보증금액

은 수도권정비계획법에 따른 수도권 중 과밀억제권역
은 2천만원, 광역시(군지역과 인천광역시지역은 제외)
은 1천7백만원, 그 밖의 지역은 1천4백만원까지만 인
정되며, 최우선변제권이 인정되는 금액의 합계가 그
주택가액의 2분의 1을 초과하는 경우에는 2분의 1의
범위 내에서만 인정됩니다.

위 사안에 있어서, 우선순위에 관계없이 최우선변제권
을 가진 임차인이 가장 먼저 변제를 받게 되는데, 수도
권 중 과밀억제권역에서는 6,000만원 이하의 보증금으
로 입주한 임차인에게만 최우선변제권을 인정하므로 C·
D는 우선하여 각 2,000만원을 변제받게 됩니다. 최우
선변제권이 인정된 금액을 공제한 나머지 금액(1억원)
에 대해서는 B·D는 각 확정일자를 받았으므로 순위에
의한 우선변제권이 인정되나, 나머지 금액인 5,000만
원은 B가 변제받게 됩니다. 결국 A는 5,000만원, B는
5,000만원, C·D는 2,000만원을 변제받게 되고 戊은 한
푼도 변제를 받지 못하게 됩니다.

위 사안의 경우에 B·C·D가 각 확정일자인을 받아두지
않았다면 B·C·D의 순위에 의한 우선변제권은 인정되지
않으나, C·D의 최우선 변제권은 인정되므로 C·D가 우
선 2,000만원씩 변제를 받고 나머지 금액(1억원)은 순
위에 의하여 A가 5,000만원을 변제받게 되고 B·C·D는
확정일자를 받지 않아 순위에 의한 우선변제권이 인정

되지 않으므로 甲이 나머지 금액(5,000만원)을 변제받
게 되었을 것입니다.

(9) 입주 후에 설정된 저당권에 의해 경매가 진행중인 경우

┃질문┃ 소액보증금으로 임차입주중에 있습니다. 입주 후에
설정된 근저당권에 기하여 경매가 진행중입니다.
이런 경우에도 소액보증금 우선변제권을 행사할 수
있습니까?

┃답변┃ **임차권자로서 대항할 수 있고 소액보증금 반환청구도
할 수 있습니다.**

임차권자가 대항요건을 구비하여 제3자에 대해서 대항
력을 취득한 후에 설정된 저당권 등에 의해 경매가 진
행중인 경우는 두 가지로 나누어 생각할 필요가 있습
니다. 하나는 그 임차권이 존속중일 때 즉 임차기간
내인 경우이고 다른 하나는 임차권이 기간만료 또는
해지 등의 사유로 종료사유가 발생한 경우입니다. 전
자의 경우는 아직 임대차관계 존속중으로 임차인의 보
증금 반환청구권의 시기가 도래하지 않고 있어서 보증
금 반환을 요구할 수 없는 상태이므로 이런 경우에는
대항력에 따라서 경락인에게 임차권 승계의 주장을 하
면 충분하기 때문에 소액보증금의 우선변제권은 없다
고 해석됩니다. 다음 소액임차권이 기간만료 등으로
종료사유가 발생했을 때 임차인은 보증금 반환청구권
을 행사할 수 있는 상태이기 때문에 우선변제권도 행
사할 수가 있고 또 경락인에게 대항할 수 있는 대항력

도 있기 때문에 임대차 승계의 주장도 할 수가 있어서
임차권자는 자기의 선택에 따라 어떤 권한이라도 행사
할 수 있을 것입니다.

이와는 반대로 소액임차인보다 선순위 저당권자의 신
청에 의한 경매나 후순위 권리자의 신청에 의한 경매
절차에 있어서 그 주택에 선순위 저당권설정등기가 있
는 경우 등에는 소액임차권자는 경락인에게 대항할 수
가 없는 것이므로 이 때에는 부득이 우선변제권만을
행사할 수 밖에 없을 것입니다.

(10) 근로자 임금채권과 소액임차보증금의 배당순위

▌질문▌ 저는 2007년 3월 4일부터 현재 거주하고 있는 인천 남부 소재 A소유주택을 보증금 1,200만원에 임차하여 주민등록 전입신고를 필하고 살아왔는데 2007년 11월경 갑자기 위 주택이 경매절차에 넘겨졌습니다. 확인해보니 A는 작은 기업을 운영하다가 도산하는 바람에 많은 빚을 남긴 채 도주해 버린 것입니다.

또한 A가 경영하는 회사의 근로자들은 자신들의 3개월분 임금 및 퇴직금을 받고자 위 주택에 가압류 절차를 밟고 소송진행중에 있다고 합니다.

제가 걱정하는 것은, 근로자들의 임금채권이 우선변제권이 있다고 하는데 이런 경우 저는 어떤 보호를 받을 수 있을까요?

▌답변▌ **귀하는 배당절차에서 근로자들의 임금채권과 함께 각 채권액의 비율에 따라 배당받습니다.**

주택임대차보호법 제8조에 의하면 임차인은 주택에 대한 경매신청의 등기 전에 주택인도와 주민등록 전입신고의 요건을 갖춘 경우 보증금 중 일정액을 다른 담보물권자보다 우선하여 변제받을 권리가 있고, 동법시행령 제3조 및 4조에 의하면 위 '보증금 중 일정액'은 수도권정비계획법에 따른 수도권 중 과밀억제권역은

2,000만원 이하, 광역시(군지역과 인천광역시지역은 제외)는 1천700만원 이하, 그 밖의 지역에서는 1천400만원 이하로 하고, 이러한 우선변제를 받을 임차인의 범위는 보증금이 수도권정비계획법에 따른 수도권 중 과밀억제권역은 6,000만원 이하, 광역시(군지역과 인천광역시지역은 제외)는 5,000만원 이하, 그 밖의 지역에서는 4,000만원 이하인 임차인으로 규정하고 있습니다.

한편 현행 근로기준법 제38조에 의하면 근로자의 최종 3월분의 임금과 재해보상금은 사용자의 총 재산에 대해서 질권 또는 저당권에 의해 담보된 채권, 조세, 공과금 및 다른 채권에 우선하여 변제되어야 한다고 규정하고 있습니다.

귀하의 경우에는 거주 부동산의 경매시 위 두가지 우선변제채권간의 경합에 따른 배당순위가 문제되는데, 두 채권은 모두 우선채권으로서 양법 다같이 상호간의 우열을 정하고 있지 않으며 양쪽의 입법취지를 모두 존중할 필요가 있으므로 상호 동등한 순위의 채권으로 보아 배당하도록 하고 있습니다.

따라서 귀하는 배당절차에서 근로자들의 임금채권과 함께 각 채권액의 비율에 따라 배당을 받게 됩니다.

(11) 소액임차인의 우선변제권 행사방법

┃질문┃ 소액보증금의 우선변제를 받기 위한 구체적인 절차와 방법에는 어떤 것들이 있습니까?

┃답변┃ 임차권 자체에 의한 경매신청은 할 수 없고 타인이 신청한 경매절차에서 우선배당을 받거나, 보증금 반환청구권에 의하여 채무명의를 얻어서 강제경매를 신청하여 우선변제를 받는 방법이 있습니다.

주택임대차보호법에서는 소액보증금에 대해서 우선변제권만을 인정했을 뿐이고 경매청구권은 인정하고 있지 않아서 임차권 자체에 의한 경매신청은 할 수 없고 타인이 신청한 경매절차에서 우선배당을 받거나, 아니면 보증금반환청구권에 의하여 채무명의를 얻어서 강제경매를 신청하여 우선변제를 받는 방법 밖에는 없습니다. 어떤 방법에 의하든 임차주택에 대한 경매절차가 진행될 것을 전제로 하는 것이므로 법원은 주택에 대한 경매절차를 진행시키면서 소액임차인의 유무 및 그 우선변제권 행사를 확실하게 하기 위해서 우선 집행관으로 하여금 소액임차인 유무와 그 내용을 조사하도록 하는 임대차 조사보고 명령을 하고 위 조사보고서와 임대차계약서 등에 의해서 소액임차인으로 확인되는 입주자들에 대하여 배당요구 통지서를 송부하여 배당요구의 절차와 방법 등을 알려 주며 소액임차인을 경매절차상의 이해관계인으로 보아 경매기일통지 등을 해주고 있습니다.

이와 같이 법원의 통지를 받거나 아니면 그와 같은 통지가 없다 하더라도 소액보증금에 해당하는 임차인은 주택에 대한 경매절차가 진행중일 때에는 자기가 경매목적물에 소액보증금으로 임차입주하고 있는 사실을 증명할 문서로 임대차계약서 사본, 주민등록표 등본과 보증금계산서 등을 첨부하여 경매법원에 권리신고를 해야 하며 이런 신고가 있으면 법원에서는 이해관계인으로 보아 각종 통지를 하게 되며 그 후 경매가 진행되어 경락된 뒤에는 배당요구를 해야 합니다. 이런 절차를 거치지 않으면 아무리 소액임차인이라 하더라도 실권되어 배당을 받을 수 없고 명도당하게 됩니다. 소액임차인 배당요구를 하게 되면 법원은 배당표를 작성하여 배당을 하면서 소액임차인에게 우선적으로 배당을 하게 될 것입니다.

(12) 소액임차인의 배당요구시한

┃질문┃ 소액보증금 임차권자는 경매절차에 있어서 어느 시기까지 배당요구를 할 수 있습니까?

┃답변┃ **경락대금의 배당이 가능한 최후의 시기, 즉 배당기일까지 배당요구를 하면 우선변제받을 수 있습니다.**

경매절차는 그 시작에서 종결될 때까지 수많은 절차와 단계를 거쳐야 하고 시간도 많이 소요될 뿐만 아니라 경매에 따른 권리자들의 이해관계에 막대한 영향을 미치기 때문에 법은 엄격한 절차와 요건을 요구하고 있으며 배당권자의 배당요구 시한도 임의경매절차에 있어서는 배당기일까지, 강제경매절차에 있어서는 경락기일까지로 엄격히 제한하여 그 후에는 배당요구를 할 수 없도록 제한하고 있습니다.

그런데 소액임차인의 배당요구 시한을 언제까지로 제한할 것이냐에 관하여, 진행중인 경매가 강제경매인가 임의경매인가에 따라 강제경매인 때에는 경락기일까지, 임의경매인 때에는 배당기일까지 배당요구를 해야만 우선변제를 받을 수 있는 것으로 해석하는 견해가 있으며 이 견해가 실정법의 해석상 가장 합리적인 것으로 생각됩니다.

그러나 대법원에서 소액보증금에 관한 우선변제 청구

권은 소액임차권자의 보호를 위한 사회보장적 목적에
서 특별히 인정되는 권리이므로 강제경매, 임의경매를
가리지 않고 경락대금의 배당이 가능한 최후의 시기,
즉 배당기일까지 배당요구를 하면 우선변제를 해야 한
다고 해석하여 현재 법원의 경매실무에서도 이와 같이
시행하고 있는 실정입니다. 따라서 배당기일까지 배당
요구를 할 수 있겠으나 경매가 진행 중인 것을 알게
되면 즉시 권리신고와 배당요구를 해 두는 것이 안전
할 것입니다.

(13) 소액이 아닌 임대차보증금을 소액으로 분할한 경우

│질문│ 저는 주거를 위해 다세대주택에 보증금 8,500만원으로 임대차계약을 체결했습니다. 이후 상기 주택의 등기부등본을 열람해 보니 이미 은행융자를 8,000만원 받아서 사용하고 근저당 설정을 해놓고 있었습니다.

뒤늦게 전세권 설정등기를 해줄 것을 요구했으나 주인은 주저하고 있습니다. 항간에 주택임대차보호법이 있어서 6,000만원까지는 무조건 보호를 해 주고 있으니, 상기 계약서를 그에 맞게 각 6,000만원과 2,500만원으로 만들면 보호를 받을 수 있다고 하는데 사실인지요?

│답변│ 우선변제제도의 적용을 받을 수 없습니다.

주택임대차보호법에 의하여 주거용건물(주택)에 관하여 임대차 또는 전세계약을 체결하고 입주 및 주민등록(관할 동사무소에서의 전입신고)을 마친 때에는 소위 '대항력'이 생겨 그 이후에 집주인이 집을 판다든가 또는 은행에서 융자를 받고 근저당권을 설정하여준 후 융자금 상환을 못하여 그 집이 경매절차를 거쳐 타인 손에 넘어간다든가 하여도 새로이 그 집의 주인이 된 자는 임대인의 지위를 승계한 것으로 되어 임차인은 옛 집주인(자신과 임대차계약을 체결한 집주인)과 체결한 임대차계약의 효력을 새 집주인에게 주장할 수 있으므로 그 계약기간까지 그 집에서 살 수 있고, 계약기간 종료시에는 보증금도 새 집주인으로부터 돌려 받을 수 있습니다.

다만, 위와 같이 대항력을 갖추기 이전에 즉 입주와 전입신고를 마치기 이전에 이미 저당권 등기나 가압류, 압류 또는 가등기가 행해졌고 그 결과로 경매나 또는 가등기에 기한 본등기에 의해 소유자가 변경된 경우에 임차권은 소멸되어 임차인은 신소유자에게 대항할 수 없으므로 특히 이 점을 유의하여 타인의 주택을 임차할 경우에는 최소한 등기부를 열람하여 이러한 사항이 등기되어 있는지 여부를 반드시 확인해야 하는 것입니다.

한편, 소액보증금(수도권정비계획법에 따른 수도권 중 과밀억제권역은 6,000만원 이하, 광역시(군지역과 인천광역시지역은 제외)는 5,000만원 이하, 그 밖의 지역에서는 4,000만원 이하에 관해서는 특별한 보호가 필요하다고 하여 그가 제3조에서 요하는 대항력(입주와 전입신고)을 갖추고 있기만 하면 저당권에 기하여 경매절차가 진행될 경우 그 저당권자 기타 다른 담보물권자보다 우선하여 그 소액보증금중 일정액(각 2,000만원, 1,700만원, 1,400만원)을 변제받을 수 있도록 하고 있습니다. 따라서 이러한 경우에 임차인은 경매절차가 종료되기 이전에 법원에 우선배당신청을 해야 합니다. 다만, 소액보증금이 주택 가액의 1/2을 초과하는 경우에는 주택 가액의 1/2에 해당하는 금액에 한하여 우선변제권이 있습니다.

소액보증금 임차인이 대항력을 갖춘 경우에는 일반적인 보호방법 즉 신소유자에게 임대인의 지위를 계승시키는 방법과 경매절차에 참가하여 우선변제를 받는 방법 중 택일하여 행사할 수 있습니다.

이제 사례를 살펴보면 귀하가 대항력을 갖추기 이전에 이미 근저당권 설정등기가 되어 있었으므로 만일 집주인이 은행융자 상환을 제대로 못하여 위 근저당권에 기하여 경매가 되면 귀하는 경매에 의해 새로이 집주인이 된 자에게 대항하지 못하고 그 집을 내어주어야 하며 보증금도 처음 임대차계약을 한 옛 집주인으로부터 돌려받아야 하는 것입니다.

귀하는 그러한 일이 발생할 경우 소액보증금의 우선변제제도를 이용하기 위해서 미리 대비하고자 하는 것으로 보이는데, 하나의 주택에 임차인이 2인 이상이고 이들이 그 주택에서 가정공동생활을 하는 경우에는 이들을 1인의 임차인으로 보아 이들의 각 보증금을 합산하여 소액보증금인가 여부를 가리게 되므로 귀하의 경우 비록 보증금을 각 6,000만원과 2,500만원으로 분할

한다고 해도 소액보증금에는 해당되지 않아 우선변제 제도의 적용을 받을 수 없습니다.

(14) 주택임대차보호법상 소액보증금 세입자의 보호

│질문│ 저는 2008년 10월 22일 경기도 부천시에 소재하는 주택의 방2칸에 대해 전세보증금 5,000만원에 전세계약을 체결하고 2008년 10월 30일 입주함과 동시에 전입신고를 마쳤습니다. 그런데 그 주택은 이미 2007년 12월 11일자로 우리은행에 근저당설정되었고, 2008년 9월 20일자로 2번 근저당권설정(근저당권자는 개인임)이 되어 있었는데 집주인이 2번 근저당권자에게 빚을 갚지 못해 임의경매 신청이 들어왔습니다. 저는 위 보증금을 우선변제받을 수 있습니까?

│답변│ 주택이 경락될 경우 계속 거주할 수는 없고, 경락대금 중에서 1번 근저당권자의 차순위로 우선변제받을 수 있습니다.

주택임대차보호법은 영세주택임차인을 보호하기 위하여 보증금이 소정액 이하인 경우에는 임차인은 보증금 중 일정액에 관하여 담보물권자에 우선하여 변제를 받을 수 있도록 규정하고 있습니다. 따라서 이에 해당하는 주택임차인은 담보물권의 성립시기에 관계없이 제1차로 우선변제권을 행사할 수 있는 것이 원칙입니다.

즉, 임차인은 당해 임차권보다 먼저 성립된 근저당권에

기해 임차주택이 경매되었을 때라도 경매절차에 참가하여 근저당권에 우선하여 변제를 받을 수 있으나, 한편 우선변제권을 행사하지 않고 경락인으로부터 보증금을 받을 때까지 계속 거주할 수도 있습니다.

그런데 위 소액보증금의 범위는 여러번의 개정을 거쳐 2002년 6월 30일부터 2008년 8월 20일까지는 수도권정비계획법중 과밀억제권역은 4,000만원 이하인 경우 1,600만원 한도, 광역시(군지역과 인천광역시지역 제외)지역은 3,500만원 이하인 경우 1,400만원 한도, 그 밖의 지역은 3,000만원 이하인 경우 1,200만원 한도에서 우선변제받을 수 있었고, 다시 2008년 8월 21일부터는 6,000만원 이하에서 2,000만원, 5,000만원 이하에서 1,700만원, 4,000만원 이하에서 1,400만원을 각각 우선변제 받을 수 있게 되었습니다(주택임대차보호법시행령 제3조 및 4조).

귀하의 경우를 보면 우선 위 시행령상의 '과밀억제권역'에 속하고 전세보증금이 5,000만원, 입주 및 전입신고일이 2008년 10월 30일이므로 소액보증금으로 보호를 받는 임차인의 요건을 갖추고 있습니다. 따라서 2번 근저당권이 귀하의 임차권보다 먼저 설정되었지만 이에 우선하여 권리를 행사할 수 있습니다. 그러나 1번 근저당권은 소액보증금의 증액을 규정한 위 대통령령(2008. 8. 21)이 시행되기 전에 설정되었으므로 위 영

부칙의 경과조치에 따라 종전의 규정이 적용되는 결과 1번 근저당권에 대해서는 소액보증금으로 보호받을 수 없게 됩니다.

따라서 귀하는 위 주택의 경락대금 중에서 1번 근저당권자인 우리은행의 피담보채권에 충당되고 남은 금액이 있을 경우에만 2번 근저당권자에 우선하여 변제받을 수 있습니다. 그리고 비록 2번 근저당권자의 경매신청에 의하여 경매절차가 개시되더라도 경락인은 1번 근저당권애 기하여 주택을 취득하는 것이기 때문에 귀하는 경락인에게 주택을 명도해야 합니다.

결국 귀하는 위 주택이 경락될 경우 계속 거주할 수는 없고, 경락대금 중에서 1번 근저당권자의 차순위로 우선변제를 받을 수 있을 뿐입니다.

(15) 소액임차인에 관한 규정의 적용

┃질문┃ 소액임차인의 범위와 보증금 중 우선변제액에 관한 주택임대차보호법의 관련 규정이 언제 어떤 내용으로 개정되었는지요?

┃답변┃ 다음과 같이 화폐가치, 부동산 가격의 변동 등 사회경제적 여건의 변화에 따라 여러 차례 개정되었습니다.

제·개정일	적용기간	지 역	소액임차인의 범위	우선변제권의 범위
1984.6.14	1984.1.1~	서울특별시·직할시	300만원 이하	
	1987.11.30	기타의 지역	200만원 이하	
1987.12.1	1987.12.1~	서울특별시·직할시	500만원 이하	
	1989.12.29	기타의 지역	400만원 이하	
1990.2.19	1989.12.30~	서울특별시·직할시	2,000만원이하	700만원이하
	1995.10.18	기타의 지역	1,500만원이하	500만원이하
1995.10.19	1995.10.19~	특별시·광역시(군지역제외)	3,000만원이하	1,200만원이하
	2001.09.14	기타의 지역	2,000만원이하	800만원이하
2001.09.15	2001.09.15~ 2002.06.29	수도권정비계획법에 의한 수도권중 과밀억제권역	4,000만원이하	1,600만원이하
		광역시(군지역과 인천광역시지역 제외)	3,500만원이하	1,400만원이하
		그 밖의 지역	3,000만원이하	1,200만원이하
2002.06.19	2002.06.30~ 2007.11.03	수도권정비계획법에 의한 수도권중 과밀억제권역	4,000만원이하	1,600만원이하
		광역시(군지역과 인천광역시지역 제외)	3,500만원이하	1,400만원이하
		그 밖의 지역	3,000만원이하	1,200만원이하

2007.10.23	2007.11.04~ 2008.08.20	수도권정비계획법에 의한 수도권중 과밀억제권역	4,000만원이하	1,600만원이하
		광역시(군지역과 인천광역시지역 제외)	3,500만원이하	1,400만원이하
		그 밖의 지역	3,000만원이하	1,200만원이하
2008.08.21	2008.08.21~ 현재	수도권정비계획법에 의한 수도권중 과밀억제권역	6,000만원이하	2,000만원이하
		광역시(군지역과 인천광역시지역 제외)	5,000만원이하	1,700만원이하
		그 밖의 지역	4,000만원이하	1,400만원이하

그러나 위 일자 이전에 담보물권을 취득한 자에 대해서는 종전 규정이 적용됩니다. 따라서 현재는 소액임차인에 해당하더라도 구법 하에서는 소액임차인에 해당하지 않는 경우 구법 하에서 설정된 저당권자에 대해서는 소액임차인의 우선변제권을 주장할 수 없습니다.

예컨대 2007. 12. 1. 저당권이 설정된 서울 소재 주택을 2008. 9. 3. 보증금 5,000만원에 임차한 경우 임차인은 현행법에 의하면 소액임차인이더라도 구법 하에서는 소액임차인이 아니고 저당권은 구법 하에서 설정된 것이므로 소액임차인에서 제외됩니다. 만일 이 사안에서 임차보증금이 4,000만원이었다면 구법 하에서도 소액임차인에 해당하므로 구법에 따라 1,600만원까지도 저당권자보다도 우선하여 변제받을 수 있습니다.

(16) 소액임차인의 우선변제권 행사요건

■질문■ 소액임차인으로서 우선변제권을 행사하기 위해서는 어떤 요건을 갖추어야 하는지요?

■답변■ **임대보증금액에 관한 요건 이외에 다음 두 가지 요건을 갖추어야 합니다.**

우선변제권을 행사하기 위해서는 첫째 주택의 인도 및 주민등록(대항요건)을 경매신청기입등기 전까지 갖추고 이를 경락기일까지 계속 유지해야 합니다. 둘째 임차주택이 경매 또는 공매에 의해 매각되어야 합니다.

따라서 낙찰기일 이전에 임차주택에서 다른 곳으로 이사가거나 주민등록을 전출함으로써 대항요건을 상실하거나 임차주택이 매매 등 법률행위에 의해 양도된 경우에는 대항력의 유무만 문제되고 우선변제권은 인정될 여지가 없습니다.

(17) 한 채의 주택에 소액임차인이 여러 명 있는 경우의 금액 배당

┃질문┃ 저는 소액임차인(보증금 2,000만원)으로서 한 채의 주택에서 다른 2인의 소액임차인(보증금 각 2,500만원, 2,000만원)과 함께 거주하고 있습니다. 위 주택에 관해 경매절차가 개시되어 6,000만원에 경락되었는데 저와 다른 소액임차인들은 모두 경매신청 기입등기 전에 대항요건을 구비했습니다. 저는 어느 정도의 금액을 배당받을 수 있는지요?

┃답변┃ **주택가액의 1/2에 해당하는 금액을 평등하게 분할·배당받게 됩니다.**

하나의 주택에 소액임차인이 수인이고 각 보증금액이 2,000만원 이상이며(수도권정비계획법에 의한 과밀억제권역) 2,000만원에 임차인수를 곱한 금액이 주택(대지 포함, 이하 같다)가액의 1/2을 초과하는 경우에는 각 임대차계약의 선후나 보증금액수와는 관계없이 주택가액의 1/2에 해당하는 금액을 평등하게 분할하여 배당을 받게 됩니다(주택임대차보호법 시행령 제3조 제3항). 따라서 귀하께서는 주택가액의 1/2인 3,000만원을 평등 분할한 1,000만원(3,000만원÷3)을 배당받게 됩니다.

(18) 처와 남편 명의로 소액임대차계약서가 별도 작성된 경우의 보호

▌질문▌ 저는 본인과 처 명의로 각각 별도의 소액보증금 주택임대차계약서를 작성했으나 실제로는 하나의 주택에 함께 살고 있습니다. 이러한 경우에도 저와 처가 각각 소액임차인으로 보호받을 수 있는지요?

▌답변▌ 귀하의 경우는 귀하와 처를 1인의 임차인으로 보아야 하므로 소액임차인으로 각각 보호를 받을 수 없습니다.

하나의 주택에 임차인이 2인 이상인데 이들이 그 주택에서 가정공동생활을 하는 경우에는 1인의 임차인으로 보아 각 보증금을 합산한 금액을 기준으로 소액보증금에 해당하는지 여부를 판단해야 합니다. 따라서 귀하의 경우 귀하와 처는 1인의 임차인으로 보게 됩니다.

(19) 경락기일까지 배당요구를 하지 않은 경우의 구제방법

▌질문▌ 소액임차인이라도 경락기일까지 배당요구를 하지 않으면 우선변제를 받을 수 없는지요. 만일 우선변제를 받을 수 없다면 어떠한 구제방법이 있는지요?

▌답변▌ 우선변제를 받을 수 없습니다.

소액임차인이라도 경매법원에 경락기일까지 배당요구를 해야만 우선변제를 받을 수 있습니다. 따라서 경락인이 명도를 청구하는 경우에는 무조건 집을 비워 주어야 합니다.

다만 귀하가 소액임차인으로 배당요구를 하지 않아서 근저당권자가 귀하가 배당받아야 할 금액까지 배당받았다면 근저당권자에 대해 같은 금액의 돈을 반환하라고 청구할 수 있습니다. 또 배당요구를 하지 않아 배당을 받지 못하더라도 최선순위 담보물권 등이 등기되기 전에 임차주택에 입주하고 전입신고를 하여 대항력이 있는 경우에는 경락인으로부터 보증금을 반환받을 때까지 임차주택을 비워 주지 않아도 됩니다.

(20) 임차권등기명령제도의 활용

┃질문┃ 저는 2007년 2월 20일 임대기간을 2년으로 하는 임대차계약을 체결하고 현재까지 임차한 방에 살고 있습니다. 그런데 이제 내일이면 2년이 다 채워져 임대기간이 만료하고, 저는 지방으로 발령을 받아 2월이 가기 전에 이사를 가야 하는데, 집주인의 사정이 안좋아져서 한 달 뒤에나 보증금을 돌려 줄 수 있다고 합니다. 그런데 보증금을 받기 전에 이사를 하면 돈을 받지 못할 수도 있는 것으로 알고 있습니다. 어떻게 하면 이사를 하고서도 보증금을 받을 수 있을까요?

┃답변┃ 임차권등기를 하고 3월 1일 이후에 이사를 하시면 됩니다.

지금까지는 세입자가 전세보증금을 받기 전에 이사를 하면 주택임대차보호법의 보호를 받지 못했습니다. 하지만 이런 임차인들을 보호하기 위해 주택임대차보호법에 임차권등기명령제도라는 새로운 조항이 신설되었습니다. 임차권등기를 하면 이사를 하여 대항요건이 상실되어도 이미 취득한 대항력과 우선변제권이 유지됩니다. 그러니 귀하도 이 제도를 활용하면 이사를 하고서도 귀하의 전세보증금을 지킬 수 있을 것입니다.

임차권등기제도를 활용하려면 주소지 법원의 민원실을 방문, 신청서의 양식에 맞게 신청취지 및 이유 등을 적고, 주민등록등본·거주사실 확인서 등의 서류를 첨부하여 제출하면 됩니다. 확정일자를 받아둔 임대차계약서도 있어야 합니다.

임차권등기제도는 집주인의 동의를 받을 필요가 없기 때문에 귀하가 단독으로 할 수 있지만 주소지 표시가 잘못됐다든지 확정일자를 받아두지 않았다면 이 법의 보호를 받기 어려우니 주의하시기 바랍니다.

(21) 임차권등기명령의 집행에 따른 효력

│질문│ 임차권등기명령이 집행되면, 어떤 점들이 달라지는
지요?

**│답변│ 임차권등기가 경료되면 임차인은 대항력과 우선변제권
을 취득하게 됩니다.**

우선 임차권등기가 경료되면 임차인은 대항력(인도와
주민등록)과 우선변제권을 취득하게 되며, 임차권등기
전에 이미 취득한 상태라면 그 대항력과 우선변제권이
그대로 유지됩니다. 또 등기 후에는 대항요건을 상실
하더라도 이미 취득한 대항력과 우선변제권을 상실하
지 않습니다.

다음으로, 임차권등기가 경료된 후에 임차한 임차인은
우선변제를 받을 권리가 없게 됩니다. 이는 종전 무조
건 변제가 인정되었던 소액임차인에 대해서도 적용되
어, 등기 후에는 소액임차인도 최우선변제를 받지 못
하게 됩니다(단, 임대차의 목적이 주택의 일부분인 때
에는 해당부분에 한합니다). 이렇게 보았을 때 임차권
등기는 근저당권보다 그 효력이 더 커보입니다. 따라
서 주택을 임차하려는 분들은 근저당권뿐 아니라 임차
권등기 여부도 반드시 확인해야 할 것입니다.

(22) 실제 배당액의 계산 사례

┃질문┃ 다음과 같은 복잡한 관계에서는 배당이 어떻게 되는 지요?

① 甲은 2008. 3. 20. 乙과의 사이에 서울지역에서 乙 소유의 주택에 관하여 보증금 2,000만원의 임대차계약을 체결하고, 같은해 3. 25. 위 보증금을 지급한 후 입주하여 같은해 4. 15. 전입신고를 마쳤다(확정일자를 받지 않았다).

② 위 건물에는 乙이 2007. 12. 1. A은행으로부터 3,000만원을 대출받으면서 그 원리금채무를 담보하기 위하여 A은행 앞으로 채권최고액 4,000만원의 근저당권설정등기가 경료되었다.

③ 그 후 乙의 채권자인 B가 2008. 5. 15. 액면 800만원의 약속어음 공정증서에 기하여 위 건물에 대한 강제경매를 신청하여 경매절차가 진행된 결과 2008. 7. 10. 丙이 5,500만원에 경락받아 그 대금을 납부하였다.

④ 근저당권자 A의 원리금채권은 3,500만원이고, 배당할 금액은 5,000만원으로 하며, 배당은 2008. 8. 21. 이후에 실시되었다.

┃답변┃

순위	배당 채권자	배당액	비고
1	甲	7,000,000원	2008. 8. 21. 개정된 시행령 부칙 제2조에 따라 담보물권자인 A에 대한 관계에서는 개정 전의 시행령이 적용되므로 전체 보증금 2천만원 중 7백만원을 우선변제받습니다.
2	A	35,000,000원	근저당권자의 원리금 채권입니다.
3	甲	5,000,000원	일반채권자인 B에 대한 관계에서는 개정된 시행령이 적용되므로 1,200만원 중 1순위로 변제 받은 7백만원을 제외한 나머지 500만원을 변제받습니다.
4	B	3,000,000원	
합계		50,000,000원	

(23) 주택임대차 신용보험

▌질문▌ 보증금을 돌려받기 위한 방책으로 주택임대차 신용보험이라는 것이 있다고 들었는데, 어떤 것인지 알고 싶습니다.

▌답변▌ **보증보험 회사에서는 1995년부터 주택임대차 신용보험을 도입하였습니다.**

이 보험에 가입하려면 확정일자를 받은 계약서, 세입자의 주민등록등본, 도장, 시세를 증명할 수 있는 자료만 있으면 됩니다. 집주인의 협조 없이도 가입할 수 있지만, 전세주택의 압류, 가압류, 가처분, 가등기 등이 설정되어 있거나 계약 후 5개월이 지난 경우에는 가입대상에서 제외됩니다. 그리고 최우선변제권이 있는 소액보증금 임차인도 가입대상에서 제외됩니다.

이 보험에 가입하면, 임대차계약이 해지되거나 종료되었는데 보증금 반환이 지체될 때, 화재 등으로 임대인이 임대차 보증금을 반환하지 못할 때, 경매 절차에서 임대차 보증금을 변제받지 못할 때 보증금 전액을 보험회사에서 보상해줍니다. 그런데 보험료는 상당히 비싼 편입니다. 전세 보증금의 0.5%가 1년 보험료이므로 2년 계약인 경우는 보증금의 1%를 납부해야 합니다. 비싸서 가입하는 사람은 적으나 보증금의 확실한 보장

방법입니다.

예 : 보증금이 6,000만원인 경우 계약기간이 1년인 경우

6,000만원 × 1/200 = 30만원

계약기간이 2년인 경우

6,000만원 × 1/200 × 2년 = 60만원

따라서 보증금이 6,000만원이고 계약기간이 2년인 경우 60만원을 일시불로 내야 합니다.

(24) 계약기간 만료 전에 임차주택이 경락된 경우, 대항력있는 주택임차인의 보증금 우선변제

┃질문┃ 저는 A로부터 A소유인 주택의 방2칸을 전세보증금 5,000만원, 계약기간을 2006년 7월 5일부터 2년으로 하는 임차계약을 체결하고 즉시 입주하여 주민등록 전입신고를 하였으며, 확정일자도 받아두었습니다. 그런데 2006년 10월 7일 채권최고금액 금 5,000만원인 근저당권 2건이 설정되고 2007년 11월 1일 위 주택의 담보권실행경매가 개시되었다고 합니다. 저는 제1순위로 확정일자를 받았으므로 우선변제권이 있는지요?

┃답변┃ 우선변제를 받을 수 있습니다.

이에 관한 주택임대차보호법 제3조 제1항의 규정을 살펴보면 "임대차는 그 등기가 없는 경우에도 임차인이 주택의 인도와 주민등록을 마친 때에는 그 익일부터 제3자에 대하여 효력이 생긴다"라고 규정하고 있습니다.

따라서 귀하는 위 주택에 근저당권 등이 설정되지 않은 상태에서 입주하고 주민등록전입신고를 하였으므로 주택임대차보호법 제3조에 의해서 대항력을 갖추고 있습니다.

또한 동법 제3조의2 제2항은 주택의 인도와 주민등록

을 마치고, 임대차계약증서상의 확정일자를 갖춘 임차인은 후순위권리자 기타 채권자보다 우선하여 보증금을 변제받을 수 있다고 규정하고 있습니다.

따라서 귀하는 위 근저당권이 설정되기 이전에 확정일자를 받았으므로 주택임대차보호법 제3조의2 제2항 본문에 의하여 우선변제권이 인정됩니다. 주택임대차보호법이 개정되기 전에는 단서규정을 두어 "임차인이 당해주택의 양수인에게 대항할 수 있는 경우에는 임대차가 종료된 후가 아니면 보증금의 우선변제를 청구하지 못한다"고 규정하여 경매절차가 임대차기간 종료 전에 완결되는 경우에는 경락대금에서 우선변제를 받을 수는 없고, 다만 대항력이 인정되어 계약기간 만료 후 경락인에게 보증금의 반환을 청구할 수 있었습니다. 그러나 지금은 귀하는 임대차가 종료되지 않은 상태에서도 우선변제를 받을 수 있습니다.

(25) 계약을 갱신하면서 임대보증금을 인상하는 경우의 대항력 및 우선변제권

┃질문┃ 저는 A와 2004. 5. 20. 전세보증금 3,200만원, 전세기간 2년의 전세계약을 체결하고 2004. 6. 20. 입주와 전입신고를 마침과 동시에 계약서상에도 확정일자를 받았습니다. 그 후 2005. 7. 20에 B 앞으로 임차주택에 저당권이 설정되었는데, 2006. 5. 20. 위 계약을 갱신하면서 보증금액수를 3,700만원으로 인상했습니다. 앞으로 만일 위 저당권실행을 위한 경매가 개시되는 경우 저는 위 인상된 보증금 3,700만원을 받을 때까지 경락인에게 주택을 비워주지 않아도 되는지요. 또 경매절차에서 위 저당권자에 우선하여 위 인상된 보증금 3,700만원의 배당을 받을 수 있는지요?

┃답변┃ 임대인과 임차인이 임대차계약을 갱신하면서 임대보증금을 인상하기로 합의한 경우, 인상된 금액은 인상되기 전에 설정된 저당권에 기한 경매절차의 경락인에 대하여 대항할 수 없을 뿐만 아니라 위 저당권자에 우선하여 배당을 받을 수도 없습니다.

위 저당권자는 인상전의 임대보증금을 전제로 저당권을 취득하는 것이고 장래 임대보증금이 얼마 인상될지도 예상할 수 없기 때문에 인상된 보증금 전액에 대

하여 대항력과 우선변제권을 인정한다면 저당권자의
이익을 너무 침해하는것이 됩니다. 따라서 귀하의 경
우 저당권 설정전의 보증금액인 3,200만원에 한하여
경락인에게 대항력을 행사할 수 있고 배당절차에 참가
하더라도 위 3,200만원에 한하여 저당권자에 우선하여
변제받을 수 있습니다. 다만 위 인상된 보증금 3,700
만원에 대해 재 계약서를 작성하고 이에 대하여 확정
일자를 받았다면 이보다 후순위인 담보권자나 일반채
권자에 대하여 우선변제권을 주장할 수 있습니다.

(26) 소액임차인이 배당기일까지 배당요구를 하지 않았는데 이제 와서 보증금 반환을 청구할 경우 어떻게 해야 하는가?

▌질문▌ 저는 2007년 12월 10일 법원으로부터 주택과 대지를 경락받아 소유권을 취득했습니다. 그 주택에는 1번으로 은행의 근저당이 설정되어 있었고, 2번으로 A의 저당권이 설정되어 있었습니다. 2번 저당권자인 A가 경매신청을 해서 제가 경락받았고, 경락 대금은 1번 저당권자인 은행과 2번인 A가 배당받았으며 차액은 그 주택에 거주하던 집주인이 배당받았습니다. 경매절차중에 집행관이 그 집에 가서 임대차조사를 했을 때 집은 집주인이 전부 사용하고 있고 다른 임차인은 없었습니다. 그래서 저는 안심하고 그 집을 경락받아 집주인을 명도시킨 후 그 집에 들어갔습니다. 그런데 그 집의 4개의 방 중 2개는 집주인이 사용하고 나머지 방 2개는 B와 C이라는 사람이 임대차조사 이후에 각각 소액보증금으로 입주했다고 하면서 저의 명도요구를 거절하고 보증금을 주어야 나간다고 하고 있습니다. 저는 B와 C의 보증금을 반환해 줄 의무가 있습니까?

▌답변▌ 귀하는 B와 C의 소액보증금을 반환해 줄 의무가 없고 B와 C에게 명도를 요구할 수가 있습니다.

원래 법원의 경매실무에 있어서 소액임차인은 입주주

택에 대해서 경매절차가 진행중일 때는 자기가 소액보
증금 임차인이란 사실을 경매법원에 신고하는 권리신고
를 해야 하고 배당금의 지급을 받기 위해서 배당요구를
해야 합니다. 배당요구는 별다른 채무명의 없이 임대차
계약서와 주민등록표 등본과 보증금 계산서만을 첨부하
여 할 수 있으며, 배당요구의 시한은 경락대금의 배당
기일까지이고 이 시한까지 배당요구를 하지 않으면 실
권되어 우선변제권을 행사할 수가 없게 됩니다.

우선변제권이란 경락대금 배당에 있어서 다른 담보권
자보다 우선하여 배당받는 권리이기 때문에 우선배당
을 받을 수 있는 절차를 취하지 않는 한 그 권리는 실
권되는 것입니다.

그런데 소액임차인인 B와 C의 임차권이 A의 저당권보
다 후순위인데다 경매절차에서 권리신고나 배당요구를
하지 않아서 실권되었기 때문에 B와 C는 귀하에게 보
증금 반환을 요구할 권리가 없고 귀하는 완전한 소유
권을 취득한 것입니다. 경매절차에 있어서 목적물의
소유권이 경락인에게 이전되는 시기인 임의경매에 있
어서 대금 납부기일 전가지 집주인과 임차인 간에 소
액임차권이 성립한 경우에는 보호하려고 하고 있으나
경매절차에서 배당요구를 해야만 보호해 주고 있는 것
입니다.

(27) 경락인과 소액임차인의 관계

┃질문┃ 저는 2007년 10월 16일 주택 1동을 법원으로부터 경락받아 소유권을 취득했습니다. 그런데 경매절차 진행 중에 확인해 보니 위 집에는 집주인 외에 소액보증금으로 입주하여 주민등록까지 마친 임차인이 3명 더 있었습니다. 그런데 그 중 한 사람(A라 칭함)은 경매법원에 배당요구를 하여 돈을 받아갔지만 나머지 두 사람(B·C라 칭함)이 배당요구를 하지 않고 있는 사이에 경매절차가 종료되었습니다. 제가 소유권을 취득한 후 B와 C에게 명도를 요구했더니 자기들은 소액임차인들이니까 나갈 수 없다고 합니다. 저는 어떻게 해야 합니까?

┃답변┃ B와 C가 귀하에게 대항할 수 있는 선순위 임차권자들이라면 귀하는 경락인으로서 주택임대차보호법 제3조에 의해서 B와 C의 임차권을 승계한 것이니 그 보증금(소액보증금이 아니라도 동일함)을 반환하지 않는 한 명도를 요구할 수 없을 것입니다.

반대로 B와 C의 임차권이 경매의 원인이 된 저당권보다 뒤에 성립되어 경락인에게 대항할 수 없는 소액임대차였다면 경락인인 귀하로서는 B와 C의 소액보증금을 변제할 의무가 없고 명도시킬 수가 있을 것입니다.

위와 같은 대항력이 없는 소액임차인은 반드시 경매절차에서 배당요구를 해야 하고 만일 소정시한까지 배당요구를 하지 않으면 실권되어 우선변제권을 행사할 수가 없게 됩니다.

(28) 주택임대차보호법상 최우선변제권과 확정일자인제도

┃질문┃ 서울에서 경매가격 1억,4000만원의 주택에 A가 2008. 2. 5. 5,000만원의 저당권을 설정한 뒤에 B·C·D는 각 7,000만원, 3,000만원, 2,500만원의 보증금으로 전세살면서 주민등록전입신고 및 B·C·D의 순으로 확정일자인을 받고, 그 뒤 甲이 동 주택에 6,000만원의 저당권을 설정했다면 동 주택이 경매되었을 경우 A·B·C·D·甲은 각 경매대금에서 얼마씩 변제받게 됩니까?

┃답변┃ 주택의 인도와 주민등록의 전입신고를 마치고 임대차계약증서상의 확정일자를 갖춘 임차인은 민사소송법에 의한 경매 또는 국세징수법에의한 공매시 임차주택 등의 환가대금에서 후순위권리자 기타 채권자보다 우선하여 보증금을 변제받을 권리가 있습니다.

임대차계약증서상의 확정일자란 그 날짜 현재에 그 문서가 존재하고 있었다는것을 증명하기 위해서 공증인 또는 법원서기가 임대차계약서상에 확정일자부의 번호를 써 넣거나 일자인을 찍는 것을 말합니다. 임대차계약증서에 확정일자인을 받지 않을 때에는 우선변제권(후순위담보권자 보다 우선하여 변제받을 권리)이 인정되지 않으므로 법률의 무지로 인하여 불이익을 받지 않기 위해서는 임대차계약서에 반드시 확정일자인을 받아야 합니다. 공증인, 법원(등기소)은 확정일자인을 찍어주고 소정의 수수료(약 1,000원)를 받도록 되어있으므로 경제적인 부담도 없으며 공증인, 법원은 소급하여 확정일자인을 찍어주지 않고 확정일자인부를 작성, 비치하도록 되어 있으므로, 후일 법률분쟁이 생겼을 경우에는 문서작성의 시기를 판단하는데 강력한 증명력을 발휘하게 되는 이점도 있습니다.

확정일자인을 받기 위해서는 임대인의 동의가 필요없으므로 임차인 혼자서도 확정일자인을 받을 수 있으며 임대차계약서를 공증했을때에는 확정일자인을 갖춘 것으로 별도 확정일자인을 받지 않아도 됩니다.

주택임대차보호법은 일정한 임차인에게 보증금 중 일정액의 최우선변제권을 인정하고 있습니다.

최우선변제권이란 채권자, 후순위담보권리자는 물론이고 자신보다 먼저 담보권을 설정한 담보권자보다도 우선하여 보증금을 변제받을 수 있는 권리를 말합니다. 이는 영세임차인의 전재산이라고 할 수 있는 보증금을 절대적으로 확보해 주기 위해서 인정된 권리입니다.

최우선변제권은 수도권정비계획법에 따른 수도권 중 과밀억제권역은 6천만원 이하, 광역시(군지역과 인천광역시지역은 제외)은 5천만원 이하, 그 밖의 지역은 4천만원 이하인 임차인에게만 인정되며, 그러한 임차인이라도 그 주택에 입주하고 있어야 하며, 그 주택에

대한 경매신청전까지 주민등록전입신고가 되어 있어야
만 최우선변제권이 인정되는 것은 아닙니다.

또한 위와같은 요건을 갖춘 임차이라도 그 보증금 전
체에 대하여 최우선변제권을 인정해주는 것은 아니며
수도권정비계획법에 따른 수도권 중 과밀억제권역은 2
천만원, 광역시(군지역과 인천광역시지역은 제외)은 1
천7백만원, 그 밖의 지역은 1천4백만원까지만 최우선
변제권이 인정되며, 최우선변제권이 인정되는 금액의
합계가 그 주택가액의 2분의 1을 초과하는 경우에는 2
분의 1의 범위 내에서만 인정됩니다.

위 사안에 있어서, 우선순위에 관계없이 최우선변제권
을 가진 임차인이 가장 먼저 변제를 받게 되는데, 수
도권 중 과밀억제권역에서는 6,000만원 이하의 보증금
으로 입주한 임차인에게만 최우선변제권을 인정하므로
C·D는 우선하여 각 2,000만원을 변제받게 됩니다. 최
우선변제권이 인정된 금액을 공제한 나머지 금액(1억
원)에 대해서는 B·D는 각 확정일자를 받았으므로 순위
에 의한 우선변제권이 인정되나, 나머지 금액인 5,000
만원은 B가 변제받게 됩니다. 결국 A는 5,000만원, B
는 5,000만원, C·D는 2,000만원을 변제받게 되고 甲은
한푼도 변제를 받지 못하게 됩니다.

위 사안의 경우에 B·C·D가 각 확정일자인을 받아두지
않았다면 B·C·D의 순위에 의한 우선변제권은 인정되지

않으나, C·D의 최우선 변제권은 인정되므로 C·D가 우선 2,000만원씩 변제를 받고 나머지 금액(1억원)은 순위에 의하여 A가 5,000만원을 변제받게 되고 B·C·D는 확정일자를 받지 않아 순위에 의한 우선변제권이 인정되지 않으므로 甲이 나머지 금액(5,000만원)을 변제받게 되었을 것입니다.

(29) 소액임차인의 우선변제권 행사방법

┃질문┃ 소액보증금의 우선변제를 받기 위한 구체적 절차와 방법에는 어떤 것들이 있습니까?

┃답변┃ 임차권 자체에 의한 경매신청은 할 수 없고 타인이 신청한 경매절차에서 우선배당을 받거나, 아니면 보증금 반환청구권에 의하여 채무명의를 얻어서 강제경매를 신청하여 우선변제를 받는 방법이 있습니다.

주택임대차보호법에서는 소액보증금에 대해서 우선변제권만을 인정했을 뿐이고 경매청구권은 인정하고 있지 않아서 임차권 자체에 의한 경매신청은 할 수 없고 타인이 신청한 경매절차에서 우선배당을 받거나, 아니면 보증금반환청구권에 의하여 채무명의를 얻어서 강제경매를 신청하여 우선변제를 받는 방법밖에는 없습니다. 어떤 방법에 의하든간에 임차주택에 대한 경매절차가 진행될 것을 전제로 하는 것이므로 법원은 주택에 대한 경매절차를 진행시키면서 소액임차인의 유무 및 그 우선변제권 행사를 확실하게 하기 위해서 우선 집달관으로 하여금 소액임차인 유무와 그 내용을 조사하도록 하는 임대차 조사보고 명령을 하고 위 조사보고서와 임대차계약서 등에 의해서 소액임차인으로 확인되는 입주자들에 대하여 배당요구 통지서를 송부하여 배당요구의 절차와 방법 등을 알려 주며 소액임차인을 경매절차상의 이해관계인으로 보아 경매기일통지 등을 해주고 있습니다.

이와 같이 법원의 통지를 받거나 아니면 그와 같은 통지가 없다 하더라도 소액보증금에 해당하는 임차인은 주택에 대한 경매절차가 진행중일 때에는 자기가 경매목적물에 소액보증금으로 임차입주하고 있는 사실을 증명할 문서로 임대차계약서사본, 주민등록표등본과 보증금계산서 등을 첨부하여 경매법원에 권리신고를 해야 하며 이런 신고가 있으면 법원에서는 이해관계인으로 보아 각종 통지를 하게 되며 그 후 경매가 진행되어 경락된 뒤에는 배당요구를 해야 합니다. 이런 절차를 거치지 않으면 아무리 소액임차인이라 하더라도 실권되어 배당을 받을 수 없고 명도당하게 됩니다. 소액임차인 배당요구를 하게 되면 법원은 배당표를 작성하여 배당을 하면서 소액임차인에게 우선적으로 배당을 하게 될 것입니다.

(30) 소액임차인의 배당요구시한

┃질문┃ 소액보증금 임차권자는 경매절차에 있어서 어느 시기까지 배당요구를 할 수 있습니까?

┃답변┃ 경락대금의 배당이 가능한 최후의 시기, 즉 배당기일까지 배당요구를 하면 우선변제 받을 수 있습니다.

경매절차는 그 시작에서 종결될 때까지 수많은 절차와 단계를 거쳐야 하고 시간도 많이 소요될 뿐만 아니라 경매에 따른 권리자들의 이해관계에 막대한 영향을 미치기 때문에 법은 엄격한 절차와 요건을 요구하고 있으며 배당권자의 배당요구 시한도 임의경매절차에 있어서는 배당기일까지, 강제경매절차에 있어서는 경락기일까지로 엄격히 제한하여 그 이후에 배당요구는 할 수 없도록 제한하고 있습니다.

그런데 소액임차인의 배당요구 시한을 언제까지로 제한할 것이냐에 관하여 민사소송법이나 경매법의 원칙에 따라 진행중인 경매가 강제경매인가 임의경매인가에 따라 강제경매인 때에는 경락기일까지, 임의경매인 때에는 배당기일까지 배당요구를 해야만 우선변제를 받을 수 있는 것으로 해석하는 견해가 있으며 이 견해가 실정법의 해석상 가장 합리적인것으로 생각됩니다.

그러나 대법원에서 소액보증금에 관한 우선변제 청구

권은 소액임차권자의 보호를 위한 사회보장적 목적에
서 특별히 인정되는 권리이므로 강제경매, 임의경매를
가리지 않고 경락대금의 배당이 가능한 최후의 시기,
즉 배당기일까지 배당요구를 하면 우선변제를 해야 한
다고 해석하여 현재 법원의 경매실무에서도 이와 같이
시행하고 있는 실정입니다. 따라서 배당기일까지 배당
요구를 할 수 있겠으나 경매가 진행 중인 것을 알게
되면 즉시 권리신고와 배당요구를 해 두는 것이 안전
할 것입니다.

(31) 어느 시기까지 성립한 소액임차권이 우선변제를 받을 수 있는가?

┃질문┃ 저는 2007년 12월 20일 친지의 소개로 방1칸을 보증금 1,000만원에 임차하여 입주하고 주민등록 전입신고까지 마쳤는데 그 집에 입주하고 보니 이미 그 집은 저당권자인 은행의 경매신청에 의하여 2007년 10월 20일자로 A에게 경락허가결정이 나서 경락되었으나 소유자인 집주인이 항고를 해 놓고 있는 상태인 것을 알게 되었습니다. 집주인의 항고로 경매절차는 종료되지는 않고 있으나 곧 끝난다고 합니다. 저는 소액임차인으로 보호받을 수 있습니까?

┃답변┃ 소유권 이전시설에 따라 대금 납부시나 경락허가결정 확정시까지 유효하게 성립한 소액임차인에 대해서는 배당요구권과 우선변제권을 인정합니다.

소액임차인에 대한 우선변제권을 인정하면서 그 소액임차권이 어느 시기까지 성립되어야 하느냐의 문제에 관해서 의견이 나누어지고 있습니다. 위 법에는 이에 대한 명문 규정이 없는데다 소액임대차계약은 임대인과 임차인간에 어느 때고 유효하게 체결할 수 있는 것이어서 소액임차권의 성립시기와 경매절차와의 관계에서 복잡미묘한 문제가 발생할 수 있습니다.

또한 이러한 문제로 인해서 경매신청인·이해관계인·경락인·채무자·부동산 소유자 등 경매절차에 관련된 이해관계인 등의 이해에 중대한 영향을 미칠 우려가 있고 이로 인하여 경매의 공신력과 거래의 안전마저 해칠 우려도 있는 것입니다. 아무튼 경매절차가 진행중에 있는 주택에 관하여 어느 시기까지 성립한 소액임차권이 우선변제를 받을 수 있느냐에 대해서는,

첫째, 압류시설이 있는바, 이 설은 경매절차상 경매신청이 있어서 경매개시결정을 하게 되면 법원은 즉시 등기소에 압류의 촉탁등기를 하게 되는데, 이 압류촉탁등기는 목적물에 대한 처분제한의 효력이 있는 것으로 경매신청사실을 등기부상 공시하여 제3자의 손해를 예방하고 목적물 소유자의 목적물에 대한 처분행위를 제한하는데 목적이 있으므로, 이와 같이 경매법원의 촉탁에 의한 압류등기시까지 성립된 임차권에 대해서만 우선변제권을 인정하자는 견해입니다.

이 견해의 근거는 경매절차에 있어서 부동산을 압류하면 그 압류에 의해 목적물의 처분제한의 효과가 발생하므로 압류 후에 성립한 임차권은 압류채권자 또는 저당권자 등에게 대항할 수 없어서 임대차의 효력을 주장할 수 없는 것이고, 따라서 임차권에 기한 보증금반환청구권도 압류채권자들에게는 주장할 수 없는 것이며 압류 후에 성립한 소액임차권자도 우선변제를 받

을 수 있다면 목적물의 소유자와 짜고 탈법을 자행할
우려가 있으며, 소액임차권자에게 보증금의 반환청구
권에 관하여 다른 담보권자에 우선하는 특권을 부여하
는 것 자체로서 이미 큰 보호를 해주고 있는 것인데
더 나아가 집행절차에 있어서의 기본원칙을 무시하면
서까지 과잉보호를 할 필요는 없으므로 압류의 효력발
생 전에 성립한 소액임차권만이 우선변제를 받을 수
있어야 한다는 것입니다.

둘째, 소유권 이전시설로서 이것은 경매에 의해 목적물
의 소유권이 경락인에게 이전되는 시기, 즉 임의경매에
있어서는 대금납부시까지, 강제경매에 있어서는 경락허
가결정 확정시까지 성립한 소액임차권은 우선변제를
받아야한다는 견해로서, 그 근거는 경매에 의하여 경락
인이 소유권을 취득하기 전까지는 목적물의 소유권은
채무자나 담보제공자에게 있는 것이며 경락인이 소유
권을 취득할 때 원소유자는 그 소유권을 상실하는 것
이고 부동산 소유자는 언제든지 유효한 임대차계약을
체결할 수 있는 것이어서 자기에게 소유권이 있는 동
안에 체결된 소액임대차계약은 법률상 유효하다 하지
않을 수 없고 소액임차인을 보호하기 위해서 특별히
인정된 우선변제권을 압류시로 제한하는 것은 위 제도
의 입법취지에 반하고 소액임차인을 보호한다는 것은
그 임차권을 보호하려는 것이 아니고 소액보증금 반환

청구권을 보호하려는 것인데, 압류 후에 성립한 임대차
라 하더라도 소유자에 대한 보증금 반환청구권이 상실
되는 것이 아닌 이상 그 임대차가 압류 전에 성립했는
지 그 후에 성립했는지에 따라 보호 여부를 달리할 이
유가 없으며, 소액임차인에게 일일이 등기부를 열람하
게 하여 압류여부를 확인토록 한다는 것도 기대하기
어렵다는 점 등이다. 경매법 등의 실정법규에 비추어
보거나 경매관계인 등의 공평한 이해조절을 위해서 압
류등기 이전에 성립한 소액임차인에만 우선변제권을
인정하는 것이 타당하리라고 사료되나, 대법원은 경매
실무에 있어서 소유권이전시설에 따라 대금납부시나
경락허가결정확정시까지 유효하게 성립한 소액임차인
에 대해서는 배당요구권과 우선변제권을 인정하고 있
는 것입니다.

그러나 그렇게 되면 경매에 있어서 임대차 조사시에도
없던 소액임차인이 갑자기 나타나 배당을 요구함으로
써 경매관계인들에게 불측의 손해를 입힐 위험이 있고,
채무자와 짜고 가공의 소액임차인이 출현하여 경매의
공정과 안정을 해할 위험이 있을 것입니다.

(32) 주택임대차보호법상 소액보증금 세입자의 보호

┃질문┃ 저는 2008년 10월 22일 경기도 부천시에 소재하는 주택의 방2칸에 대해 전세보증금 5,000만원에 전세계약을 체결하고 2008년 10월 30일 입주함과 동시에 전입신고를 마쳤습니다. 그런데 그 주택은 이미 2007년 12월 11일자로 우리은행에 근저당설정되었고, 2008년 9월 20일자로 2번 근저당권설정(근저당권자는 개인임)이 되어 있었는데 집주인이 2번 근저당권자에게 빚을 갚지 못해 임의경매 신청이 들어왔습니다. 저는 위 보증금을 우선변제받을 수 있습니까?

┃답변┃ 주택이 경락될 경우 계속 거주할 수는 없고, 경락대금 중에서 1번 근저당권자의 차순위로 우선변제받을 수 있습니다.

주택임대차보호법은 영세주택임차인을 보호하기 위하여 보증금이 소정액 이하인 경우(이를 소액보증금이라 함)에는 임차인은 보증금 중 일정액에 관하여 담보물권자에 우선하여 변제를 받을 수 있도록 규정하고 있습니다(주택임대차보호법 제8조). 따라서 이에 해당하는 주택임차인은 담보물권의 성립시기에 관계없이 제1차로 우선변제권을 행사할 수 있는 것이 원칙입니다.

즉, 임차인은 당해 임차권보다 먼저 성립된 근저당권에 기해 임차주택이 경매되었을 때라도 경매절차에 참가하여 근저당권에 우선하여 변제를 받을 수 있으나, 한편 우선변제권을 행사하지 않고 경락인으로부터 보증금을 받을 때까지 계속 거주할 수도 있습니다(대법원 1986. 7. 22. 선고, 86다카466 · 468 · 469판결, 대법원 1993. 12. 24. 선고, 93다39676 등).

그런데 위 소액보증금의 범위는 여러번의 개정을 거쳐 2002년 6월 30일부터 2008년 8월 20일까지는 수도권정비계획법중 과밀억제권역은 4,000만원 이하인 경우 1,600만원 한도, 광역시(군지역과 인천광역시지역 제외)지역은 3,500만원 이하인 경우 1,400만원 한도, 그 밖의 지역은 3,000만원 이하인 경우 1,200만원 한도에서 우선변제받을 수 있었고, 다시 2008년 8월 21일부터는 6,000만원 이하에서 2,000만원, 5,000만원 이하에서 1,700만원, 4,000만원 이하에서 1,400만원을 각각 우선변제 받을 수 있게 되었습니다(주택임대차보호법시행령 제3조 및 4조).

귀하의 경우를 보면 우선 위 시행령상의 '과밀억제권역'에 속하고 전세보증금이 5,000만원, 입주 및 전입신고일이 2008년 10월 30일이므로 소액보증금으로 보호를 받는 임차인의 요건을 갖추고 있습니다. 따라서 2번 근저당권이 귀하의 임차권보다 먼저 설정되었지만 이에 우선하여 권리를 행사할 수 있습니다. 그러나 1번 근저당권은 소액보증금의 증액을 규정한 위 대통령령 (2008. 8. 21)이 시행되기 전에 설정되었으므로 위 영 부칙의 경과조치에 따라 종전의 규정이 적용되는 결과 1번 근저당권에 대해서는 소액보증금으로 보호받을 수 없게 됩니다.

따라서 귀하는 위 주택의 경락대금 중에서 1번 근저당권자인 우리은행의 피담보채권에 충당되고 남은 금액이 있을 경우에만 2번 근저당권자에 우선하여 변제받을 수 있습니다. 그리고 비록 2번 근저당권자의 경매신청에 의하여 경매절차가 개시되더라도 경락인은 1번 근저당권애 기하여 주택을 취득하는 것이기 때문에 귀하는 경락인에게 주택을 명도해야 합니다.

결국 귀하는 위 주택이 경락될 경우 계속 거주할 수는 없고, 경락대금 중에서 1번 근저당권자의 차순위로 우선변제를 받을 수 있을 뿐입니다.

(33) 경락기일까지 배당요구를 하지 않은 경우 구제방법

┃질문┃ 소액임차인이라도 경락기일까지 배당요구를 하지 않
으면 우선변제를 받을 수 없는지요. 만일 우선변제
를 받을 수 없다면 어떠한 구제방법이 있는지요?

┃답변┃ **우선변제를 받을 수 없습니다.**

소액임차인이라도 경매법원에 경락기일까지 배당요구
를 해야만 우선변제를 받을 수 있습니다. 따라서 경락
인이 명도를 청구하는 경우에는 무조건 집을 비워 주
어야 합니다.

다만 귀하가 소액임차인으로 배당요구를 하지 않아서
근저당권자가 귀하가 배당받아야 할 금액까지 배당받
았다면 근저당권자에 대해 같은 금액의 돈을 반환하라
고 청구할 수 있습니다. 또 배당요구를 하지 않아 배
당을 받지 못하더라도 최선순위 담보물권 등이 등기되
기 전에 임차주택에 입주하고 전입신고를 하여 대항력
이 있는 경우에는 경락인으로부터 보증금을 반환받을
때까지 임차주택을 비워주지 않아도 됩니다.

(34) 확정일자 받은 주택임대차계약서를 분실한 경우 우선변제권 소멸여부

┃질문┃ 甲은 주택을 임차하여 가족과 함께 입주하고 주민등 록전입신고를 하면서 임대차계약서상에 확정일자도 받아두었습니다. 甲은 위 주택이 선순위 근저당권 이 설정되어 있었지만 당시 그 주택의 가격이 선순 위 근저당의 채권최고액보다 훨씬 높았으므로 혹시 경매가 되더라도 우선변제권을 취득하여 보증금전 액을 보호받을 수 있다는 생각에 마음놓고 거주하 고 있었습니다. 그런데 최근 집주인이 사업에 실패 하면서 甲보다 후순위인 근저당권자가 위 주택을 경매신청 하여 甲은 법원에 권리신고 겸 배당요구 를 하기 위해 임대차계약서를 찾아보았으나 분실했 는지 도무지 찾을수가 없었습니다. 이 경우 甲의 우선변제권은 소멸하는지요?

┃답변┃ 임대차계 약 시 확정일자를 받은 사실을 증명하는 것 이 쉽지 않으므로 귀하의 경우 우선변제권 이 인정될 가능성은 높지 않을 것으로 보입니다.

「주택임대차보호법」 제3조 제1항은 "임대차는 그 등 기가 없는 경우에도 임차인이 주택의 인도와 주민등록 을 마친 때에는 그 다음 날부터 제3자에 대하여 효력 이 생긴다. 이 경우 전입신고를 한 때에 주민등록이

된 것으로 본다."라고 규정하고 있고, 같은 법 제3조
의2 제2항은 "제3조 제1항 또는 제2항의 대항요건과
임대차계약증서(제3조 제2항의 경우에는 법인과 임대
인 사이의 임대차계약증서를 말한다)상의 확정 일자를
갖춘 임차인은 민사집행법에 따른 경매 또는 국세징수
법에 따른 공매를 할 때에 임차주택(대지를 포함한다)
의 환가대금에서 후순위권리자나 그 밖의 채권자보다
우선하여 보증금을 변제 받을 권리가 있다."라고 규
정하고 있습니다. 그러므로 주택의 인도와 주민등록전
입신고를 마친 임차인이 임대차계약서상 확정일자를
갖춘 때에는 경매에 따른 매각대금에서 후순위권리자
기타 채권자보다 우선하여 보증금을 받을 수 있습니
다. 그런데 귀하는 임대차계약서를 분실하여 확정일자
를 받은 사실을 입증하기 어려워 걱정하는 것으로 보
입니다. 이러한 경우 귀하가 임대인의 동의하에 임대
차계약서를 다시 작성하더라도 소급하여 최초 계약서
에 받은 확정일자인과 같은 날짜의 확정일자를 받을
수는 없습니다. 왜냐하면 현재 확정일자부여기관의 확
정일자부여업무처리를 보면 단순히 주택임대차계약서
에 확정일자를 찍어줄 뿐이고, 확정일자발급대장의 기
재만으로는 그 계약서의 구체적 내용을 모두 확인할
수는 없기 때문입니다. 임대차계약서가 분실 또는 멸
실 하였더라도 공증인가사무소에 보관된 확정일자발급

대장에 확정일자를 받은 사실이 인정된다면 우선변제권은 소멸하지 않는다는 판례가 있으므로(대법원 1996. 6. 25. 선고 96다12474 판결), 임차주택이 경매개시된 경우 확정일자를 받은 기관에서 확정일자 받은 사실의 증명 및 전세기간 및 보증금의 액수 등에 대한 임대인의 진술서 등 모든 관련자료를 첨부하여 권리신고 겸 배당요구신청을 하고, 만약 법원이 귀하의 우선변제권을 인정하지 않고 배당한 경우에는 배당기일에 참석하여 배당이의의 진술을 하고 1주일이내에 법원에 배당이의의 소를 제기하는 방법을 생각해볼 수 있습니다. 그러나 실무상 일반적인 경우 위와 같이 임대차계약시 확정일자를 받은 사실을 증명하는 것이 쉽지 않으므로 귀하의 경우 우선변제권 이 인정될 가능성은 높지 않을 것으로 보입니다.

(35) 대항요건은 갖추었으나 제3자의 가압류 후 확정일자를 받은 경우

▌질문▌ 저는 주택을 임차하여 입주와 주민등록전입신고는 마쳤으나, 확정일자를 받기전에 임차주택에 대하여 가압류등기가 경료되고 말았습니다. 만일, 임차주택이 경매될 경우 제가 가압류채권자보다 우선하여 배당받을 수 있는지요?

▌답변▌ 귀하는 가압류채권자보다 우선하여 배당받을 수는 없지만, 가압류채권자와 채권액에 비례하여 안분 배당을 받을 것입니다. 또한 매각대금이 적어 보증금전액을 배당 받지 못할 경우에는 가압류 전에 갖춘 대항요건을 근거로 경매절차의 매수인에 대하여도 대항력을 주장할 수 있다 하겠습니다.

입주와 주민등록전입신고에 관하여「주택임대차보호법」제3조의2 제2항에 의하면 대항요건과 임대차계약증서상의 확정일자를 갖춘 주택임차인은 후순위권리자 기타 일반채권자보다 우선하여 보증금을 변제받을 권리가 있다고 규정하고 있습니다. 그런데 위 사안의 경우와 같이 주택임차인이 대항요건은 갖추었지만, 확정일자를 가압류등기보다 늦게 받은 경우 임차주택이 경매된다면 가압류채권자와의 우선순위가 어떻게 될 것인지 문제됩니다. 일단,「주택임대차보호법」상 우선변제권을 취득하기 위해서는 대항요건 외에 확정일자까지 갖추어야 하는 것이므로 확정일자를 가압류등기보다 늦게 받았다면 그 가압류채권자에 대해 우선변제권을 주장할 수는 없고, 그 가압류채권자는 주택임차인에 대하여 선순위 가압류채권자가 되는 것입니다. 다음으로 선순위 가압류채권자가 있는 경우 그와 주택임차인사이의 배당순위와 관련하여 판례는 "주택임대차보호법 제3조의2 제1항(현행 주택임대차보호법 제3조의2 제2항)은 대항요건(주택인도와 주민등록전입신고)과 임대차계약증서상의 확정일자를 갖춘 주택임차인은 후순위권리자 기타 일반채권자보다 우선하여 보증금을 변제받을 권리가 있음을 규정하고 있는바, 이는 임대차계약증서에 확정일자를 갖춘 경우에는 부동산담보권에 유사한 권리를 인정한다는 취지이므로, 부동산담보권자보다 선순위의 가압류채권자가 있는 경우에 그 담보권자가 선순위의 가압류채권자와 채권액에 비례한 평등배당을 받을 수 있는 것과 마찬가지로 위 규정에 의하여 우선변제권을 갖게 되는 임차보증금채권자도 선순위 가압류채권자와는 평등배당관계에 있게 된다."라고 하였습니다(대법원 1992. 10. 13. 선고 92다30597 판결). 따라서 귀하는 가압류채권자보다 우선하여 배당받을 수는 없지만, 가압류채권자와 채권액에 비례하여 안분 배당을 받을 것입니다. 또한, 귀하는 매각대금이 적어 보증금전액을 배당 받지 못할 경우에는 가압류 전에 갖춘 대항요건을 근거로 경매절차의 매수인에 대하여도 대항력을 주장할 수 있다 하겠습니다.

(36) 주택임차권등기가 된 집을 임차한 소액임차인의 보호 여부

┃질문┃ 저는 서울 소재 주택을 보증금 4,000만원에 임차하여 주민등록을 마치고 입주하여 거주하고 있습니다. 그런데 최근 등기부등본을 확인해 보고서야 제가 입주하기 전에 다른 임차인이 임차권등기명령에 의한 임차권등기를 해 놓고 이사한 것을 알게 되었습니다. 지금 위 주택은 근저당권자에 의한 경매절차가 진행 중인데 이 경우 저는 「주택임대차보호법」 상의 소액임차인으로서 보호받을 수 있는지요?

┃답변┃ 귀하는 소액임차인으로서의 **최우선변제권을 행사할 수는 없고, 다만 확정일자를 갖추고 있는 경우 그 순위에 따른 우선변제권을 행사할 수 있을 뿐입니다.**

「주택임대차보호법」 제3조의3 제6항은 "임차권등기명령의 집행에 따른 임차권등기가 끝난 주택(임대차의 목적이 주택의 일부분인 경우에는 해당 부분으로 한정한다)을 그 이후에 임차한 임차인은 제8조에 따른 우선변제를 받을 권리가 없다."라고 규정하고 있습니다. 그러므로 임차권등기명령에 의하여 주택임차권등기를 마친 임차인을 보호하기 위하여 그가 임차보증금을 반환받을 때까지 임차인의 우선변제권 등의 권리를 유지하도록 해 주는 것입니다. 즉, 주택임차권등기가 경료된 주택에 새로 입주해 온 임차인에 대하여는 주택임대차보호법상 소액임차인의 최우선변제권 등을 인정하지 않는다 할 것입니다. 그 이유는 주택임차권등기명령에 의하여 주택임차권등기를 경료한 임차인이 이를 믿고 이사를 가게 되면 집을 비워 주게 되므로, 임대인은 그 집을 다시 쉽게 세 놓을 수 있게 되고 그 이후의 임차인이 소액임차인인 경우 그 소액임차인에게 최우선변제권을 인정하게 되면 주택임차권등기를 한 임차인은 물론 저당권자를 비롯한 다른 선순위 권리자의 이익을 해하게 될 우려가 있기 때문에 임차권등기가 경료된 주택에 대하여는 그 이후 입주한 소액임차인에 대하여 최우선변제권을 인정하지 않는 것입니다. 따라서 귀하는 소액임차인으로서의 최우선변제권을 행사할 수는 없고, 다만 확정일자를 갖추고 있는 경우 그 순위에 따른 우선변제권을 행사할 수 있을 뿐입니다.

(37) 임차기간 만료 후 보증금을 못 받고 이사갈 경우 대항력 유지방법

┃질문┃ 저는 甲 소유의 주택을 전세보증금 3,000만원에 2년간 임차하기로 계약하고 입주와 주민등록전입신고를 하였으며 확정일자도 받아두었습니다. 그런데 계약만료 2개월 전쯤 직장근무지가 변경되어 저만 전보된 근무처로 주민등록을 옮기고 계약기간이 만료되면 처와 아이들을 데리고 오려고 하였으나, 계약기간이 만료되어도 임대인은 재임대가 되어야 보증금을 반환해줄 수 있다고 하여 대항력 등의 유지를 위해 어쩔 수 없이 가족들과 별거 아닌 별거생활을 하고 있습니다. 이 경우 좋은 방법이 없는지요?

┃답변┃ 귀하는 임대인 甲의 동의나 협력 없이 단독으로 부동산소재지 관할법원에 주택임차권등기명령을 신청할 수 있고, 그 등기를 경료하였다면 귀하가 종전에 취득한 주택임차인으로서의 대항력과 우선변제권은 그대로 유지된다 하겠습니다.

「주택임대차보호법」 제3조의3은 임대차가 종료된 후 보증금을 돌려받지 못한 임차인이 임대인의 동의나 협력 없이 단독으로 임차주택의 소재지를 관할하는 지방법원, 지방법원지원, 또는 시·군 법원에 주택임차권등기명령을 신청하여 주택임차권등기가 마쳐지면 그 등기와 동시에 대항력과 우선변제권을 취득하도록 하고, 임차인이 이미 대항력과 우선변제권을 취득하였던 경우에는 종전의 대항력과 우선변제권을 그대로 유지하며 주택임차권등기 이후에는 주택의 점유와 주민등록의 요건을 갖추지 않더라도 임차인이 종전에 가지고 있던 대항력과 우선변제권이 유지되도록 규정하고 있습니다. 따라서 위 임대차계약기간의 만료 1개월 전까지 계약해지통보를 하고 그 기간이 만료되었다면 귀하는 임대인 甲의 동의나 협력 없이 단독으로 부동산소재지 관할법원에 주택임차권등기명령을 신청할 수 있고, 그 등기를 경료하였다면 다른 가족들의 주민등록을 귀하가 거주하는 곳으로 이전하여도 귀하가 종전에 취득한 주택임차인으로서의 대항력과 우선변제권은 그대로 유지된다 하겠습니다. 참고로 등기예규를 보면, "법원의 촉탁에 의하여 가압류등기, 가처분등기 및 주택임차권등기 및 상가건물임차권등기가 경료된 후 등기명의인의 주소, 성명 및 주민등록번호의 변경으로 인한 등기명의인표시변경등기는 등기명의인이 신청할 수 있다."라고 하였으므로(제정 1999. 11. 22. 등기예규 제987호, 전면개정 2002. 11. 1. 등기예규 제1064호), 귀하가 주택임차권등기를 하고 이사할 경우에는 이사로 인하여 변경된 주소로 등기명의인 표시변경등

기를 하여 두면 경매개시 될 경우 이해관계인에 대한
통지 등을 변경된 주소에서 받아볼 수 있을 것입니다.

(38) 채권담보 수단으로 소액임차인이 된 경우 보호 가능한지

┃질문┃ 甲은 乙의 부동산에 근저당권을 설정한 근저당권부 채권자입니다. 그런데 乙의 일반채권자인 丙은 그의 乙에 대한 대여금채권에 기하여 위 주택을 가압류하였으나 甲의 위 근저당권이 있음으로 인하여 변제받기 어렵게 되자 丙과 乙이 위 주택의 일부에 관하여 소액보증금한도의 금액을 임차보증금으로 하는 주택임대차계약을 체결하면서 보증금은 위 대여금채권 중 일부로 대체키로 하고 입주 및 주민등록전입을 한 후 거주하고 있습니다. 이 경우 乙과 丙의 위와 같은 주택임대차계약이 유효하여 丙이 소액임차인으로서 우선변제를 받게 된다면 甲의 근저당권부 채권은 배당액이 훨씬 적어질 것입니다. 이 경우 丙이 소액임차인으로서 소액보증금 최우선변제를 받을 수 있는지요?

┃답변┃ 甲도 丙이 소액임차인으로서 최우선변제를 받게 된다면 배당이의를 제기하여 다투어볼 수 있을 것으로 보입니다.

주택임대차계약의 주된 목적이 주택을 사용·수익하려는데 있는 것이 아니고 소액임차인으로 보호받아 기존 채권을 회수하려는데에 있는 경우,「주택임대차보호법」상의 소액임차인으로 보호받을 수 있는지에 관하여 판례는 "주택임대차보호법의 입법목적은 주거용 건물에 관하여 민법에 대한 특례를 규정함으로써 국민의 주거생활의 안정을 보장하려는 것이고(주택임대차보호법 제1조), 주택임대차보호법 제8조 제1항에서 임차인이 보증금 중 일정액을 다른 담보물권자보다 우선하여 변제 받을 수 있도록 한 것은, 소액임차인의 경우 그 임차보증금이 비록 소액이라고 하더라도 그에게는 큰 재산이므로 적어도 소액임차인의 경우에는 다른 담보권자의 지위를 해하게 되더라도 그 보증금의 회수를 보장하는 것이 타당하다는 사회보장적 고려에서 나온 것으로서 민법의 일반규정에 대한 예외규정인바, 그러한 입법목적과 제도의 취지 등을 고려할 때, 채권자가 채무자 소유의 주택에 관하여 채무자와 임대차계약을 체결하고 전입신고를 마친 다음 그곳에 거주하였다고 하더라도 실제 임대차계약의 주된 목적이 주택을 사용·수익하려는 것에 있는 것이 아니고, 실제적으로는 소액임차인으로 보호받아 선순위 담보권자에 우선하여 채권을 회수하려는 것에 주된 목적이 있었던 경우에는 그러한 임차인을 주택임대차보호법상 소액임차인으로 보호할 수 없다."라고 하였습니다(대법원 2001. 5. 8. 선고 2001다14733 판결, 2001. 10. 9. 선고 2001다41339 판결). 따라서 위 사안에서 甲도 丙이 소액임차인으로서 최우선변제를 받게 된다면 배당이의를 제기하여 다투어 볼 수 있을 것으로 보입니다. 참고로 위와 같은 경우 임차인에게 대항력이 인정되는지에 관하여 판례는 "임대차는 임차인으로 하여금 목적물을 사용·수익하게 하는 것이 계약의 기본 내용이므로, 채권자가 주택임대차보호법상의 대항력을 취득하는 방법으로 기존 채권을 우선변제 받을 목적으로 주택임대차계약의 형식을 빌려 기존 채권을 임대차보증금으로 하기로 하고 주택의 인도와 주민등록을 마침으로써 주택임대차로서의 대항력을 취득한 것처럼 외관을 만들었을 뿐 실제 주택을 주거용으로 사용·수익할 목적을 갖지 아니한 계약은 주택임대차계약으로서는 통정허위표시에 해당되어 무효라고 할 것이므로 이에 주택임대차보호법이 정하고 있는 대항력을 부여할 수는 없다."라고 하였습니다(대법원 2002. 3. 12. 선고 2000다24184 등 판결).

제 6 장

차임 등의 증감청구

제 6 장
차임 등의 증감청구

1. 차임 등의 증감청구

임대차가 계속되는 동안 임대물에 대한 조세 및 기타 공과금 부담의 증감 또는 부동산시가의 변동, 인근 차임과의 차이 등 제반 경제사정의 변동으로 인하여 당초 약정했던 차임이나 보증금이 현실과 맞지 않게 되는 경우가 있다. 이런 경우 변경된 사정에 맞게 이를 수정함으로써 적정한 임대차관계를 유지할 수 있도록 하는 것이 좋을 것이다.

주택임대차보호법은 "약정한 차임 또는 보증금이 임차주택에 관한 조세·공과금 기타 부담의 증감이나 경제사정의 변동으로 인하여 상당하지 아니하게 된 때에는 당사자는 장래에 대하여 그 증감을 청구할 수 있다"고 규정하여 차임 또는 보증금의 증감청구를 인정하고 있다. 임대인이 차임 또는 보증금의 증감청구를 할 때는 임대차계약 또는 차임 등의 증액이 있은 후 1년 이내에는 할 수 없으며, 증액을 할 때는 약정한 차임 또는 보증금의 1/20을 초과할 수 없다.

2. 증감청구의 요건

(1) 경제사정의 변동

차임이나 보증금은 임대차기간이 어느 정도 지났다고 해서 무조건 증감할 수 있는 것은 아니고 그에 상당하는 요건이 있어야 하는데, 그 첫째로 경제사정의 변동을 꼽을 수 있다.

경제사정의 변동에는 조세·공과금 기타 부담의 증감과 부동산가격 및 전세값의 폭락 등이 해당된다.

(2) 종래의 차임 또는 보증금이 상당하지 않아야 한다.

경제의 변동으로 인하여 종래의 차임 또는 보증금이 상당하지 않게 되었어야 한다. 즉 변동된 경제사정에 비추어 볼 때 종래의 차임 등으로 당사자를 구속하는 것이 정의와 형평에 어긋나 불합리하게 되었어야 한다.

(3) 증액금지 특약이 없어야 한다.

차임이나 보증금의 증액을 금지하는 특약이 없어야 한다. 계약을 할 때 임대차기간 동안에 차임 또는 보증금을 증액하지 않는다는 특약을 한 경우에는 증액을 청구할 수 없다.

그러나, 차임 또는 보증금의 감액을 금지하는 특약은 임차인에게 불리하기 때문에(주택임대차보호법은 법에 위반된 규약으로서 임차인에게 불리한 것은 효력이 없다고 규정하고 있다) 효력이 없다. 따라서 보증금 감액의 특약이 있었다 하더라도 임차인은 경제사정의 변동을 이유로 차임이나 보증금의 감액을 청구할 수 있다.

(4) 일시사용을 위한 임대차가 아니어야 한다.

일시사용을 위한 임대차에는 차임·보증금의 증감청구권이 적용되지 않는다.

3. 증감청구의 절차

차임 등의 증감청구는 당사자의 일방적인 의사표시에 의하여 그 효력이 생긴다.

통상 먼저 내용증명 우편으로 상대방에게 증감청구의 의사를 통지하고 상대방이 증감된 보증금을 지급 또는 반환하지 않을 경우에는 소송이나 민사조정신청 등을 제기하여 법원을 통해 금액을 확정해야 한다.

한편, 증감액에 대해서는 구체적인 기준이 없어 당사자가 주장하는 증감의 액수가 다른 경우에는 결국 법원이 그 상당액을 확정할 수 밖에 없다. 그러나 재판에 의한 증감액의 확정은 시간도 오래 걸리고 비용도 많이 드는 등 어려움이 많아, 소송보다는 조정절차에 의하는 것이 좋을 것이다. 법원이 증감 상당액을 확정하는 경우에도 그 확정액에 따라 증감의 효력이 발생하는 것은 판결확정시가 아니라 증감청구의 의사표시가 상대방에게 도달한 때이다.

차임·보증금의 증감청구는 장래, 즉 증감청구를 한 후에 대해서만 효력이 인정된다.

4. 증액청구에 대한 이의

임대인의 일방적인 차임·보증금의 증액청구에 대하여 임차인은 ① 증액된 임대보증금 및 차임 중 1/20에 해당하는 금원만 변제공탁하고 나머지 부분에 대하여 채무부존재확인소송을 제기하여 다투거나, ② 임대인이 제기하는 차임·보증금 청구소송에서 그 증액에 관한 상당성 여부를 다툼으로써 이의를 제기할 수 있다.

그러나, 사전에 임대인에 대한 가처분으로써 임대보증금 및 차임의 증액청구에 대한 금지를 구하는 것은 용인되지 않는다.

법 · 대 · 로

주택임대차보호법 제7조(차임 등의 증감청구권)

당사자는 약정한 차임이나 보증금이 임차주택에 관한 조세, 공과금, 그 밖의 부담의 증감이나 경제사정의 변동으로 인하여 적절하지 아니하게 된 때에는 장래에 대하여 그 증감을 청구할 수 있다. 다만, 증액의 경우에는 대통령령으로 정하는 기준에 따른 비율을 초과하지 못한다.

주택임대차보호법시행령 제2조(차임 등 증감청구의 기준 등)

① 법 제7조에 따른 차임이나 보증금(이하 "차임등"이라 한다)의 증액청구는 약정한 차임등의 20분의 1의 금액을 초과

주택임대차보호법시행령 제2조(차임 등 증감청구의 기준 등) 하지 못한다.

② 제1항에 따른 증액청구는 임대차계약 또는 약정한 차임등의 증액이 있은 후 1년 이내에는 하지 못한다.

제 7 장

임대차의 기간과 계약의 갱신

제 7 장
임대차의 기간과 계약의 갱신

1. 임대차의 기간

임대차의 기간을 따로 정하지 않았거나 2년 미만으로 정한 때에는 그 기간을 2년으로 본다. 이것은 임차주택에 1년 이상 거주하는 임차인이 대다수인 사정을 고려하여 임차권의 최단 존속기간을 2년으로 보장한 것이다. 그러나 임차인은 2년 미만으로 정한 기간이 유효함을 주장할 수 있다. 즉 기간의 정함이 없는 경우나 기간을 2년 미만으로 정한 경우는 임차인은 언제든지 해지통고를 할 수 있다. 그 해지의 효력은 통고 후 3개월이 경과해야 발생한다.

2. 묵시의 갱신

임대차는 그 계약기간이 만료하면 원칙으로 종료하게 된다. 따라서 임차인이 임차물을 계속 사용·수익하려면 그 기간을 연장해야 한다. 이렇게 임대차의 동일성을 유지하면서 당사자간의 계약으로 그 기간을 연장하는 것을 임대차의 갱신이라고 한다. 보통의 경우 임대차기간이 만료되기전에 임대인과 임차인이 합의하여 그 기간을 갱신하게 되는데 이를

명시의 갱신 또는 계약에 의한 갱신이라고 한다. 또한 임대
차계약은 기간만료 후에 일정한 요건에 의하여 당사자의 의
사표시 없이 자동으로 갱신되기도 하는데 이것을 묵시의 갱
신 또는 법정갱신이라고 한다.

임대차기간 만료 전 6월부터 1월까지 임대인이 갱신거절의
통지를 하지 않거나, 조건을 변경하지 않으면 갱신하지 않는
다는 뜻의 통지를 하지 않으면, 임대차 기간이 만료된 때에
전 임대차와 동일한 조건으로 다시 임대차한 것으로 본다.
이것은 임차인이 기간 만료 전 1월까지 통고하지 않은 때에
도 같으며, 이때 갱신된 임대차의 존속기간은 그 기간이 정
해지지 않은 것으로 본다.

이것은 임대인이 아무런 사전 통지도 없이 임대차기간 만
료와 동시에 임차인에게 주택의 명도를 요구하여 임차인이
집을 구하지 못한 채 거리로 나오게 되는 상황을 방지하기
위한 것이다. 즉 임대인이 계약의 갱신을 원하지 않거나 계
약조건을 변경하려면 미리 임차인에게 통지를 하도록 함으로
써 임차인으로 하여금 그에 대한 대비를 할 수 있도록 한 것
이다. 물론 임차인도 1월 전에 통고함으로써 임대인이 준비
할 시간을 주어야 한다.

(1) 묵시의 갱신의 요건

① 임대차기간이 만료했어야 한다.

묵시의 갱신은 임대차기간이 만료한 때에 비로소 생긴다. 그런데 이 "임대차기간이 만료한 때"에 대하여 당초 2년으로 기간을 정하여 임대차계약을 한 경우에는 2년이 경과하는 때를 만료의 때로 보면 되겠지만 기간을 2년 미만으로 정한 임대차에 있어서는 어느 때를 만료의 때로 보아야 하는지가 문제된다. 즉 기간을 1년으로 약정한 경우 1년이 만료된 때 묵시의 갱신이 이루어지는가, 아니면 "기간의 정함이 없거나 기간을 2년 미만으로 정한 임대차는 그 기간을 2년으로 본다"는 법의 규정에 따라 2년의 기간이 만료한 후에야 비로소 묵시의 갱신이 이루어지는가 하는 것이다.

이에 대하여 기간을 2년 미만으로 정한 경우에는 그 임대차기간은 2년으로 간주되므로 묵시의 갱신이 생기는 시점도 2년이 경과하는 시점이라고 보아야 할 것이며, 따라서 1년으로 기간을 약정한 때에는 그 1년이 경과해도 묵시의 갱신은 이루어지지 않는다고 할 것이다.

또한 기간의 정함이 없는 임대차도 2년 미만의 기간을 정한 경우와 마찬가지로 2년이 경과하면 묵시의 갱신이 이루어진다고 보아야 할 것이다.

② 갱신거절 또는 조건변경의 통지를 하지 않았어야 한다.

임대인이 임대차기간 만료 전 6월부터 1월까지의 사이에 임차인에 대하여 갱신거절의 통지 또는 조건을 변경하지 않으면 갱신하지 않는다는 뜻의 통지를 하지 않았어야 하며, 임차인도 임대차기간 만료 전 1월까지 위의 통지를 하지 않았어야 한다.

갱신거절의 통지는 임대차기간이 만료되면 더 이상 임대차관계를 존속시키지 않겠다는 의사표시를 말한다. 갱신거절의 통지는 반드시 명시적으로 해야 하는 것은 아니어서, 기간이 만료되면 즉시 집을 비워 달라거나 보증금을 돌려 달라고 통지하는 것도 이에 해당한다고 본다.

조건변경의 통지는 임대차기간이 만료되면 임대차계약의 내용변경을 조건으로 임대차를 존속시키겠다는 내용으로, 상대방이 조건의 변경에 응하지 않는다면 더 이상 임대차관계를 존속시키지 않겠다는 통지를 말한다. 이 통지를 할 때에는 변경되는 조건의 내용을 구체적으로 밝혀야 한다.

임대인이 묵시의 갱신을 저지하려면 임대차기간 만료 전 6월부터 1월까지 사이에 임차인에게 이러한 통지를 해야 하고, 임차인이 묵시의 갱신을 저지하려면 임대차기간 만료 전 1월까지 통지해야 한다.

③ 임차인의 현저한 의무위반이 없어야 한다.

임차인으로서의 의무를 현저히 위반한 임차인에 대해서는 묵시의 갱신이 인정되지 않는다. 임차인의 현저한 의무위반이란 2기의 차임액에 달하도록 차임을 연체하거나 임차물보관의무를 현저히 위반하는 것을 말한다.

2기의 차임액에 달하도록 차임을 연체한다는 것은 반드시 2번 연속하여 차임을 연체하는 것만을 의미하지 않으며 앞 뒤 합하여 연체액이 2기분에 달하기만 하면 되는 것이다.

기타 임차인으로서의 현저한 의무위반은 당사자간의 신뢰관계를 도저히 유지할 수 없을 정도의 행위를 하는 경우로서, 임차주택을 파손하거나, 임차주택에서 마약을 제조하거나 주거 외의 목적으로 사용하는 경우 등 주로 임차물보관의무를 현저히 위반하는 것을 의미한다.

이러한 의무위반은 임대차기간 만료시에 존재해야 하며, 임대차기간 중에는 그러한 의무위반이 있었으나 임대차기간 만료시에는 그 의무위반이 해소되어 그 상태가 존속하지 않는 경우에는 묵시의 갱신을 인정해야 할 것이다.

(2) 묵시의 갱신이 된 임대차

묵시의 갱신이 이루어지면 전 임대차와 동일한 조건으로 다시 임대차한 것으로 본다. 따라서 차임·보증금·전세금 등도 그 전과 같다.

묵시적 갱신이 이루어진 경우에 임대차의 존속기간은 그

정함이 없는 것으로 본다고 규정하고 있다. 그런데 기간의 정함이 없는 임대차는 그 기간을 2년으로 보기 때문에, 임차인이 원하는 경우 다시 2년간의 존속이 보장된다고 할 것이다.

3. 계약의 해지

묵시적 갱신이 이루어진 후 해지를 원하는 임차인은 언제든지 임대차를 해지할 수 있는가. 해지할 수 있다면 그 효력 발생기간은 어떻게 되는가.

묵시적 갱신 후 임차인이 해지통고를 할 수 없으며 주택임대차법 제4조 1항에 따라 그 기간이 2년이 된다고 해석하게 되면, 묵시적 갱신 후 임대차의 종료를 원하는 임차인이 부당하게 구속받는 결과가 된다.

따라서 임대차가 묵시적으로 갱신된 이후에도 임차인은 임대차의 존속을 원할 경우에는 2년간의 기간을 주장할 수 있고, 원하지 않을 경우에는 언제든지 임의의 시점을 정하여 해지통고하고 보증금의 반환을 주장할 수 있다고 보아야 할 것이다.

이러한 임차인의 해지통고는 임대인이 통고를 받은 날부터 3월이 경과해야 그 효력이 발생한다.

반면에 임대인은 2년의 기간에 구속받게 되므로 기간의 정함이 없음을 이유로 민법 제635조에 의한 해지통고를 하

여 임차인에게 도달된 날로부터 6개월이 경과하면 임대차가
해지된다는 주장을 할 수 없다.

요컨대, 묵시적 갱신의 경우 임대인은 2년의 기간 동안 해
지를 주장할 수 없으나, 임차인은 언제든지 자유롭게 계약을
해지할 수 있으며, 이러한 임차인의 해지통고는 임대인에게
도달한 날부터 3개월이 지나야만 효력이 발생한다.

법·대·로

주택임대차보호법 제4조(임대차기간 등)

① 기간을 정하지 아니하거나 2년 미만으로 정한 임대차는
그 기간을 2년으로 본다. 다만, 임차인은 2년 미만으로
정한 기간이 유효함을 주장할 수 있다.

② 임대차기간이 끝난 경우에도 임차인이 보증금을 반환받을
때까지는 임대차관계가 존속되는 것으로 본다.

주택임대차보호법 제6조(계약의 갱신)

① 임대인이 임대차기간이 끝나기 6개월 전부터 1개월 전까지
의 기간에 임차인에게 갱신거절(更新拒絶)의 통지를 하지
아니하거나 계약조건을 변경하지 아니하면 갱신하지 아니
한다는 뜻의 통지를 하지 아니한 경우에는 그 기간이 끝난
때에 전 임대차와 동일한 조건으로 다시 임대차한 것으로
본다. 임차인이 임대차기간이 끝나기 1개월 전까지 통지하
지 아니한 경우에도 또한 같다.

② 제1항의 경우 임대차의 존속기간은 정하지 아니한 것으로 본다.

③ 2기(기)의 차임액(借賃額)에 달하도록 연체하거나 그 밖에 임차인으로서의 의무를 현저히 위반한 임차인에 대하여는 제1항을 적용하지 아니한다.

주택임대차보호법 제6조의2(묵시적 갱신의 경우의 계약의 해지)

① 제6조제1항의 경우 임차인은 언제든지 임대인에게 계약해지(契約解止)를 통지할 수 있다.

② 제1항에 따른 해지는 임대인이 그 통지를 받은 날부터 3개월이 지나면 그 효력이 발생한다.

이럴 땐 이렇게(실제 사례 문답)

(1) 묵시의 갱신

┃질문┃ 저는 보증금 900만원, 월세 10만원에 부엌이 딸린 단칸방에 세들어 살고 있습니다.

2007년 9월 5일 임대차기간 2년이 만료되었는데, 그동안 집주인측에서 아무런 말이 없다가 2007년 10월 10일 보증금 900만원을 1,000만원으로, 월세 10만원을 15만원으로 올려줄 것을 요구하며 만약 올려줄 수 없으면 계약기간이 이미 지났으니 당장 방을 비우고 나가라고 합니다.

이런 경우 제가 법적으로 대처할 방법은 없습니까?

┃답변┃ 귀하는 위 주택에 계속 거주할 수가 있습니다.

주택임대차보호법 제6조 제1항에 의하면 임대차기간이 만료되기 6개월 전부터 1개월 전까지 임대인(집주인)은 임차인(세든사람)에게 계약을 갱신하지 않겠다는 뜻이나 계약조건 변경의 통지를 하지 않으면 임대차기간이 만료된 때에 전과 동일한 조건으로 다시 임대차계약을 한 것으로 보게 되고 다만, 임대차기간은 기간의 정함이 없는 것으로 보게 됩니다.

따라서 위 사안의 경우에 임대차계약이 만료된 지 1개월
여가 지난 2007년 10월 10일에야 집주인으로부터 임차
료를 올려주든지 방을 비우고 나가달라는 통지를 받았
다면 임대차기간이 끝나는 2007년 9월 5일자로 전과 동
일한 조건으로 임대차계약이 갱신된 것이 되고, 다만 그
임대차 기간은 기간을 약정하지 않은 것이 됩니다.

그리하여 주택임대차보호법 제4조에 의해 임대차기간
은 2년으로 의제되어 귀하는 위 주택에 계속해서 거주
할 수 있겠습니다.

(2) 임대차의 최소기간과 자동갱신

┃질문┃ 저는 지난 2007년 2월 20일 저의 소유인 주택 중 방 2칸을 A에게 보증금 2,000만원 임대기간 1년으로 정해 임대해 주었습니다.

A가 저희 집에 거주하는 동안 각종 공과금(전기수도료, 청소비, 방범비 등)을 저와 배분해서 납부하기로 했는데, A는 공과금을 낼 때마다 그 금액이 너무 많다고 시비를 걸면서 적게 내려고 했기 때문에 수차 말다툼을 했습니다. 또 가끔 술을 먹고 들어와서는 자기의 어린아이들을 때리면서 소란을 피우고 이웃 사람들과도 공연히 시비를 걸어 싸움하는 등 한 집에 살기가 어려웠습니다.

저는 부득이 임대기간이 만료되는 2008년 2월 초순에 A에게 1년 기간이 만료되었으니 나가 달라고 요구했습니다. A는 처음에는 알았다고 하다가 제가 계속 이사해 달라고 요구하니까 요즈음에는 못 나가겠다고 하면서 마음대로 하라고 합니다. 이런 경우에 저는 어떻게 해야 합니까?

┃답변┃ 주택임대차보호법에서는 주택에 대한 임대차기간을 최소한 2년 이상으로 보장하고 있습니다.

우선 제6조에서는 임대인이 임대차기간 만료 전 6개월

부터 1개월까지에 임차인에 대해서 갱신거절의 통지 또는 조건을 변경하지 않으면, 그 기간이 만료된 때에 전임대차(前賃貸借)와 동일한 조건으로 다시 임대차한 것으로 보며, 이 경우에는 임대차의 존속기간은 그 정함이 없는 것으로 보도록 규정하고 있습니다. 따라서, 임대인은 임대차 기간 만료 전 늦어도 1개월 이전에 갱신거절통지를 해야만 임대차계약을 해지할 수 있고 그 기간 내에 아무런 통지를 하지 않으면 임대차계약은 자동갱신되며, 임대차계약이 자동갱신된 경우에는 기간의 정함이 없는 계약해지통고를 한 후 6개월이 경과해야 해지의 효과가 생기는 것입니다(민법 635조).

그리하여 귀하의 경우 A와의 임대차기간이 만료되는 2008년 2월 20일 이전 6개월부터 1개월 이전까지의 기간 내에 갱신거절의 통지를 하지 않았기 때문에 A와의 임대차계약은 자동갱신되었다고 할 것이며, 그래서 2008년 2월 20일부터 기간의 정함이 없는 임대차로 존속하고 있다고 해석할 수 밖에 없습니다.

이러한 갱신이 이루어진 경우, 임차인이 임대차기간 만료를 주장하는것은 가능하지만 임대인, 즉 귀하가 그 기간의 만료를 주장할 수는 없다고 하겠습니다.

다만 임차인이 2기의 차임액에 달하도록 차임을 연체하거나 기타 임차인으로서의 의무를 현저히 위반했을 때는 임대인도 계약을 해지할 수 있습니다.

(3) 기간을 2년 미만으로 정한 주택임대차계약기간

┃질문┃ 저는 2007년 3월 27일 전세금 3,000만원에 1년 기간으로 강서구 신월동에 있는 A소유의 주택 2층을 임차하여 지금까지 살고 있습니다. 그런데 집주인 A는 계약만료일인 2008년 3월 27일까지 아무 얘기가 없다가 2008년 4월 15일에 와서야 2008년 4월 30일까지 집을 비우라고 합니다.

저는 A에게 당첨된 아파트의 입주일이 예정보다 늦어져서 그러니 두 달만 참아달라고 사정을 했습니다. 그러나 A는 집을 비워달라고 계속 요구합니다. 저의 경우 A의 요구대로 집을 비워주어야 하는지요?

┃답변┃ 귀하는 A의 집에 더 머물 수 있습니다.

우선 주택임대차보호법 제6조에서는 임대인이 임대차기간 만료 전 6개월부터 1월까지에 임차인에 대해 갱신거절의 통지 또는 조건을 변경하지 않으면 그 기간이 만료된 때에 전임대차와 동일한 조건으로 다시 임대차 한 것으로 본다고 규정하고 있습니다. 그런데 A는 기간만료 후에야 통지를 한 것이기 때문에 귀하의 임대차기간은 이미 묵시의 갱신이 되었다고 하겠습니다.

또, 위 법 제4조에서는 "기간의 정함이 없거나 기간을 2년 미만으로 정한 임대차는 그 기간을 2년으로 본

다"고 규정하고 있습니다. 귀하의 임대차기간은 1년
으로, 2년 미만이기 때문에 그 기간을 2년으로 의제할
수 있을 것입니다. 따라서 귀하는 적어도 1년은 그 집
에 더 머물 수 있게 되는 것입니다.

(4) 임대기간 만료와 계약의 갱신

▌질문▌ 저는 전세 입주자인데 집주인으로부터 임대기간이 끝나기 불과 며칠 전에 임대보증금을 인상하여 주거나 그것이 불가능하면 기간 만료와 동시에 집을 비워 달라는 통고를 받았습니다. 임대기간이 끝나면 반드시 집을 비워 주어야 하는지요?

▌답변▌ **임차주택을 비워 줄 의무가 없습니다.**

임대인이 계약이 묵시적으로 갱신되는 것을 막기 위해서는 임차인인 귀하에게 임대기간 만료시의 명도 또는 계약갱신거절의 통지를 임대 기간 만료 전 6월부터 1월까지 사이에 해야 하는데 이를 하지 않았기 때문입니다. 따라서 귀하의 경우에는 계약이 종전과 동일한 조건으로 묵시적으로 갱신되었기 때문에 앞으로 2년간 임차인으로 계속 점유를 할 수 있습니다.

다만 귀하가 임대기간이 끝날 당시에 차임의 지급을 2번이상 연체하거나 임차주택에서 마약 제조를 하는 등 주거 이외의 목적으로 사용하는 등 임차인으로서의 의무를 현저하게 위반한 경우에는 보호받을 수 없습니다.

(5) 임대주택의 임대기간 및 임대보증금 증액 한도 -삭제요망

┃질문┃ 저는 모 건설회사가 건설한 민영 임대아파트에 거주하는 사람으로 회사측과 임대 재계약을 체결해야 하는데 이에 대해 몇 가지 알고 싶은 것이 있습니다. 계약체결에 있어서 임대기간이 임대주택건설촉진법(1년 이상)과 주택임대차보호법(2년)이 상이하게 규정되어 있는데 어느 것이 적용되며, 만약 기간은 2년이고 임대료 인상은 1년 단위 증액할 수 있다면 2년동안 증액청구에 응하지 않을 때 어떤 불이익을 받게 되는지요?

┃답변┃ **임대기간은 주택임대차보호법에 의합니다.**

임대주택건설촉진법 시행규칙 제8조에 임대주택의 임대기간이 1년 이상으로 규정되어 있고, 주택임대차보호법 제4조에는 "기간의 정함이 없거나 기간을 2년 미만으로 정한 임대차는 그 기간을 2년으로 본다"고 규정하여 상호 모순 저촉하는것 같으나 결국 임대기간은 임차인의 주거 안정을 위해서 인정되는 것이고 신법우선의 원칙에 의하여 주택임대차보호법에 따라 그 기간은 2년으로 보아야 할 것입니다.

임대보증금 증액 한도는 주택임대차보호법 제7조에 조세·공과금 기타 부담증가 등 경제사정 변동에 의하여 상당하지 아니한 때에는 증액할 수 있되 대통령령으로 정하는 기준 비율을 초과하지 못하게 규정되어 있고, 그 시행령 제2조 제1항에는 "증액청구는 약정한 차임 등의 20분의 1의 금액을 초과하지 못한다"고 규정하고 있습니다.

결론적으로 임대기간은 2년이고, 증액청구는 1년 한도로 20분의 1의 증액청구를 해 올 경우 이에 응하지 않고 차임을 2회 이상 연체할 때는 계약해지 사유가 될 수 있습니다.

(5-1) 기간만료 전 이사한 임차인이 만료시까지의 월세를 지급해야 하는지

▌질문▌ 저는 甲소유 주택을 보증금 500만원에 매월 10만원의 월세를 내기로 하고 2년 기간으로 계약하고 살던 중, 1년 6개월 후 개인적인 사정으로 이사를 하게 되었습니다. 그 후 6개월이 지나 계약기간이 만료하여 저는 甲에게 보증금 500만원을 반환하여 달라고 요구하였고, 甲은 6개월 간 지급하지 않은 월세 60만원을 공제하고 440만원만 돌려주겠다고 합니다. 물론, 제가 그 주택에서 나올 때는 비어있는 주택이었으나, 제가 나오고 1개월 정도 있다가 甲은 보증금과 월세를 올려서 다른 사람에게 임대하였는데, 이 경우 저는 60만원 전부를 돌려받을 수 없는지요?

▌답변▌ 귀하는 보증금 500만원 중에서, 甲이 위 주택을 새로운 임차인에게 월세를 놓지 못했던 1개월간의 월세 10만원과 이에 대한 연 5푼 비율의 지연이자 상당을 공제한 나머지 금원을 돌려받을 수 있을 것으로 보입니다.

임차인의 개인사정으로 계약기간 중 계약을 해지하고자 하는 경우 계약 당시 해지권을 유보하지 않았다면 임차인이 일방적으로 해지할 수 없다 할 것이므로, 임차목적물이 제3의 임차인에게 임대되어 사용되고 있다는 등의 특별한 사정이 없는 한, 당초의 계약내용대로 이행하든지 남은 월세를 주고 합의해지를 하여야 할 것입니다. 그러나 위와 같이 귀하가 임대차계약기간만료 전에 일방적으로 주택을 비워주었고, 甲이 1개월 가량 지난 후 새로운 임차인에게 다시 임대한 경우에는 甲이 귀하와의 계약해지를 묵시적으로 승인하였다고 볼 수도 있고, 그렇지 않다고 하더라도 甲은 위 주택에 새로운 임차인이 입주한 이후부터 계약기간만료시까지는 임차료를 이중으로 받게 되므로 그 부분은 부당이득이 되는 것으로 보아야 할 것입니다. 따라서 귀하는 보증금 500만원 중에서, 甲이 위 주택을 새로운 임차인에게 월세를 놓지 못했던 1개월간의 월세 10만원과 이에 대한 연 5푼 비율의 지연이자 상당을 공제한 나머지 금원을 돌려받을 수 있을 것으로 보입니다.

(6) 남편 명의로 된 임대차계약을 갱신하면서 부인 명의로 바꾼 경우 보증금은 누구에게 지급하는가?

┃질문┃ 저는 방 한 칸을 갓 결혼한 신혼부부에게 세를 놓고 있습니다. 2년이 지난 후 부인이 남편 명의로 된 임대차계약을 자신의 이름으로 갱신하여 달라고 하기에 이유를 물었더니 남편이 그렇게 하라고 했다고 해서 그 말을 믿고 부인의 이름으로 갱신해 주었습니다. 그 후 그 부부는 이혼을 한 후 방을 명도한 다음 그 보증금을 서로 자신에게 달라고 하고 있습니다.

이 경우 누구에게 보증금을 주어야 하는가요?

┃답변┃ 원래의 계약당사자인 남편에게 주어야 합니다.

그 부인의 남편과 원래의 임대계약을 하였으므로 임대차계약은 그 남편과 귀하간에 존속되고 있는 것입니다.

처음 계약하고 2년 후 부인의 요구에 따라 계약을 갱신할 때 귀하는 과거 보증금을 남편에게 내주고 새로이 부인으로부터 보증금을 받은 것이 아니므로 그 남편과 귀하간에는 새로운 계약이 이루어진 것이 아니고 자동적인 갱신이 되었다고 보아야 합니다.

따라서 귀하는 남편에게 보증금을 주는 것이 옳겠습니다.

(7) 묵시갱신된 임대차의 기간은 어떻게 되는가?

▌질문▐ 저는 A의 점포를 임대해서 조그만 식당을 경영하고 있습니다. 보증금 1,000만원에 월세 30만원이고 임대기간은 2년이었는데 지난 2008년 3월말로 만료가 되었습니다. 지난 2년동안도 경영이 어려웠고 별 이익도 없어 가게를 옮길 생각을 하고 있었습니다.

이번 가을에 좋은 자리가 나서 가게를 옮기려고 계획하고 A에게 사정을 얘기하니 보증금을 빼줄 수 없다고 합니다.

지난 3월말에 계약이 만료되었음에도 아무말없이 계약이행을 계속하였으니 계약은 갱신되었고 따라서 그 때부터 다시 2년간은 계약이 유효하다는 것입니다.

저는 계약의 해약과 보증금의 반환을 내용증명으로 요구했는데 과연 2년간을 더 있으면서 손해를 볼 수밖에 없는지요?

▌답변▐ **귀하가 계약 해지를 통고한 날로부터 1월이 지나면 계약은 종료되고 보증금의 반환을 청구할 수 있습니다.**

임대차기간이 만료한 후에도 임차인이 임차물의 사용·수익을 계속하고 임대인이 상당한 기간내에 이의를 제기하지 않을 때에는 전임대차와 동일한 조건으로 다시 임대차한 것으로 봅니다. 이를 '묵시의 갱신'이라고

하는데 전임대차와 동일한 조건이나 다만 그 존속기간
은 기간의 약정이 없는 것이 됩니다. 이러한 경우 당
사자는 언제든지 계약해지를 통고할 수 있습니다.

토지·건물 기타의 공작물에 관해서는 임대인이 해지를
통고하는 경우는 6월, 임차인이 통고한 때에는 1월이
경과하면 계약이 종료됩니다.

귀하의 경우 계약은 묵시의 갱신이 되었다 할 것이나,
해지 통고를 한 후 1월이 지나면 계약이 종료되므로
보증금을 반환받아 이사 갈 수 있을 것입니다.

제 8 장

임차권의 승계

제 8 장
임차권의 대항력

주택임대차기간 중에 임차인이 사망하면 그 임대차는 그대로 존속하지만, 임차권에 기한 권리·의무는 민법의 상속규정에 따라 상속인에게 귀속된다. 그런데 이 때 사망한 임차인과 동거해 온 사실혼관계의 배우자도 그 주거를 보호받을 수 있을까.

이에 대하여 주택임대차보호법은 임차주택에서 가정공동생활을 하고 있던 자에게 임차인의 권리·의무를 승계하도록 인정하고 있다. 이것은 계약당사자인 임차인이 사망한 경우 그와 동거하던 사실상의 혼인관계에 있는 자가 그 임차인의 상속권자가 아니기 때문에 뜻하지 않게 주거의 터전을 잃게 되는 것을 보호하기 위한 것이다.

1. 임차권의 승계자

(1) 상속권자가 있는 경우

임차인이 사망하고 상속권자가 있는 경우에는 상속권자가 임차주택에서 가정공동생활을 하고 있었는지 여부에 따라 승계자가 달라진다.

사망한 임차인의 상속권자가 임차주택에서 같이 살고 있었던 경우에는 상속권자만이 임차권을 승계한다. 이러한 경우에는 사실혼관계에 있던 자와 상속권자와의 관계가 대부분 좋을 것이어서 사실상의 혼인관계에 있던 자가 퇴거를 요구당할 가능성이 적을 것이기 때문이다.

한편 법정상속권자가 임차주택에서 같이 생활하지 않은 경우에는 임차주택에서 가정공동생활을 하던 사실상의 혼인관계에 있던 자가 법정상속인 중 2촌 이내의 친족과 공동으로 임차권을 승계한다. 만일 2촌 이내의 친족이 없다면 사실상의 혼인관계에 있던 자가 단독으로 임차권을 승계하게 된다.

(2) 상속권자가 없는 경우

원칙으로 법정상속인이 없을 때 피상속인의 유산은 국가에 귀속하게 되어 있다. 그러나 주택임대차보호법에서는 예외를 인정하여 임차인이 사망하였으나 상속권자가 없는 경우 주택에서 가정공동생활을 하던 사실상의 혼인관계에 있는 자가 임차권을 승계하도록 규정하고 있다(제9조 제1항).

가정공동생활을 한다는 것은 동거하면서 서로 부양하며 협조한다는 의미로서 출장이나 여행 등의 사정으로 일시적으로 별거하고 있는 경우도 포함되며, 가정공동생활을 하는 자가 반드시 주민등록상에 임차인의 동거인으로 등재되어 있어야 하는 것도 아니다. 다만, 승계한 임차권을 임차주택의 제3취득자에게 주장하려면 임차권의 대항요건으로서 주민등록을 갖추어야 할 것이다.

사실상의 혼인관계란 혼인신고는 없으나 실질적으로는 부부관계를 이루어 혼인생활을 하고 있는 경우를 말하는 것으로, 본처가 있는 유부남이 아파트를 빌려 다른 여자와 이중살림을 하던 중 사망한 경우와 같은 부첩관계는 포함하지 않는다.

주택의 임차인이 사망했으나 그 상속권자가 없고 임차주택에서 가정공동생활을 하던 사실상의 혼인관계에 있는 자도 없는 경우에는 임차권은 국가에 귀속된다.

2. 임차권 승계의 효과

(1) 임대차관계 채권의 승계

임차권의 승계자는 사망하는 임차인이 임대차관계로 인해 임대인에 대하여 갖는 채권, 즉 임차보증금반환청구권·수선청구권·비용상환청구권·부속물매수청구권 등 모든 권리를 승계한다.

승계채권은 임대차관계로 인해 생긴 채권만을 의미하므로, 임대인이 임차인에게 대여한 금전의 반환청구권 등 임대차관계와 무관하게 발생한 채권을 포함하지 않는다. 이러한 채권은 민법의 일반적인 상속원리에 따라 본래의 상속권자에게 상속되는 것이다.

(2) 임대차관계 채무의 승계

　임차권의 승계자는 임대차관계로 인해 생긴 채권뿐 아니라 임대인에 대하여 부담하는 모든 채무도 승계한다. 임대차관계로 인해 발생한 채무는 주로 차임지급채무일 것인데, 이에는 임차권을 승계한 이후의 차임뿐만 아니라, 사망한 임차인의 연체차임도 포함된다. 만일 사망한 임차인의 차임연체로 인하여 임대차계약이 해지되고 임차주택을 명도해야 하는 상황이라면 사실상의 혼인관계에 있는 자는 주택의 명도의무를 질 뿐으로 주거보호의 의미는 없게 될 것이다.

(3) 공동승계하는 경우의 채권·채무

　임차주택에서 가정공동생활을 하던 사실상의 혼인관계에 있는 자가 2촌 이내의 친족과 공동으로 임차권을 승계하는 경우, 연체차임과 임차보증금의 지급의무는 누구에게 귀속될까.

　이 경우 임대인은 사실상의 혼인관계에 있던 자와 2촌 이내의 상속권자 중 어느 한쪽에게 연체차임 전액을 청구할 수 있고, 연체차임을 전액 지급한 쪽은 다른 공동승계자에게 구상을 할 수 있다. 또한 임대인은 어느 한쪽에게 임차보증금 전액을 반환할 수 있으며, 임차보증금을 전액 반환받은 자는 다른 공동승계인의 구상에 응해야 할 것이다. 사실상의 혼인관계에 있던 자와 상속권자 양측의 상속분은 1/2로 보아야 할 것이며, 상속권자가 여럿일 경우에는 그들의 몫을 합쳐 1/2로 보는 것이 타당할 것이다.

3. 임차권 승계의 포기

　사망한 임차인이 차임을 연체하여 임대인에게 지급해야 하는 연체차임 액수가 임차보증금보다 많아진 경우 임차권을 승계하는 승계인은 채무에 대한 부담만을 지게 될 것이다. 이러한 경우 승계인은 임차권의 승계를 포기할 수 있다. 임차권을 승계할 자는 임차인이 사망한 후 1월 이내에 상속을 하지 않겠다는 의사표시를 해야 한다. 이러한 임차권 승계포기의 의사표시의 효력은 임차인의 사망시에 소급한다.

법·대·로

주택임대차보호법 제9조(주택의 임차권의 승계)

① 임차인이 상속인 없이 사망한 경우에는 그 주택에서 가정 공동생활을 하던 사실상의 혼인 관계에 있는 자가 임차인의 권리와 의무를 승계한다.

② 임차인이 사망한 때에 사망 당시 상속인이 그 주택에서 가정공동생활을 하고 있지 아니한 경우에는 그 주택에서 가정공동생활을 하던 사실상의 혼인 관계에 있는 자와 2촌 이내의 친족이 공동으로 임차인의 권리와 의무를 승계한다.

③ 제1항과 제2항의 경우에 임차인이 사망한 후 1개월 이내에 임대인에게 제1항과 제2항에 따른 승계 대상자가 반대의사를 표시한 경우에는 그러하지 아니하다.

④ 제1항과 제2항의 경우에 임대차 관계에서 생긴 채권·채무는 임차인의 권리의무를 승계한 자에게 귀속된다.

이럴 땐 이렇게(실제 사례 문답)

(1) 주택임차인의 사망시 임차권의 승계

┃질문┃ 저는 26세 여성으로서 2006년 5월 1일 남편과 결혼식을 올리고 동거하면서 서울에서 주택을 보증금 1,500만원에 전세 얻어 살았습니다. 그러나 혼인신고를 마치지 않은 상태에서 남편은 지난 2007년 9월 29일 교통사고로 사망하고 말았습니다. 그런데 요즈음에 와서 시집의 시숙들이 전세보증금은 자기들이 상속받은 것이라고 하면서 집주인에게 보증금을 달라고 요구하고 있습니다. 시부모님이라도 계신다면 좋겠는데 시부모님도 결혼 전에 모두 돌아가셨습니다. 저는 어떻게 해야 하는지요?

┃답변┃ 형제들과 부인이 공동으로 승계하게 됩니다.

주택임대차보호법 제9조에는 임차인이 상속권자 없이 사망한 경우에 그 주택에서 가정공동생활을 하던 사실상의 혼인관계에 있는 자는 임차인의 권리와 의무를 승계하도록 하고 있습니다. 또 임차인이 사망할 당시 상속권자가 그 주택에서 가정공동생활을 하고 있지 아니한 때에는 그 주택에서 가정공동생활을 하던 사실상의 혼인관계에 있는 자와 2촌 이내의 친족이 공동으로 임차인의 권리와 의무를 승계한다고 규정하고 있습니다. 그래서 귀하의 남편이 사망할 당시 다른 상속인 예컨대 직계비속, 직계존속, 형제자매 등이 없었으면 귀하가 단독으로 보증금을 승계할 수 있을 것이나, 상속인으로 남편의 형제 등이 있으면 남편과 2촌 이내의 친족에 해당되어(최근친인 직계비속이나 시부모가 없기 때문에) 그 형제들과 귀하가 공동으로 승계하게 됩니다. 그러나 남편 사망 당시 그 형제들이 귀하와 같이 가정공동생활을 하고 있었다면 귀하는 승계권이 없고 상속권자들만이 승계되는 것이니 이 점도 유의할 필요가 있습니다.

그리고 귀하와 남편과의 관계가 정식으로 결혼식을 거행하고 동거한 사실상의 혼인관계에 있을 때에만 임대차의 승계권이 있고 내연관계로 동거하는 경우에는 승계권이 없게 됩니다.

(2) 사실혼관계에서의 주택임차권 승계

┃질문┃ 저는 2년 전부터 A가 전세보증금 3,000만원에 임차한 주택에서 혼인신고없이 동거해 왔는데 얼마 전에 A가 사망하였습니다. 저와 A와의 사이에 자녀는 없고 현재 A의 부모는 생존하시는데, 이 경우 제가 위 주택에 대한 임차권을 승계받을 수는 없는지요?

┃답변┃ A의 부모가 위 주택에서 공동생활을 하는지에 따라 다릅니다.

민법에서는 재산상속에 대하여 배우자를 1순위의 상속인으로 하고 있습니다. 여기서 배우자는 혼인신고를 한 법률상의 배우자를 말하므로, 귀하와 같은 사실혼관계의 배우자는 현행 민법에 의하면 상속권이 없습니다. 그러나 이러한 법리대로만 하면 사실혼관계자는 생활기반 상실 등의 염려가 있어, 주택임대차보호법에서는 임차권의 승계를 일반상속법의 원리와 다르게 규정하여 이들을 보호하고 있습니다.

주택임대차보호법의 규정에 의하면, 임차인이 상속권자 없이 사망한 경우에는 상속권이 없는 사실상 혼인관계에 있는 사람일지라도 임차권 즉, 임차인의 권리와 의무를 승계합니다(동법 제9조 제1항). 그러나 공동생활을 하는 상속인이 있는 경우에는 사실상의 배우자는 상속권이 없습니다. 그리고 임차인이 사망할 당시 상속권자가 그 주택에서 가정공동생활을 하고 있지 않은 경우에는, 그 주택에서 가정공동생활을 하던 사실상의 혼인관계에 있는 사람과 2촌 이내의 친족이 공동으로 임차권 즉, 임차인의 권리와 의무를 승계합니다(동법 제9조 제2항).

따라서 귀하의 경우 A의 부모가 위 주택에서 가정공동생활을 하는지의 여부에 따라 결과가 달라집니다. A의 부모가 위 주택에서 가족공동생활을 하는 경우에는 그들이 상속인이 되고 귀하는 임차권에 대한 권리와 의무가 없게 되며, A의 부모가 가족공동생활을 하지 않는 경우에는 귀하와 A의 부모가 공동하여 임차권에 대한 권리와 의무를 승계하게 될 것입니다.

제 9 장

기타 임대차 관련 법률문제

제 9 장
기타 임대차 관련 법률문제

1. 경매와 임대차

(1) 경매절차에서 이해관계인이 되는 임차인의 범위

주택임차인들이 가장 걱정하는 것은 다름아닌 주택에 대한 경매처분이다. 집주인이 집을 담보로 돈을 빌려쓰거나 남에게 자기의 집을 담보로 제공했을 때 이를 기한 내에 갚지 못하면 채권자는 법원에 호소하여 경매를 통해 돈을 돌려받게 된다. 당사자들이 할 수 없는 것을 국가가 민사소송법에 의해 공평히 해결해주는 것이다.

민사소송법은 경매절차에 있어서의 이해관계인으로서, ① 압류채권자와 집행력 있는 정본에 의하여 배당을 요구한 채권자, ② 채무자 및 소유자, ③ 등기부에 기입된 부동산 위의 권리자, ④ 부동산 위의 권리자로서 그 권리를 증명한 자를 규정하고 있다.

임차권등기를 마친 임차인은 위 ③의 '등기부에 기입된 부동산 위의 권리자'로서 당연히 이해관계인이 된다고 할 것이므로 별다른 문제가 없다. 그러나 경매개시결정 후에 임차권등기를 마친 임차인이나 건물의 소유를 목적으로 한 토지 임차인 및 임대차법상의 대항력을 갖춘 확정일자부 임차인과 소액임차인은 부동산 위에 위와 같은 권리를 가지고 있다는 것만으로 당연히 이해관계인이 되는 것은 아니고, 집행법원에 스스로 그 권리를 신고하여 증명한 자만이 비로소 이해관계인이 되며, 설사 그러한 권리를 가지고 있다 하더라도 신고하지 않으면 이해관계인이 될 수 없다.

(2) 경매의 절차

경매는 채권자의 경매신청으로 시작된다. 채권자로부터 경매신청을 받은 법원은 현황, 가격, 채권 등의 조사과정을 거쳐 입찰에 붙인다. 낙찰되면 그 부동산에 얽힌 여러 권리들을 인수소멸원칙에 따라 낙찰자에게 인수시킬 것은 인수시키고 소멸하는 것은 등기부에서 말소시켜 권리를 종결시킨다. 낙찰대금은 각 채권자들에게 배당원칙에 따라 배당함으로써 경매과정을 마치게 된다.

법원경매절차를 간단히 정리하면 다음과 같다.

① 경매신청

② 경매개시결정과 경매압류등기

③ 경매개시결정송달과 공과최고

④ 물건현황조사와 감정평가

⑤ 경매물건명세서 작성과 입찰공고

⑥ 입찰

⑦ 즉시항고

⑧ 낙찰허가 확정

⑨ 대금납부

⑩ 배당

⑪ 소유권이전등기

⑫ 인도

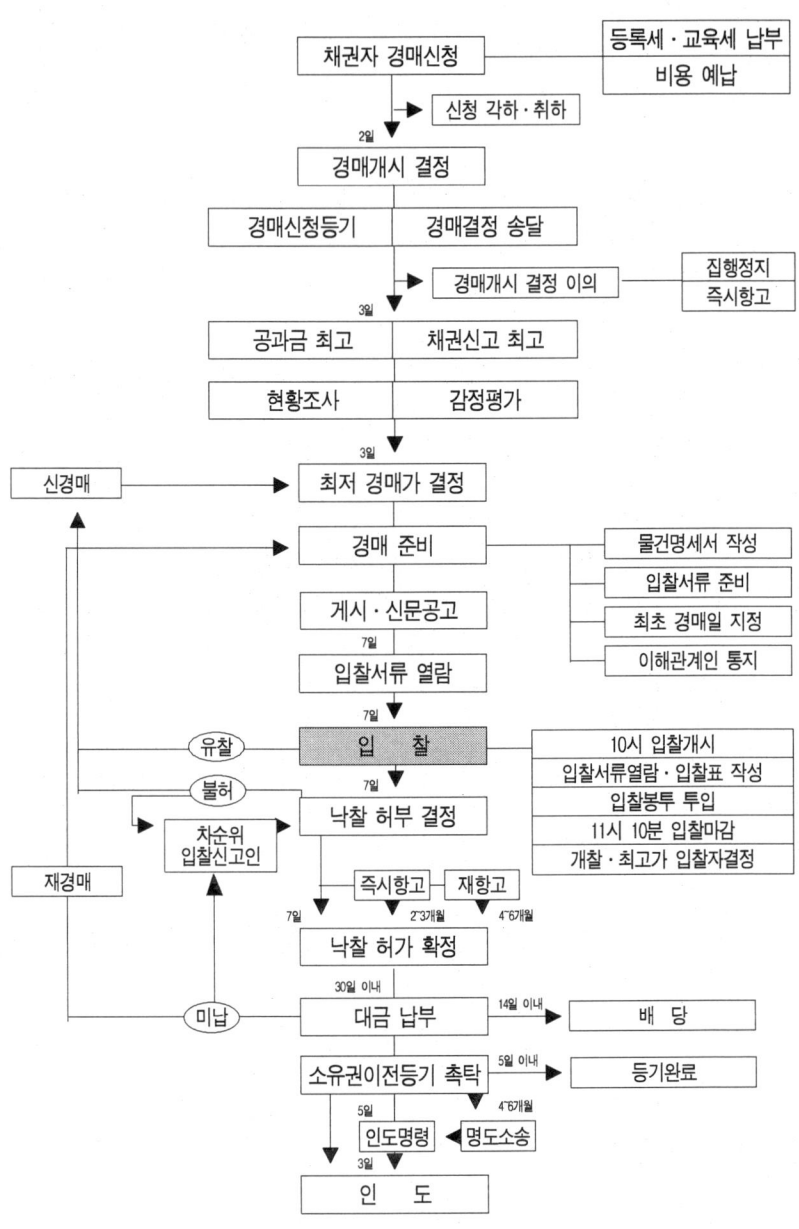

2. 사무실·점포의 임대차

사무실·점포의 임대차에서는 주택임대차보호법이 적용되지 않고 민법 규정이 적용된다.

이럴 땐 이렇게(실제 사례 문답)

(1) 임차보증금에 대한 채권양도통지가 있은 경우 연체된 차임의 공제 여부

┃질문┃ 저는 A의 건물을 세(보증금 1억 2,000만원에 월세 200만원, 임대차 기간 2006년 2월 10일~2008년 2월 9일)를 얻어 회사를 경영하는 B에게 2006년 11월 24일 금 4,000만원을 대여하면서 A가 보관중인 B의 보증금 1억 2,000만원 중 4,000만원을 B로부터 채권양도양수(내용증명통지)를 한 바 있습니다. 그 후 임대차 기간 종료일(2008년 2월 9일)에 A에게 채권양도양수금 4,000만원의 지급을 요청한 바 A는 B의 채권자 C의 신청에 의하여 법원으로부터 2008년 1월 20일 보증금에 대하여 가압류(5,000만원)가 있고, B가 임대차 기간 중 A에게 미지급한 월세금이 2008년 2월 9일 현재 4,400만원이며 또한 건물을 비워주지 않고 있어 지급할 수 없다고 합니다. 이와 같은 경우 저의 채권양수금과 C의 채권가압류 및 A가 못받은 월세금과의 관계는 어떻게

되며 제가 A로부터 채권양수금을 조속한 시일 내에 지급받을 수 있는 방법은 없는지 알고 싶습니다. 또한 A, B간의 임대차에 직접 관련이 없는 제가 건물을 명도시킬 방법이 있는지 있다면 어떠한 절차로 명도소송을 해야 하는가요?

┃답변┃ A와 B를 공동 피고로 하여 건물명도 및 임대차보증금 반환을 그 내용으로 하는 양수금 등 청구의 소를 제기할 수 있습니다.

귀하의 경우 임대인은 임대차보증금으로 연체차임 등에 충당할 의사인 것으로 보이므로 연체차임 4,400만원이 임대차보증금 1억 2,000만원에서 우선 공제된다면 임차인은 나머지 7,600만원에 대해서만 임대차보증금 반환채권을 갖게 됩니다.

이렇게 되면 잔존 임대차보증금 7,600만원에 대한 반환채권에 대해서는 귀하의 지명채권양도금액 4,000만원과 C의 가압류 채권금액 5,000만원이 일부 경합되고 있는 듯합니다.

채권은 물권과는 달리 공시성이 없고 그 결과 사실상의 지배의 요소가 없으므로 이론상으로는 아무런 공시방법을 갖추지 않더라도 양도계약의 당사자 사이에는 물론 그밖의 모든 이해관계인에 대하여도 양도의 합의만으로 완전한 효력을 발휘할 수 있으나 다만, 민법에서는 채권양도의 사실을 알지 못하는 선의의 채무자와 제3자를 보호하기 위하여 지명채권 양도의 대항요건을 갖추어야 양도의 완전한 효력이 발생하도록 하고 있습니다(민법 제450조 제2항).

귀하의 경우 2006년 11월 24일 양도인인 B가(B가 양도통지를 한 경우만 효력이 있음) A에게 확정일자 있는 증서에 의한 양도 통지를 하였으므로 2008년 1월 20일자로 양도된 채권을 가압류한 C에 대해 대항할 수 있습니다.

또한 채권자가 자기 채권을 보전하기 위해 채무자의 권리를 대위 행사하려면 채무자의 무력을 요건으로 하는 것이 통상이지만 임대차보증금 채권을 양수한 채권자가 그 이행을 청구하기 위하여 임차인의 건물명도가 먼저 이행되어야 할 필요가 있어서 그 명도를 구하는 경우에는 채권의 보전과 채무자인 임대인의 자력 유무는 관계가 없는 일이므로 무자력을 요건으로 하지도 않습니다.

따라서 A로서는 B에 대하여 건물의 명도를 청구하고 그것을 명도받음과 상환으로 그에게 반환하여야 할 임차보증금을 양수인인 귀하에게 지급할 의무가 있고 A가 B에 대하여 명도청구를 해태하고 있다면 귀하는 채권자 A를 대위하여 임차인 B에게 그 건물을 임대인에게 명도할 것을 청구할 수 있습니다.

(2) 상가가 경매된 경우 임차보증금을 받을 수 있는지 여부

┃질문┃ 저는 2008년 7월에 한 커피숍을 인수하여 지금까지 경영해오고 있습니다. 그런데, 얼마 전 건물이 경매로 다른 사람에게 넘어가게 됐습니다.

가게를 임차할 때 월세 50만원에 보증금 2,000만원으로 건물주와 계약하고 가게 전 주인(임차인)에게 권리금 1,000만원을 지급했습니다.

건물이 경락되면 보증금과 권리금을 받을 수 있을까요?

┃답변┃ 받을 수 없습니다.

커피숍영업을 위한 임대차에는 전세권등기를 했어야 경락인에게서 보증금을 회수할 수 있습니다.

물권으로서 전세권은 객체인 부동산을 직접 지배하여 이익을 얻는 권리이고, 권리의 실현에 타인의 행위를 필요로 하지 않으므로 부동산 소유권자의 변경은 전세권의 운명에 영향을 주지 않습니다.

따라서 전세권자는 전세금을 지급하고 타인의 부동산을 점유하여 그 부동산의 용도에 따라 사용·수익하며 부동산의 전부에 대하여 후순위권리자 기타 채권자보다 전세금의 우선변제를 받을 권리가 있습니다(민법 제303조).

그런데 민법상 전세권등기를 설정하지 않은 채권적 전세는 주택임대차보호법에 의한 보호를 받지 못하는 경락인 등 소유권자에게는 대항할 수가 없습니다.

권리금이란 그 부동산이 갖는 특수한 장소적, 영업적 이익의 대가로서 지급되는 금전을 말하는데, 질문의 경우엔 임차인끼리 권리금을 주고받은 것이므로 임대차가 종료 또는 기타 사유로 소멸되더라도 그 반환을 임대인에게 청구할 수가 없습니다. 다만, 권리금이 임대인과의 임대조건으로 지급된 경우라면 이를 반환받을 수 없습니다.

귀하의 경우 경락이 된 후 경락인과의 별도의 합의가 이루어지지 않으면 영업을 계속할 수가 없고, 보증금이나 권리금도 보상받을 수 없습니다.

(2-1) 법인에도 상가건물임대차보호법이 적용되는지

┃질문┃ 저는 2007년 6월 7일 친구와 함께 소규모 소프트웨어개발회사를 차리기로 하고 마땅한 사업장을 찾던 중 마침 서울 소재 벤처빌딩의 건물주가 월세 없이 보증금만 내라기에 임차료를 절약할 수 있다는 생각에 성급히 임대차계약을 체결하면서 은행에서 대출을 받아 임차보증금으로 2억원을 지불하였으며, 계약서상 임차인은 법인명의로 하였습니다. 그 후 법인설립등기를 하였고 임대차계약서에는 확정일자인까지도 받아두었습니다. 그런데 만일, 위 임차건물이 경매처분되거나 소유자가 변경될 경우 임차보증금 확보에 문제가 생길 수 있을 것 같아 마음이 불안합니다. 임차인이 법인일지라도 「상가건물임대차보호법」의 보호를 받을 수 있는지요?

┃답변┃ 우선하여 보증금을 변제받을 권리가 있습니다.

「상가건물임대차보호법」은 상가건물의 임대차에서 사회적·경제적 약자인 임차인들을 보호하고 임차인들의 경제생활의 안정을 도모하기 위한 「민법」의 특별법으로서 「민법」에 대한 제특례를 규정하고 있습니다. 그러므로 영세상인들을 보호하기 위한 법률이라 할 것이므로 귀하가 속한 영리를 목적으로 하는 법인

도 상인으로 볼 수 있는지 문제됩니다. 이러한 상인의
정의에 관하여 「상법」 제4조는 "자기명의로 상행위를
하는 자를 상 인이라고 한다."라고 규정하고 있고,
같은 법 제5조는 "① 점포 기타 유사한 설비 에 의하
여 상인적 방법으로 영업을 하는 자는 상행위를 하지
아니하더라도 상인으로 본다. ② 회사는 상행위를 하
지 아니하더라도 전항과 같다."라고 규정하여 법인도
상인이 될 수 있다고 하였습니다. 또한 「상가건물임대
차보호법」 제3조 제1항 및 제2항은 " ① 임대차는 그
등기가 없는 경우에도 임차인이 건물의 인도와 부가
가치세법 제5조, 소득세법 제168조 또는 법인 세법
제111조의 규정에 의한 사업자등록을 신청한 때에는
그 다음 날부터 제3자에 대 하여 효력이 생긴다. ②
임차건물의 양수인(그 밖에 임대할 권리를 승계한 자
를 포함 한다)은 임대인의 지위를 승계한 것으로 본
다."라고 규정하고 있고, 「법인세법」 제111조는 "①
신규로 사업을 개시하는 법인은 대통령령이 정하는
바에 따라 납세지 관할세무서장에게 등록하여야 한다.
② 부가가치세법에 의하여 사업자등록을 한 사업자
는 당해 사업에 관하여 제1항의 규정에 의한 등록을
한 것으로 본다. ③ 부가가치세 법 제5조의 규정은 이
법의 규정에 의하여 사업자등록을 하는 법인에 관하
여 이를 준용한다. ④ 제109조의 규정에 의한 법인설

립신고를 한 경우에는 사업자등록신청을 한 것으로
본다.”라고 규정하고 있습니다. 그러므로 영리행위를
목적으로 설립된 법인이「상가건물임대차보호법」에
서 정하고 있는 적용범위에 속하는 (기준)보증금의 범
위 내에서 임대차계약을 체결하고 영업을 하고 있다
면「상가건물임대차보호법」에 의한 상가임차인으로
서 보호를 받을 수 있을 것입니다. 따라서 귀하가 설
립한 법인은 소재지가 서울시이며 서울시의 경우 같
은 법 제2조 제1항 및 같은 법 시행령(2008. 8. 21.
개정되기 전의 것) 제2조 제1항 제1호의 규정에 따라
임대차보증금이 2억 4,000만원 이하인 경우 같은 법
의 적용대상이 되며, 위 법인의 임차보증금은 이에 못
미치는 2억원이므로「상가건물임대차보호법」상의 보
호를 받는 상인에 해당한다 할 것입니다. 그리고 위
법인은 같은 법 제5조 제2항에 의해 임대차계약서에
확정일자인까지 받아 두었으므로「민사집행법」에 의
한 경매 또는「국세징수법」에 의한 공매 시 임차건
물(임대인 소유의 대지를 포함한다)의 환가대금에서
후순위권리자 그 밖의 채권자보다 우선하여 보증금을
변제받을 권리가 있다 하겠습니다. 참고로 2008년 8
월 21일부터 시행되고 있는 개정「상가건물임대차보
호법 시행령」은「상가건물임대차보호법」의 적용범
위가 되는 보증금액을 ① 서울특별시에서는 보증금

액이 2억6천만원 이하, ②「수도권정비계획법」에 의한 수도권 중 과밀억제권역(인천·의정부·구리·하남·남양주 일부·고양·과천·성남·안양·부천·광명·수원·의왕·군포·시흥, 서울특별시는 제외)에서는 보증금액이 2억1천만원 이하, ③ 광역시 (군지역과 인천광역시는 제외)에서는 보증금액이 1억6천만원 이하, ④ 그 밖의 지역에 서는 보증금액이 1억5천만원 이하로 증액하였습니다. 다만, 이 영 시행 당시 존속 중인 상가건물임대차계약에 대하여는 종전 규정을 따르도록 하고 있습니다.

(2-2) 전차인에게도 상가건물임대차보호법이 적용되는지

┃질문┃ 저는 2007년 7월 서울 소재 의류전문 대형쇼핑몰에 임차해 있는 상인입니다. 이 건물은 일반인들에게 각 점포가 분양되어 각 점포마다 구분소유자가 있는데, 저는 건물주인 구분소유권자가 아닌 甲상가운영위원회와 임대차계약을 맺으면서 임차보증금 5,000만원에 매달 30만원씩 지급하기로 하고 입점하였습니다. 그런데 甲상가운영위원회는 구분소유자들로부터 상가임대 및 운영일체에 대한 권한을 위임받는 조건으로 이 상가들을 임차하고, 매달 월세를 각 구분소유자들에게 지급하고 있습니다. 저는 실제 소유자인 구분소유자와의 임대차계약을 체결하지 못한 관계로 「상가건물임대차보호법」의 적용을 받을 수 없는지요?

┃답변┃ **귀하께서는 임차인의 임대인에 대한 계약갱신요구권 행사기간 범위 내에서 임차인을 대위하여 임대인에게 계약갱신요구권을 행사할 수 있을 것으로 보입니다.**

「상가건물임대차보호법」 제10조는 임차인의 계약갱신요구권을 인정하고 있는 반면, 예외적인 경우에 한하여 임차인의 임대차 계약갱신요구권에 대한 임대인의 거부권을 인정하는데, 그 중 하나가 '임차인이 임대인의 동의 없이 목적 건물의 전부 또는 일부를 전대한 경우' 입니다. 단순히 이 규정으로 볼 때 귀하께서는 임대인과 계약을 체결하지 못했으므로 임대인이 임차인이나 전차인의 임대차계약갱신요구에 대해 거절하고 임차목적물에 대한 명도를 요구하면 동의를 받지 못한 전차인인 관계로 꼼짝없이 당할 수 밖에 없다고 생각할 수도 있습니다. 그러나 대형쇼핑몰의 경우 단순히 임대수익을 목적으로 상가점포를 분양 받은 대부분의 구분소유자들은 스스로 임차인을 구하기도 어려울 뿐더러 상가의 활성화를 통한 임대수익의 극대화를 도모하기 위한 노하우(Know How)가 전혀 없는 상태이며 점포운영보다는 임대수익에 더 관심이 있는지라 이에 대한 전문가일 수 있는 상가운영위원회(또는 상가전문운영회사)에 임대계약을 위임하고 이를 위임받은 상가운영위원회로 하여금 임대차계약을 체결하게 하거나, 아예 일정한 기간을 해당 상가운영위원회(또는 상가전문운영회사)에 임대를 하고 임료를 상가운영위원회(또는 상가전문운영회사)로부터 직접 받음으로써 그 목적을 달성하는 경우가 대부분인지라 상가운영위원회(또는 상가전문운영회사)에서 해당 점포에 적합한 업종을 운영할 수 있는 상인을 찾아 입점을 시키고 있는 것이 관례입니다. 따라서 귀하도 위와 같이 상가의 구분소유자들로부터 일정한 임대권한을 위임받은 상가운영위원회(또는 상가전문운영회사)와 전대차계약을 체결한 전차인으로서 「상가임대차보호법」 제13조 제2항의 임대인의 동의를 받고 전대차계약을 체결한 전차인에 해당한다 할 것이므로 귀하께서는 임차인의 임대인에 대한 계약갱신요구권 행사기간 범위 내에서 임차인을 대위하여 임대인에게 계약갱신요구권을 행사할 수 있을 것으로 보입니다.

(2-3) 상가임대차계약서와 다른 층을 임차하여 사용 시 그 계약의 효력

┃질문┃ 저는 6개월 전 甲이 구분소유자로 된 7층짜리 대형 상가건물의 1층 102호를 보증금 7,000만 원에 1년 간 임차하기로 하여 입점 후 사업자등록을 마치고 현재까지 1층 102호에서 악세사리가게를 운영하고 있습니다. 그런데 사업자등록시 확정일자를 받아 둔 임대차계약서상 임차건물로는 당시 1층 102호에 저당권이 설정되어 있었으므로 역시 그의 소유로 된 위 같은 건물의 2층 211호를 임대차하는 것으로 기재하였습니다. 그 후 6개월 된 시점에서 다른 사람이 2층 211호를 임차하여 현재 의류매장을 운영하고 있습니다. 그러나 최근 매상이 부진하여 1년의 임차 기간이 만료되면 가게를 비우려고 하는데 건물주인 甲은 다른 임차인이 들어오면 보증금을 돌려주겠다고 합니다. 이 경우 제가 계약 만료시 임차건물을 비워주면서 임차보증금을 받아낼 수 있는 방법이 있는지요?

┃답변┃ **상가건물임대차보호법상의 보호를 받지는 못할 것으로 보입니다.**

「상가건물임대차보호법」에 의한 보호를 받으려면 우선, 임대차계약서 등을 지참하여 관할 세무서에 사업

자등록을 하여야 하며, 경매 또는 공매시 임차건물(임
대인 소유의 토지를 포함함)의 환가대금에서 후순위권
리자 및 그 밖의 채권자보다 우선하여 변제받기 위해
서는 임대차계약서에 확정일자인을 받아 두어야 합니
다(상가건물임대차보호법 제3조 제1항 및 제5조 제2
항). 그리고 건물의 일부분을 임차하는 경우 그 해당
도면을 첨부하게 되어 있기 때문에(상가건물임대차보
호법 제3조, 부가가치세법 제5조 및 같은 법 시행령
제7조, 소득세법 제168조), 임대차계약서와 다른 곳을
임차하여 사용할 때는「상가건물임대차보호법」에 의
한 보호를 받지 못함이 원칙입니다. 그러므로 이 사안
의 경우에는 임대차계약서상에는 2층이지만 당사자의
합의 내용이 원래 1층을 임대차하는 것이었고, 실제로
도 1층을 사용하고 있으므로 1층이 임대차의 목적이
된다 할 것이므로 계약서 상의 상가건물 주소와 입점
장소의 일치를 요하는 상가건물임대차보호법상의 보호
를 받지는 못할 것으로 보입니다. 따라서 귀하는 계약
기간이 만료된 후에도 보증금을 회수할 수 없다면, 부
득이 임대인 소유의 위 102호와 211호 상가점포에 대
한 보전처분을 한 다음, 임차보증금반환청구의 소를
제기하여 집행권원을 얻어 위 2개 상가점포에 대한 강
제집행을 통해 임차보증금을 회수하여야 할 것이지만,
법원에서의 배당순위는「상가건물임대차보호법」에 의

해 보호되는 상가임차인으로서가 아닌, 일반 채권자로
서 배당받게 될 것으로 보입니다.

(2-4) 건물 공동임차 시 임차인을 공동임차인 중 1인으로 하기로 약정한 경우

▌질문▐ 丙은 그의 소유인 점포를 甲과 乙에게 임대하였는데, 甲과 乙은 위 점포의 임차보증금 3,000만원에 대하여 甲이 2,000만원을 부담하고 乙이 1,000만원을 부담하되, 위 점포는 甲이 경영하기로 하였고, 임대차계약기간 종료 후 임차보증금 전액은 甲이 반환 받는다는 의미에서 임차인을 甲 단독의 명의로 한 임대차계약서를 丙과 작성하였습니다. 그럼에도 불구하고 乙은 임대차계약기간 종료 후 위 임차보증금 중 1,000만원을 자기에게 반환하여야 한다고 주장하고 있습니다. 이 경우 丙으로서는 위 임차보증금 중 1,000만원을 누구에게 반환하여야 하는지요?

▌답변▐ 丙은 위 임차보증금 3,000만원 전액을 甲에게 지급함이 타당할 것으로 보입니다.

「민법」제278조는 "본절(민법 제3절 공동소유)의 규정은 소유권 이외의 재산권에 준용한다. 그러나 다른 법률에 특별한 규정이 있으면 그에 의한다."라고 규정하여 채권의 경우에도 준공동소유할 수 있음을 규정하고 있습니다. 그리고 지명채권양도의 대항요건에 관하여 「민법」제450조 제1항은 "지명채권의 양도는 양도인이 채무자에게 통지하거나 채무자가 승낙하지 아니

하면 채무자 기타 제3자에게 대항하지 못한다."라고
규정하고 있습니다. 그런데 관련 판례를 보면, "甲과
乙이 임대차보증금 중 각 일부를 부담하기로 하되 甲
이 乙로부터 지급 받아야 할 채권이 많았기 때문에 그
임대차기간 종료시 임대차보증금 전액을 甲이 반환 받
기로 하고, 이에 따라 甲과 乙, 임대인 丙 3자 합의에
의하여 임대차계약서를 작성하면서 그 임대차보증금
전액을 甲이 반환 받는다는 의미에서 임차인 명의를
甲 단독으로 한 경우, 그 임대차계약서상의 임차인명
의에 불구하고 甲과 乙이 공동임차인으로서 丙과 임대
차계약을 체결한 것이고, 다만 乙이 丙에게 지급한 임
대차보증금의 반환채권을 甲의 乙에 대한 채권의 지급
을 담보할 목적으로 甲에게 양도하고 丙이 이를 승낙
한 것으로 봄이 상당하다."라고 하였습니다(대법원
1999. 8. 20. 선고 99다18039 판결). 따라서 위 사안
에서도 丙은 위 임차보증금 3,000만원 전액을 甲에게
지급함이 타당할 것으로 보입니다.

(2-5) 상가임차보증금에 대한 우선변제권의 확보방법

┃질문┃ 저는 甲소유 상가건물 중 1층 부분을 보증금 5,000만원에 월세 50만원으로 임차하여 사업자등록을 내고 식당을 운영하고 있는 임차인입니다. 그런데 저는 위 임차보증금 확보를 위하여 임대인인 건물주 甲에게 임대차등기를 해 줄 것을 요구하였지만 협조해 주지 않아 임대차등기를 하지 못하고 있습니다. 만일, 위 임차건물이 경매된다는 등의 위험으로부터 임차보증금을 보호할 수 있는 방법은 없는지요?

┃답변┃ 건물에 입점하고 사업자등록을 신청하면 그 다음 날부터 대항력이 생기고, 임대차계약서상에 확정일자까지 받아 둔다면 임차건물의 경매 시 후순위권리자 그 밖의 채권자보다 우선하여 보증금을 변제받을 권리가 있게 됩니다.

「상가건물임대차보호법」 제3조 제1항은 "① 임대차는 그 등기가 없는 경우에도 임차인이 건물의 인도와 부가가치세법 제5조, 소득세법 제168조 또는 법인세법 제111조의 규정에 의한 사업자등록을 신청한 때에는 그 다음 날부터 제3자에 대하여 효력이 생긴다."라고 규정하고 있고, 같은법 제5조 제2항은 "제3조 제1항의 대항요건을 갖추고 관할 세무서장으로부터 임대차계약서상의 확정일자를 받은 임차인은 민사집행법에 의한 경매 또는 국세징수법에 의한 공매시 임차건물(임대인 소유의 대지를 포함한다)의 환가대금에서 후순위권리자 그 밖의 채권자보다 우선하여 보증금을 변제받을 권리가 있다.”라고 규정하고 있습니다. 그러므로 건물에 입점하고 사업자등록을 신청하면 그 다음 날부터 대항력이 생기고, 임대차계약서상에 확정일자까지 받아 둔다면 임차건물의 경매시 후순위권리자 그 밖의 채권자보다 우선하여 보증금을 변제받을 권리가 있게 됩니다. 즉, 상가임차인이「상가건물임대차보호법」에 의한 대항력, 우선변제권 등 각종의 권리를 보호받으려면 상가임차인의 대항요건인 건물의 인도와 부가가치세법 제5조, 소득세법 제168조 또는 법인세법 제111조의 규정에 의한 사업자등록을 신청하고 임대차계약서 원본에 확정일자인을 받아 두어야 하며 확정일자인(確定日字印)은 상가건물의 소재지 관할세무서에서 받을 수 있습니다. 확정일자를 받기 위한 절차로서는 기존사업자인 경우 사업자등록증 원본, 임대차계약서 원본, 건물의 일부를 임차한 경우는 해당부문 도면, 본인 신분증을 구비하여 관할세무서(징세과, 세원관리과, 조사과)에서 사업자등록정정신고서를 작성·제출하시면 되고, 신규사업자는 사업허가증·등록증·신고필증 사본, 임대차계약서 원본, 건물의 일부를 임차한 경우는 해당부문 도면, 본인 신분증을 구비하여 관할세무서(납세서비스센타)에서 사업자등록신청서를 작성·제출하시면 될 것입니다.

(2-6) 상가건물이 양도된 경우 임차인의 법적지위

▌질문▐ 저는 2006년 9월 1일 인천 소재 甲소유 상가의 지층을 보증금 2,500만원에 월세 70만원으로 2년간 임차하기로 하는 상가임대차계약을 체결하고 임대차계약서에 확정일자인까지 받아 두었습니다. 그런데 2008년 8월 20일 임대인 甲은 乙에게 건물을 매도하였고, 매수인 乙은 저에게 점포를 비워달라는 내용증명을 보내왔습니다. 이러한 경우 저는 乙의 요구대로 응할 수 밖에 없는지요?

▌답변▐ 귀하는 「상가건물임대차보호법」이 적용되어 새로운 양수인 乙에 대하여도 甲에게 주장할 수 있었던 약정기간과 계약만료시 임차보증금반환을 청구할 수 있을 것으로 보입니다.

「상가건물임대차보호법」 제3조는 "① 임대차는 그 등기가 없는 경우에도 임차인이 건물의 인도와 부가가치세법 제5조, 소득세법 제168조 또는 법인세법 제111조의 규정에 의한 사업자등록을 신청한 때에는 그 다음날부터 제3자에 대하여 효력이 생긴다. ② 임차건물의 양수인(그 밖에 임대할 권리를 승계한 자를 포함한다)은 임대인의 지위를 승계한 것으로 본다."라고 규정하고 있습니다. 그러므로 상가건물의 임차인이 건물의 인도와 사업자등록이라는 대항요건을 갖춘 후 건물이 양도되면 양수인은 임대인의 지위를 당연히 승계하기 때문에 임차인은 매수인에 대하여 임차권을 주장할 수 있을 것입니다. 즉, 임차인은 양수인과 다시 임대차계약을 체결할 필요가 없으며, 원래의 임대차계약기간이 끝날 때까지 계속 영업을 할 수 있고, 기간 만료 후 매수인으로부터 임차보증금을 반환 받을 수 있는 것입니다. 이 때 임대차보증금반환채무도 부동산의 소유권과 함께 양수인에게 이전되므로 양도인의 보증금반환채무는 소멸하고, 임차인은 종전의 소유자에 대하여는 더 이상 보증금반환을 요구할 수 없게 되는 것입니다. 한편, 임대차계약서상 내용이 사업자등록사항과 일치하고, 임대차 목적물이 등기부등본 등 공부와 일치하여야 대항력이 보장되므로 이를 일치시키도록 하여야 합니다. 따라서 위 사안의 경우에도 귀하는 위 상가건물에 대한 상가임차인으로서 사업자등록신고를 하고 입점하여 영업을 하고 있었으므로 「상가건물임대차보호법」이 적용되어 그 법상의 대항력을 갖추었다 할 것이고, 새로운 양수인 乙에 대하여도 甲에게 주장할 수 있었던 약정기간과 계약만료 시 임차보증금반환을 청구할 수 있을 것으로 보입니다.

(3) 임차인이 자기의 영업을 위해 특별히 시설하는데 소용된 비용을 임대인에게 청구할 수 있는가?

┃질문┃ 저는 방이 하나 딸린 구멍가게를 A에게 임대하면서 기간을 1년으로 하기로 약정하였습니다. A는 입주 후에 그 내부를 생맥주집으로 영업할 수 있도록 구조를 변경하겠다고 하기에 승낙하였더니 A는 내부구조를 바꾸고 주방 등을 만들어서 영업을 시작하였습니다.

그런데 A는 5개월 전부터 장사가 안된다는 이유로 차임지급을 연체하고 이에 차임연체를 이유로 계약해지통고를 내용증명으로 보냈더니 A는 점포에 대한 수리비 전액을 받아야지만 나가겠다고 지금까지 버티고 있습니다.

이럴 경우 저에게 수리비 지급의 의무가 있는지요?

┃답변┃ 임차인이 자신의 영업을 위하여 시설한 비용은 반환할 의무가 없습니다. 단 유익비와 필요비는 지급해야 합니다.

임대차 관계가 종료되었을 때 임차인은 임대인의 승낙을 얻어 임차목적물에 부속시킨 물건이 있을 때에는 그 부속물의 매수를 청구할 권리가 있고, 또 임차인은 임차물의 보존에 관한 필요비나 유익비를 청구할 권리가 있어서 임차인이 임대인의 승낙을 얻어 점포 안에 방을 들였을 때 그 방에 들인 비용, 창문을 설치한 비용, 내부를 수리하기 위하여 지출한 비용 등은 임대인이 상환할 의무가 있으며, 기타 보존에 필요한 비용으로서 파손된 부분의 보수비용, 페인트칠을 한 비용 등 필요비와 임차물의 개량을 위하여 지출한 유익비 즉 수도시설, 전기시설 등에 소요된 비용은 그 지출란 금액이나 가액의 증가가 현존하는 경우에 그 증가액을 지급할 의무가 있습니다.

그러나 임차인이 자신의 영업상의 이익을 위하여 시설한 진열대, 주방 내부장치 등을 설치하는데 소요된 비용은 임대인에게는 아무런 이익도 되지 않는 비용이고 오히려 임차인의 원상회복의무에 포함되는 부분이므로 임차인은 자신의 비용으로 원상복구할 의무가 있어서 임대인으로서는 그 비용을 반환할 의무가 없는 것입니다.

따라서 귀하의 경우 A가 반환을 요구하는 수리비 중에서 유익비나 필요비에 해당하는 부분은 반환할 의무가 있고 그 외의 비용은 반환할 의무가 없습니다.

(4) 계약기간 만료로 인한 임차점포 반환요구에 불응할 때의 대응방법

▌질문▌ 저는 소유하고 있는 3층 건물 중 2층을 A에게 미용실로 2006년 6월에 임대하였습니다.

임대차계약 기간이 지난 2008년 6월 20일부로 종료하였으므로 사전에 계약종료 사실도 예고하면서 사용하고 있는 건물(미용실)을 비워줄 것을 요구하였으나 임차인은 터무니 없는 권리금을 내놓아야 나간다고 하면서 영업을 계속하고 있습니다. 지난 2008년 10월에는 전과 같은 월세금액 3월분을 내용증명 우편을 빌어 보내왔기에 즉각 이는 정당한 권원에 의한 돈이 아니기 때문에 임대차계약이 종료된 현재의 입장에서는 아무리 건물주라고 하더라도 받을 수 없다는 통지와 함께 보내온 돈을 돌려보냈습니다.

임차인은 지금도 권리없이 계속 영업을 하면서 법대로 하라고 배짱을 부리고 있습니다. 소송까지 이르지 않고 해결하고 싶은데 부득이 소송을 해야 한다면 그 방법은 어떻게 되나요?

▌답변▌ 소송에 이르지 않고 해결할 수 있는 방법은 임차인과 귀하가 원래의 계약내용대로 이행하는 것입니다.

임차인이 계약내용대로 이행하기를 거부하는 경우 임
차인의 요구조건을 들어주고 원만히 해결하거나 그렇
게 할 수 없으면 소송에 의해 권리를 회복할 수 밖에
없습니다.

점유이전금지가처분을 한 후 명도소송을 제기하여야
할 것이며, 귀하는 임차인의 권리금요구에 응할 의무
는 없다 할 것입니다.

(5) 임차인이 임차한 점포를 임대인의 승낙없이 다시 전대한 경우

┃질문┃ 저는 서점용 점포를 임차하였으나 서점경기가 불황이라 망설이던중에 친척이 서점을 해보겠다고 하여 친척에게 점포를 전대하였습니다.

이 경우 임대인의 승낙이 있어야 한다고 하는데 맞습니까?

┃답변┃ 주택의 임대차와 마찬가지로 임대인의 동의를 얻어야만 유효한 계약이 됩니다.

위와 같은 경우에는 임대인은 무단전대를 이유로 들어 계약을 해지할 수 있습니다.

임대차계약에서는 임차인이 임대인의 동의없이 목적물을 타인에게 양도·전도하는 경우인 무단양도와 전대를 금지하고 있습니다.

민법은 원칙적으로 임차권의 양도·전대를 허용하지 않으며, 다만 임대인의 동의가 있는 경우에만 유효하게 양도·전대할수있는 것으로 하고 있습니다(민법 제629조 제1항).

따라서 임차인이 건물주의 동의없이 그의 임차권을 양도하거나(무단양도), 전대(무단전대)한 때에는 임대인은 건물임대차계약을 해지할 수 있습니다(민법 제629조 제2항).

임차권의 양도나 전대에 있어서 임대인의 동의 즉 승낙은 그 시기를 언제로 하느냐가 문제가 되는데 민법에서는 임차권의 양도·전대의 경우 건물주의 승낙을 얻는 시기에 대해 규정한 바가 없으므로, 보통은 양도 내지 전대와 동시에 이루어지는 예가 대부분입니다.

그러나 승낙시기에 대하여 제한이 없으므로 양도 내지 전대가 이루어진 후에 건물주의 승낙은 임차인과 양수인 또는 전대계약을 적법하게 하는 효력을 가지고 있기 때문에 적법하게 하는 시기는 사후에라도 무방합니다. 또 사후승낙의 경우 양도나 전대는 당초 계약시기에 소급하여 효력을 발생하게 됩니다.

(6) 유익비의 요건

▌질문▌ 저는 점포 1개를 A에게 임대했고 A는 그 점포에 다방을 경영해 왔습니다. 몇 차례 계약을 갱신하여 수년 동안 계속 다방영업을 해왔는데 서로간의 합의로 이번에는 갱신을 하지 않고 계약관계를 종료시키기로 했습니다.

그런데 A는 보증금 외에 점포가 낡아 수리한 비용과 다방의 시설비용 등을 상환해 달라고 하여 분쟁이 발생했습니다.

당초 계약시에 시설 등은 임차인인 A가 계약이 만료되면 원상회복하기로 했던 것입니다. A가 점포를 일부 수리한 사실은 알고 있는데 그 비용을 물어주어야 하는지요?

어느 범위까지 저의 책임이 되는지 알려 주시기 바랍니다.

▌답변▌ **일반적으로 임대인은 임차인이 임차물에 관해 지출한 필요비와 유익비를 상환하게 되어 있습니다.**

귀하의 질의 내용으로는 구체적인 상환범위를 알 수 없습니다.

임차물을 통상의 용도에 적합한 상태로 보존하기 위해서 지출한 비용은 '필요비'라고 하며 이는 임대차가 종료되기 이전에도 상환해야 합니다.

목적물의 객관적 가치를 증가시키는 유익비는 임대차가 종료된 때에 그 가액의 증가가 현존하는 때에 한하여 임차인이 지출한 금액이나 그 증가액을 상환해야 합니다.

그러나 임차목적물의 객관적 가치를 증가시키는 것이 아니라 이 건에서와 같은 특정영업을 영위하는데 필요한 시설비용은 유익비가 되지 않는다고 할 것입니다. 이러한 구분에 따라 상환하시면 될 것입니다.

(7) 임차인의 유익비상환 청구권의 행사 요건

┃질문┃ 저는 2008년 6월 잠실 소재 점포를 계약기간 2년, 임차보증금 2,300만원에 임차하여 영업 중 바닥에 타일을 깔고 보일러를 설치하는 등 다액의 시설비를 투자한 바 있습니다. 임대인에 대한 시설비 상환청구가 가능한지요?

┃답변┃ 유익비 청구의 가능성이 있으니 임대인에게 **점포를 명도한 날로부터 6개월 내에 소를 제기하여 점포의 개량을 위해서 지출한 액수 및 당해 점포의 객관적인 가치 증가액수를 모두 입증하여 임대인의 선택에 따른 비용을 상환받을 수 있습니다.**

유익비란 물건의 보존상 필수불가결하게 지출이 요구되는 비용은 아니지만 물건의 개량을 위해 당해 물건에 관해서 지출된 비용으로서 그 물건의 객관적인 가치를 증가시키는 비용을 말합니다. 민법상 임차인이 지출한 유익비는 임대인에게 상환의무가 있습니다(제626조 제2항).

다만 유익비인지의 여부는 건물의 사용목적 기타 구체적인 사정을 고려하여 판단하게 됩니다. 대체로 다음과 같은 경우에 유익비로 인정될 여지가 있습니다. 방이나 부엌을 증축한 경우 그 증축에 지출한 비용 또는 화장실이나, 담장 등을 축조한 비용 등을 들 수가 있으며 건물 입구의 진입로나 건물내 바닥을 콘크리트 등으로 포장한 경우도 유익비로 인정될 가능성이 있습니다. 그러나 임차인이 자기의 영업에 필요한 시설을 하기 위해서 지출한 비용은 특별한 사정이 없는 한 유익비로 인정되지 않습니다.

귀하의 경우에는 위에서 본 바와 같이 일응 유익비 청구의 가능성이 있으므로 임대인에게 점포를 명도한 날로부터 6개월 이내에 소를 제기하여 점포의 개량을 위해서 지출한 액수 및 당해 점포의 객관적인 가치 증가 액수를 모두 입증하여 임대인의 선택에 따른 비용을 상환받을 수 있을 것이나 유익비상환청구권과 점포명도는 동시이행관계에 있으므로 점포에서 영업을 계속할 수 있는 상황이라면 임대인인 상대방으로부터 점포 명도소송이 제기될 때를 기다려 그 때 유익비상환을 구하는 것이 좋겠습니다.

(8) 임차기간 동안 설치한 시설물은 계약기간 만료시 어떻게 되는가?

┃질문┃ 저는 강남구 신사동에 있는 A쇼핑센터의 점포 1칸을 보증금 1,500만원 월세 35만원의 조건으로 2007년 5월 1일부터 2008년 4월 30일까지 1년간 사용하기로 임대차계약을 체결하여 지금까지 영업을 해오고 있습니다. 계약기간이 만료되어 저는 다시 계약을 연장하고 싶은데 A쇼핑센터 측에서는 점포를 비워달라고 합니다.

저는 영업을 하기 위하여 위 점포에 약 300만원 가량의 시설물을 설치하였는데, 이런 경우에 시설물을 설치한데 든 비용을 상환받을 수 없는지요. 점포를 비워주게 되면 저에게는 시설물이 필요가 없게 됩니다.

┃답변┃ A쇼핑센터로부터 임대보증금 1,500만원을 반환받을 수 있을 뿐이며, 시설물에 대해서는 새로운 합의가 없는 한 귀하는 철거해야 할 의무를 지게 됩니다.

임대차계약이 기간만료로 종료하게 되면 임대인은 보증금을 반환하고, 임차인은 임차목적물을 반환함으로써 임대차계약에 관한 법률 문제는 종료하게 됩니다.

이 때 임차목적물을 반환한다고 하는 것은 임차목적물을 원상태대로 회복한다는 것을 의미하므로 시설물 등은 철거해야 합니다(민법 제654조).

한편 이에 대한 예외 규정으로 민법은 제646조 제1항에서 "건물 기타 공작물의 임차인이 그 사용의 편익을 위해서 임대인의 동의를 얻어 이에 부속한 물건이 있을 때는 임대차의 종료시에 임대인에 대해 그 부속물의 매수를 청구할 수 있다"고 규정하고 있습니다. 이런 경우에는 임대인의 승낙없이도 바로 그 부속물에 관해 매매계약이 체결되는 것이므로 임대인은 그 부속물에 대한 대금을 지급해야 합니다.

그런데 귀하의 질문 내용으로 볼 때에는 귀하가 점포에 시설물을 설치할 때에 임대인인 A쇼핑센터의 동의를 얻지 않은 것으로 보여집니다. 그렇다면 귀하는 A쇼핑센터로부터 임대보증금 1,500만원을 반환받을 수 있을 뿐이며, 시설물에 대해서는 새로운 합의가 없는 한 귀하는 철거해야 할 의무를 지게 되는 것입니다.

(9) 점포 임대차계약 해지시 권리금은 어떻게 되는가?

┃질문┃ 저는 2005년 3월 10일 A가 소유자로 되어 있는 상가건물 1동에 대하여 임차료 보증금 3,000만원과 권리금조로 2,000만원을 주고 3년 후에 재계약을 할 수 있도록 하는 임대차계약을 체결하고 위 장소에서 식당을 운영해 왔습니다. 그런데 임대인이 2008년 2월 28일부로 계약을 해지한다고 해서 2008년 2월 28일부로 그 건물을 임대인에게 명도하고 임차료 보증금 및 권리금의 반환을 청구했으나, 임대인이 임차료 보증금만 주고 권리금의 반환을 거절하고 있습니다. 법적으로 어떻게 됩니까?

┃답변┃ 특수한 사정이 없으면 임대인에게 권리금의 반환을 청구할 수 없습니다.

권리금이란 주로 도시에서 부동산 특히 점포의 임대차에 부수해서 그 부동산이 갖는 특수한 장소적 이익이 대가로서 지급되는 금전을 말하는데 민법상 이에 대한 규정이 없어 권리금의 수수에 관한 법률관계는 당사자간의 계약내용과 관행에 의해 규율될 수 밖에 없을 것 같습니다. 따라서 권리금의 반환여부에 관해서도 권리금의 지급시 권리금의 반환에 관한 특약이 있거나 그러한 특약이 없다고 하더라고 권리금을 반환하는 것이 그 지역이나 업종의 관행이라면 임대차 종료시 권리금의 반환을 청구할 수 있으나 그러한 특수한 사정이 없는 한 권리금의 성격상 그 반환을 청구할 수 없다고 보아야 할 것이고, 지금까지 법원의 하급심판례도 그러한 입장인 것 같습니다.

귀하의 경우에도 위와 같은 특수한 사정이 없으면 임대인에게 권리금의 반환을 청구할 수 없다고 할 것이니 앞으로 권리금의 수수시에는 일정한 계약기간 내에 임대차계약을 해지하는 경우에는 권리금을 반환하기로 한다든지 아니면 임차인에게 임차권 양도권을 부여한다든지 하는 등의 약정을 서면으로 명확하게 해 두면 좋으리라고 생각됩니다.

(10) 권리금의 회수

┃질문┃ 점포임차권의 양수인인 A는 양도인인 임차인 B에게 임차권을 양수받으면서 다액의 권리금을 지급했습니다. 위 임대차계약기간이 만료하자 임대인인 C는 양수인인 A에게 임차목적물의 명도를 요구했습니다. A의 권리금을 회수하는 것이 가능합니까?

┃답변┃ 회수할 수 없을 것으로 보입니다.

권리금이라는 것은 주로 도시에서의 토지 또는 건물(특히 점포)의 임대차에 부수해서, 주로 그 부동산이 갖는 특수한 장소적 이익의 대가로서 임차인으로부터 임대인에게 또는 임차권의 양수인으로부터 양도인에게 지급되는 금전을 말합니다.

이 권리금의 수수는 전적으로 관행에 따르고 있으며, 이에 관한 법률의 규정도 없을 뿐만 아니라 판례상의 준칙도 없는 것이 일반적입니다. 원래 권리금수수의 관행은 도시 번화가의 점포의 권리금으로서 시작된 것 같습니다. 즉, 점포가 교통이 편리해서 사람의 출입이 많고 또 한눈에 잘 띄는 지점에 위치하고 있다는 것과 같은 지리적으로 유리한 관계에 있다는데 대한 대가로서, 혹은 오랫동안 개점하여 세상에 널리 알려져 있어 영업이 잘 된다는 영업상의 요소 등에 대한 대가로서

권리금이 지급되었던 것입니다. 그 결과 권리금은 토
지나 건물의 용익의 대가로서 지급되는 차임과는 전혀
별개의 것이며, 그 금액의 차임 이상의 막대한 액으로
지급되는 경우가 적지 않습니다.

그런데 해방 후에는 토지·건물의 사용권매매에 있어서
의 그 대가라는 의미로 권리금의 수수가 널리 행해진
일이 있습니다.

요컨대, 오늘날 권리금은 부동산임대차에 있어서 임차
부동산의 장소적 이익의 대가로서, 또는 부동산사용권
의 대가로서 수수되는 것이 보통이라고 말할 수 있을
것입니다.

권리금의 수수가 있는 경우에 그 효력에 관한 문제로
서 첫째로 권리금으로서 교부한 것은 그 반환을 청구
할 수 있느냐가 문제시 됩니다. 일반적으로 반환하지
않는다는 것이 당사자의 의사이고 또한 실제의 관행도
그러한 것 같습니다. 즉, 일단 수수된 권리금은 임대차
가 종료하거나 또는 기타의 사용관계자가 종료하더라
도 임차인이나 사용자가 그 반환을 청구하지는 못한다
고 보아야 합니다.

둘째로 권리금의 대상이 되는 권리는 이를 양도할 수
있느냐가 문제시 됩니다. 실제로는 임차권 또는 사용
권과 더불어 양도하고, 그렇게 함으로써 지급했던 권
리금을 회수해 내려가는 것이 그 실정인 것 같습니다.

그러나 임차권의 양도는 임대인의 승낙이 없으면 완전히 유효하지 않으므로 무의미하게 됩니다.

또한 사용권의 양도도 일단 그 사용관계가 해소되면 그 당시에 사용하고 있던 자는 권리금을 회수하지 못하는 결과가 초래됩니다.

(11) 임가임대차기간 중 상가건물이 제3자에게 양도된 경우 임차인의 법적지위

┃질문┃ 저는 2008년 3월 1일부터 1년의 기간으로 점포 한 칸을 임차하여 임차권등기 없이 장사를 해왔습니다. 그러나 약5개월이 지난 후 임대인이 A에게 건물소유권을 양도했고 양수인인 A는 저에게 점포를 비워달라는 통고를 해왔습니다. 이러한 경우 저는 A의 요구에 응할 수 밖에 없습니까?

┃답변┃ A의 요구에 응해야 합니다.

주택임대차보호법의 적용을 받는 주택임대차의 경우와는 달리 민법상의 일반 부동산 임차권은 반드시 등기해야만 그때부터 제3자에 대해서도 효력이 발생합니다(민법 제621조 제2항). 따라서 등기 후에는 제3자가 임대인인 소유자로부터 그 부동산을 양수받았다고 하더라도 임차인은 종래의 임대차관계를 신소유자에게 주장할 수 있는 것입니다.

그러나 이 사안의 경우 건물양도인과 양수인간의 계약시 임차인의 지위에 대한 별도의 약정이 없었다면 임차권의 등기를 하지 않았기 때문에 A에게 대항할 수 없어 A의 요구대로 응해야만 할 것입니다. 다만, 이로 인하여 귀하가 점포를 계속해서 사용할 수 없게 되었

으므로 전소유자인 임대인을 상대로 임대차계약 위반
을 이유로 채무불이행 책임을 물을 수 있을 것입니다.

참고로 이러한 임차인의 지위를 강화해주기 위해 민법
에서는 임대차 계약당시 임차권등기를 할 수 없다는
반대특약이 없는 한 임차인은 임대인에게 임차권등기
절차에 협력해 달라는 등기청구권을 인정하고 있습니
다(민법 제621조 제1항).

(12) 임대차계약기간 경과 후에도 목적물을 계속 사용할 경우 임대차계약의 존속기간

▌질문▌ 저는 현재 2,000만원의 보증금을 내고 점포를 얻어 장사를 하고 있습니다. 그런데 2년의 계약기간이 만료한지 2개월이 지나서 주인이 보증금 1,000만원을 더 올려주지 않으려면 가게를 비워 달라고 요구하고 있습니다. 지금은 한창 장사가 잘 되는 때라 점포를 그냥 비워 주자니 아까운 생각이 드는데 누군가의 이야기로는 약정기간이 만료해도 주인의 아무런 이야기가 없었으면 재계약이 자동적으로 이루어진 것으로 간주되므로 저는 2년의 기간동안 다시 같은 금액으로 계속 점포를 사용할 수 있다고 하는데 이에 대해서 알려 주시기 바랍니다.

▌답변▌ 6개월간은 점포를 계속 사용할 수 있으나 그 이상을 사용하려면 보증금을 인상해 주어야 합니다.

일반적으로 계약은 계약기간에 한하여 효력이 있으나 토지나 건물의 계속적인 사용수익을 목적으로 하는 전세권이나 임대차의 경우에는 계약의 특수성을 고려하여 묵시의 갱신을 인정하고 있습니다. 즉, 계약기간만료 후 임대인이 상당한 기간 내에 이의를 하지 않았을 때에는 전과 동일한 조건으로 새로이 임대차 계약을 체결한 것으로 봅니다(민법 제639조).

그러나 이는 종전과 조건은 같지만 기간의 약정이 없는 계약이므로 이러한 경우에 주인은 언제라도 계약의 소멸 또는 해지를 통고할 수 있습니다.

그리고 이러한 통고를 할 때 귀하의 경우에는 이 통고를 받은 날로부터 6개월이 경과해야 주인이 계약의 소멸 또는 해지를 주장할 수 있기 때문에 귀하는 이때부터 6개월간 더 점포를 사용하든가, 아니면 보증금을 주인이 요구하는 대로 인상해 주고 계약을 다시 체결하든가 할 수 있겠습니다.

(13) 임차보증금에 대한 전부명령송달 후 연체된 차임의 공제여부

▌질문▌ 저는 2007. 4. 친구 A에게 금 1,000만원을 대여
해 주었습니다. A가 변제기일이 지나도록 갚지않
아 A의 점포 임차보증금 1,000만원에 대해서 압
류 및 전부명령을 받았습니다.

그러나 위 점포임대인 B는 임차보증금 압류 및 전부
명령을 송달 받고도 A가 점포를 명도하지 않는다는
이유로 보증금을 내주지 않아 부득이 제가 B를 대위
해서 점포 명도소송절차를 거쳐 명도하였습니다. 그
러자 B는 명도시까지 A가 연체한 차임을 공제한 금
액 200만원을 지급하겠다고 합니다.

이 경우 전부명령송달 후의 연체차임도 공제되어야 합
니까?

▌답변▌ **연체금을 공제하고 남은 금액에 대해서만 청구할 수
있습니다.**

우리주변, 특히 대도시에서의 부동산을 소유하지 않은
서민입장에서는 부동산 임차보증금이 재산의 큰 부분
인 경우가 많습니다. 따라서 서민금융의 경우 부동산
임차보증금채권은 금융당사자 모두에게 이용가치가 큰
담보물로서 흔히 이용되고 있는 것 같습니다.

우선 건물 임대차에 있어서의 임차보증금은 임대차 존

속중의 임료뿐만 아니라 건물명도의무이행에 이르기까
지 발생한 손해배상채권 등 임대차계약에 의해서 임대
인이 임차인에 대해 가지는 일체의 채권을 담보하는
것으로서 임대차종료 후에 임차건물을 임대인에게 명
도할 때에 체불임료 등 모든 피담보채무를 공제한 후
잔액이 있을 때 그 잔액에 관해서 임차인의 보증금반
환청구권이 발생됩니다(대법원 1987. 6. 9. 선고, 87다
68 판결, 2004. 12. 23. 선고 2004다56554 등 판결).
그리고 임차인의 목적물반환의무도 위 금액에 관해서
만 서로 동시이행 관계에 있게 됩니다(대법원 1987. 6.
23. 선고, 87다카98 판결, 2002. 12. 10. 선고 2002다
52657 판결).

한편 전부명령이 제3채무자(질문의 B)에게 송달될 때
는 피전부채권이 전부채권자에게 이전하여 그 자체로
채무변제의 효력이 발생되며 채무자(질문의 A)는 피전
부채권의 채권자로서의 지위가 상실됩니다.

일단 전부명령의 효력이 발생하면 그로써 전부채권자
에게 채무변제의 효과가 생기므로 제3채무자의 무자력
으로 현실적인 변제를 받지 못하더라도 그 집행채권의
소멸에는 영향을 미치지 못하게 됩니다. 즉, 그러한
위험 내지 손실은 채권자가 부담하는 것입니다. 그러
나 피전부채권의 기본적 법률관계 예컨대 피전부채권
에 붙어있는 제3채무자에 대한 항변권 등은 그대로 존

속됩니다.

따라서 건물 임차보증금 반환채권에 대한 전부명령의 효력이 그 송달에 의해서 발생한다고 하더라도 제3채무자인 임대인(B)은 임차인(A)에게 대항할 수 있는 사유로서 전부채권자에게 대항할 수 있고, 전부채권은 임대인의 채권이 발생하는 것을 해제조건으로 하는 것이므로 목적물 명도시까지의 임대인의 채권을 공제한 잔액에 관해서만 전부명령이 유효합니다(대법원 1987. 6. 9. 선고, 87다68 판결 ; 대법원 1988. 1. 19. 선고, 87다카1315 판결, 2004. 12. 23. 선고 2004다56554 등 판결).

따라서 귀하의 경우 A의 연체금을 공제하고 남은 금액에 대해서만 B에 대해 청구할 수 있습니다.

(15) 전임차 후 임차인이 점유를 방해할 때는 어떻게 해결해야 하는가?

▌질문▐ 저는, B소유이고 A가 보증금 1,000만원에 월세 10만원으로 빌려 장사하던 점포를 A로부터 인수하여 권리금 100만원을 더 주고 B의 승인을 얻어 그 점포를 인도받았습니다. 그런데 국수 가게를 하기 위해 점포개수공사를 하고 있던 중에 A가 다시 그 가게를 차지하고 비워주지 않으면서 권리금 500만원을 더 내라고 하고 있습니다. 집주인인 B에게 사정해도 당사자끼리 해결하라고 모른 체하고 있습니다. 해결방법이 없을까요?

▌답변▐ 점유를 넘겨 달라는 점유회수의 소를 제기하십시오.

귀하와 A 사이에 전대차를 하고 그 전대차계약은 집주인인 B의 승낙을 받아 A로부터 인도를 받았으므로 귀하는 그 점포를 살 수 있는 당당한 권리자입니다. 귀하가 점포를 A로부터 인도받은 그때부터 그 점포의 점유권은 귀하에게 있습니다. 그러므로 A가 설령 귀하로부터 돈을 더 받을 권리가 있다 하더라도 A는 귀하의 동의없이 그 점포를 점유할 수 없습니다. 그러므로 현재 A는 귀하의 점포를 불법점유하고 있는 것입니다. 귀하는 우선 그 점포에 대한 점유를 침탈당하고 있으므로 본권(임차권)에 관계없이 즉시 점유를 넘겨 달라는 점유회수의 소를 제기하면 손쉽게 해결할 수 있습니다.

(16) 빌린 건물의 보존을 위해 쓴 필요비의 상환청구

┃질문┃ 저는 A로부터 2007년 3월 29일에서 2008년 3월 28 일까지 1년간 건물을 임차해서 음식점을 경영해 왔 습니다. 그런데 A는 자기가 직영하겠다면서 임대차 기간이 만료되면 명도해 달라고 요구하고 있습니다.

저는 이 건물 임차 사용중 제 자신의 돈을 들여 건 물 내부(주방·대기실·마루·방·화장실 등)의 벽 지·천정지·장판지를 새로 깔고 페인트 및 니스칠을 해 단장하고 기존의 칸막이를 뜯어 내거나 새로 설 치하는 등 시설의 일부를 개수했습니다. 또한 인터 폰 및 비상등을 설치공사하고 건물의 현관 입구에 전화·카페트·동양화 등을 구입하여 설치해 놓았 습니다.

이 경우 저는 제가 투자한 돈을 받을 수 있습니까?

┃답변┃ 귀하가 지출한 비용은 임대인이 상환의무를 지는 필요 비나 유익비에 해당되지 않습니다.

민법 제626조에는 "임차인이 임차물의 보존에 관한 필 요비를 지출했을 때에는 임대인에 대해서 그 상환을 청구할 수 있다. 임차인이 유익비를 지출한 경우 임대 인은 임대차 종료시에 그 가액의 증가가 현존할 경우 에 한하여 임차인이 지출한 금액이나 그 증가액을 상환해야 한다" 고 규정되어 있습니다.

여기서 임대인의 상환의무를 규정한 필요비란 임차인이 임차물의 보존을 위해 지출한 비용을 말하고, 유익비란 임차인이 임차물의 객관적 가치를 증가시키기 위해 투입한 비용을 말하는 것입니다.

질문의 경우, 시설개수 및 시설물 설치는 귀하 자신의 음식점을 경영하기 위한 필요에 의한 것이었고 카페트·인터폰·동양화 등은 건물과는 독립된 물건으로서 귀하가 수거해 가면 되며, 전화가입권은 체신관서에 가입권을 반납하고 그 권리금을 찾으면 됩니다. 따라서 귀하가 지출한 비용들은 임대인인 A가 상환의무를 지는 필요비 또는 유익비에 해당되지 않습니다.

그리고 임대차 종료시 임차인이 설치한 시설물 일체는 원형대로 복구하여 임대인에게 건물을 명도하기로 당사자간에 약정하는 것이 일반적이라는 점도 참조하시기 바랍니다.

(17) 세든 건물에 시설물을 부착한 경우 계약만료시 설치비용의 지급 여부는?

┃질문┃ 저는 서울 ○○구 ○○동에 있는 D쇼핑센터의 점포 1칸을 보증금 1,800만원, 월세 18만원의 조건으로 2006년 6월 1일부터 2008년 5월 31일까지 2년간 사용하기로 하고 임대차계약을 체결하여 지금까지 영업을 해오고 있습니다. 계약기간이 만료되어 다시 계약을 연장하고 싶은데 D쇼핑센터측에서는 점포를 비워달라고 합니다.

저는 영업을 하기 위해서 위 점포에 약 900만원 가량의 시설물을 설치했는데 이런 경우 시설물 설치비용을 상환받을 수는 없는지요. 그리고 점포를 비워주게 되면 저에게 시설물이 필요없게 되는데 좋은 방안이 없는지요?

┃답변┃ D쇼핑센터로부터 동의를 받아 시설물을 설치했다면, 임대보증과 시설물 설치비용 상당액을 받을 수 있습니다.

임대차계약이 계약만료로 종료되면 임대인(빌려준 사람)은 보증금을 반환하고, 임차인(빌려 쓴 사람)은 임차목적물을 반환할 의무가 있습니다. 이 때 임차목적물을 반환한다는 것은 임차목적물을 원상태로 회복한다는 것을 의미하므로 임차인은 시설물을 철거해야 하는 것이 원칙입니다.

한편, 민법은 이에 대한 예외규정으로 제646조에서 "건물, 기타 공작물의 임차인이 그 사용의 편익을 위해 임대인의 동의를 얻어 이에 부속한 물건이 있을 때는 임대차의 종료시에 임대인에 대해 그 부속물의 매수를 청구할 수 있다"라고 규정하고 있습니다.

즉, 임차인의 부속물 매수청구권이 성립되려면 ① 그 부속시킨 물건이 임차인의 소유에 속하고 건물의 구성부분이 되지 않아야 하고, ② 건물의 객관적 이용가치를 증가시키는 것이어야 하며, ③ 부속물은 임대인의 동의를 얻어 부속시켰거나 임대인으로부터 매수한 것이어야 합니다. ④ 그리고 임대차 종료원인이 무엇이든 상관없으나, 임대차가 종료될 때 매수인의 청구에 의해 임대인의 승낙없이 매매계약이 체결된 것과 같은 효력이 발생하므로 임대인은 그 대금을 지급해야 합니다.

따라서 귀하의 경우 D쇼핑센터로부터 동의를 받고 시설물을 설치했다면, 귀하는 D쇼핑센터로부터 임대보증금과 시설물 설치비용 상당액을 받을 수 있는 것입니다. 그리고 건물의 임차인이 임대차관계 종료시에는 건물을 원상태로 복구하여 임대인에게 명도하기로 약정한 것은 건물에 지출한 각종 유익비 또는 필요비의 상환청구권을 미리 포기하기로 한 것으로 보는 것이 상당하다고 할 것입니다.

(18) 임대차계약을 해제하려면?

┃질문┃ 저는 A라는 사람에게 제가 소유하고 있는 사무실을 보증금 1,000만원, 월 임료 40만원으로 임대차계약을 체결했습니다. 그런데 A는 거주하면서 월세를 거의 내지 않고 보증금도 얼마 남지 않은 상태에서 열쇠로 문을 잠가 놓은 채 3개월째 행방불명입니다.

이런 경우, 저는 다른 사람에게 이 사무실을 전세놓고 싶은데 방법이 없습니까?

또 A가 사용하던 집기 등 물건을 어떻게 처리해야 법에 저촉되지 않을까요?

┃답변┃ 민법 제640조에 의하면, 건물의 임대차에서 임차인의 차임 연체액이 2기 이상에 달할 때는 임대인은 최고없이 임대차계약을 해제할 수 있습니다.

한편, 민사소송법 제194조, 제195조에서 당사자의 주소등 또는 근무장소를 알 수 없는 경우 또는 외국에서 하여야 할 송달의 경우에는 그 사유를 소명할 수 있는 자료를 첨부하여 상대방에 대한 공시송달을 신청할 수 있고, 공시송달은 법원사무관 등이 송달할 서류를 보관하고 그 사유를 법원게시장에 게시하도록 되어 있습니다.

설문의 경우, 현재 임차인인 A가 차임을 2기 이상 연체하고 사무실을 잠근 채 행방을 알 수 없는 상황이므로, 임차인 A에 대한 불거주 사실 확인을 A의 주민등록지 통·반장으로부터 받아 관할법원에 A를 상대로 임대차계약 해지에 따른 건물명도소송을 제기해야 합니다. 이후 확정판결을 받은 뒤 강제집행한 다음, 다른 사람에게 사무실을 임대할 수 있습니다.

또한 임차인 A의 물건에 대해서는 귀하가 건물명도소송에서 승소하고, 판결이 확정된 뒤 집행력있는 판결정본을 관할 집행관에게 제출하여 강제집행을 위임함으로써 해결할 수 있습니다. 이 때, 귀하가 A로부터 받을 연체차임이 있는 경우 이에 대해서도 판결을 받아 A의 물건을 경매함으로써 사실상 해결할 수 있습니다.

(19) 임대인이 파산선고를 받은 경우 임차인에게 별제권이 인정 되는지

┃질문┃ 甲은 아파트 임대회사인 乙회사로부터 임대아파트를 임차하여 입주 및 주민등록전입신고를 마치고 확정일자도 받아둔 후 거주하던 중 乙회사가 파산선고를 받았습니다. 甲의 임차보증금은 소액보증금에 해당되는데, 이 경우 甲의 주택임차권도 전세권에 준하여 별제권이 인정될 수는 없는지요?

┃답변┃ 甲은 「주택임대차보호법」 제3조 제1항의 규정에 의한 대항요건과 확정일자를 갖추었으므로 별제권이 인정될 수 있다고 할 것입니다.

채무자가 파산선고 당시에 가진 모든 재산을 파산재단 이라고 하는데 이 파산재단에 속하는 특정의 재산에 대하여 파산채권자에 우선하여 채권의 변제를 받을 권리를 별제권이라고 합니다(채무자 회생 및 파산에 관한 법률 제382조, 제411조). 별제권을 「채무자 회생 및 파산에 관한 법률」 제441조에서 규정하고 있는 우선권 있는 파산채권과 비교해 보면, 일반우선권 있는 파산채권은 파산재단채권과 마찬가지로 파산재단소속의 특정재산에 착안하는 것이 아니라 파산재산 전체 위에 행사하는 권리로써, 단순히 파산채권 중에서 우선순위를 인정받고 있는데 불과하므로 파산절차에 참가하여 파산절차 내에서 변제를 받아야 하지만, 별제권은 파산재단에 속하는 특정재산에 대해서 우선적, 개별적으로 변제를 받는 점이 다릅니다. 별제권에 관하여「채무자 회생 및 파산에 관한 법률」에서는 "파산재단에 속하는 재산상에 존재하는 유치권·질권·저당권 또는 전세권을 가진 자는 그 목적인 재산에 관하여 별제권을 가지며, 이 별제권은 파산절차에 의하지 아니하고 행사하며, 별제권자는 그 별제권의 행사에 의하여 변제를 받을 수 없는 채권액에 관하여만 파산채권자로서 그 권리를 행사할 수 있다."라고 규정하고 있습니다 (제411조, 제412조, 제413조). 한편, 주택임차권자를 별제권자로 인정할 수 있을 것인지에 관하여「채무자 회생 및 파산에 관한 법률」의 시행으로 폐지된 구「파산법」시행 당시에도 명문의 규정이 없었으나 파산실무에서는 대항력 있는 임차인을 별제권자에 준하여 보호를 하였고, 2006. 4. 1.부터 시행중인「채무자 회생 및 파산에 관한 법률」에서는 임차인을 보호하는 명문규정을 신설하였습니다. 그 내용을 살펴보면 "임대인이 파산선고를 받은 경우 임차인이 주택임대차보호법 제3조 제1항 또는 상가건물임대차보호법 제3조 소정의 대항요건을 갖춘 때에는 제335조(쌍방미이행 쌍무계약에 관한 선택)를 적용하지 아니한다"는 규정을 두어 파산관재인이 임대차계약을 해지하지 못하도

록 하고 있습니다(채무자 회생 및 파산에 관한 법률 제
340조 제4항). 또한, "주택임대차보호법 제3조 제1항
의 규정에 의한 대항요건을 갖추고 확정일자를 받은
임차인은 파산재단에 속하는 주택(대지 포함)의 환가대
금에서 후순위권리자 그 밖의 채권자보다 우선하여 보
증금을 변제받을 권리가 있고, 주택임대차보호법 제8
조의 규정에 의한 임차인의 소액보증금은 파산재단에
속하는 주택(대지 포함)의 환가대금에서 다른 담보물권
자보다 우선하여 변제받을 권리가 있으며 이 경우 임
차인은 파산신청일까지 주택임대차보호법 제3조 제1항
에 의한 대항요건을 갖추어야 하며, 위와 같은 권리는
상가건물임대차보호법의 임차인에 관하여도 준용하도
록 하고 있습니다(채무자 회생 및 파산에 관한 법률 제
415조 제1항, 제2항, 제3항). 따라서 위 사안에서 甲은
「주택임대차보호법」 제3조 제1항의 규정에 의한 대항
요건과 확정일자를 갖추었으므로 별제권이 인정될 수
있다고 할 것입니다.

(20) 임대주택법에 위반하여 체결된 임대차계약의 효력

┃질문┃ 저는 국민주택기금에 의한 자금을 지원 받아 건설한 甲회사 소유 임대아파트를 임차하여 거주하다가 계약기간이 만료되어 재계약을 체결하였는데, 甲회사는 임차료를 인근 임대아파트보다 높게 제시하여 재계약을 체결하였으므로 그러한 임대조건이 관할 지방자치단체에 신고되었는지 확인하였으나 그에 대하여 신고한 사실이 없는 바, 이 경우에도 제가 甲회사와 체결한 위 아파트의 재임차계약은 효력이 있는지요?

┃답변┃ 단순히 甲회사가 임대조건 등을 신고하지 않았다는 사유만으로 귀하와 甲회사의 재계약을 무효라고 할 수는 없을 것으로 보입니다.

법률행위가 벌칙 있는 강행법규에 위반된 경우에 비록 소정의 형벌이 가해질지라도 그 사법상 효력에 관하여는 당해 법규의 정신을 좇아서 결정할 것입니다. 임대주택법에 위반된 행위가 무효로 되는지에 관하여 판례는 "임대주택법 제15조 등 관계법령의 규정에 의하면, 임대사업자는 임대의무기간이 경과한 후 임대주택을 매각하는 경우에는 매각 당시 무주택자인 임차인에게 우선적으로 매각하여야 한다고 규정하고 있으나, 이러한 경우 위 법령에 위반하여 우선매각대상자가 아닌 제3자에게 이를 매각하였다는 사정만으로는 그 사법상의 효력이 무효로 되는 것은 아니고, 임대주택인 아파트에 대한 임대차계약기간이 종료된 후에 분양계약의 체결을 거절하여 임대인으로부터 그 임대차계약의 해지통보를 받은 임차인은 등기명의인인 제3자의 명도청구를 거절할 수 없다."라고 하였습니다(대법원 1997. 6. 13. 선고 97다3606 판결, 1999. 6. 25. 선고 99다6708, 6715 판결). 또한, "임대주택법 및 임대주택법 시행령에 의하면 임대사업자가 임대주택에 대한 임대차계약을 체결하는 경우 '임대보증금, 임대료, 임대차계약기간 등'이 기재된 표준임대차계약서를 작성하여야 하고, 위 임대조건에 관한 사항(변경내용 포함)을 관할 시장, 군수 또는 구청장에게 신고하여야하며(현행법상은 국가 또는 지방자치단체의 재정으로 건설하거나 국민주택기금에 의한 자금을 지원 받아 건설하여 임대하는 주택의 경우에만 임대조건신고의무가 있음), 시장, 군수 또는 구청장은 그 신고내용이 인근의 유사한 임대주택에 비하여 현저히 부당하다고 인정되는 경우나 관계 법령에 부적합하다고 인정되는 경우에는 그 내용의 조정을 권고할 수 있고, 만일 임대사업자가 임대조건을 신고하지 않는 경우에는 1년 이하의 징역 또는 1천만원 이하의 벌금형에, 표준임대차계약서를 작성하지 않고 임대차계약을 체결한 경우에는 500만원 이하의 과태료에 각 처하도록 규정하고 있으나, 임대사업자와 임차인간에 체결된 임대주택에 대한 임대차계약이 임대주택법 제16조, 제18조, 임대주택법시행령 제14조 등에 위반되었다고 하더라도 그 사법적 효력까지 부인된다고 할 수는 없다."라고 하였습니다(대법원 2000. 10. 10. 선고 2000다32055 등 판결). 따라서 귀하의 경우에도 단순히 甲회사가 임대조건 등을 신고하지 않았다는 사유만으로 귀하와 甲회사의 재계약을 무효라고 할 수는 없을 것으로 보입니다.

(21) 아파트관리비 중 장기수선충당금도 임차인이 부담해야 하는지

┃질문┃ 저는 甲소유의 아파트를 보증금 4,000만원에 임차하여 거주하고 있는 임차인입니다. 그런데 매월 납부하는 아파트 관리비내역을 보면 장기수선충당금이라는 명목으로 23,500원이 부과되고 있습니다. 장기수선충당금은 매월 적립하여 아파트 주요시설의 교체, 보수에 사용된다고 하는데, 이것을 세입자가 부담해야 하는지요?

┃답변┃ 장기수선충당금은 임대인인 아파트 소유자가 납부해야 할 의무가 있으므로, 귀하가 임대차계약기간 동안 매월 관리비에 장기수선충당금을 포함하여 납부하여 왔다면 기간만료 시 아파트 소유자에게 반환청구할 수 있을 것입니다.

「주택법」 제51조는 "① 관리주체는 장기수선계획에 의하여 공동주택의 주요시설의 교체 및 보수에 필요한 장기수선충당금을 당해 주택의 소유자로부터 징수하여 적립하여야 한다. ② 제1항의 규정에 의한 공동주택의 주요시설의 범위, 교체·보수시기 및 방법 등에 관하여 필요한 사항은 건설교통부령으로 정한다. ③ 장기수선충당금의 요율·산정방법·적립방법 및 사용절차와 사후관리 등에 관하여 필요한 사항은 대통령령으로 정한다."라고 규정하여 그 부담의 주체를

'주택의 소유자'로 하였습니다. 그러므로 장기수선충당금은 임대인인 아파트 소유자가 납부해야 할 의무가 있으므로, 귀하가 임대차계약기간 동안 매월 관리비에 장기수선충당금을 포함하여 납부하여 왔다면 기간만료 시 아파트 소유자에게 반환청구할 수 있을 것입니다. 참고로 '장기수선충당금'은 구「주택건설촉진법」(2003. 5. 29. 법률 제6916호로 전문개정되어 주택법이 됨) 및 구「공동주택관리령」(2003. 11. 29. 대통령령 제18146호 주택법시행령으로 전문개정되어 폐지됨)에서 '특별수선충당금'이라는 명목으로 징수된 바 있습니다.

(22) 가압류된 주택의 매수인으로부터 임차 후 가압류권자에 의해 경매될 경우 임차권 보호

┃질문┃ 저는 다른 선순위의 부담은 없고 가압류 1건이 기입 등기되어 있는 주택을 매수하여 소유권이전등기를 한 자로부터 가압류가 해제될 것이라는 말을 듣고 그것을 믿고서 주택을 임차하여 입주한 다음 주민등 록전입신고를 마쳤습니다. 그런데 가압류채권자가 본안소송에서 승소하여 주택에 대한 강제경매를 신청하였습니다. 저는 경매절차의 매수인에게 대항할 수 있는지요?

┃답변┃ 경매절차에서 배당요구를 하여 다른 채권자들과의 순위에 따라 배당을 받을 수 있을 것입니다.

가압류명령의 집행은 가압류의 목적물에 대하여 채무자가 매매, 증여 또는 담보권의 설정, 기타 일체의 처분을 금지하는 효력을 생기게 합니다. 만일, 채무자가 처분금지명령을 어기고 일정한 처분행위를 하였을 경우 그 처분행위는 절대적으로 무효가 되는 것은 아니지만, 가압류에 의한 처분금지의 효력 때문에 그 집행보전의 목적을 달성하는데 필요한 범위 안에서 가압류채권자에 대한 관계에서는 상대적으로 무효가 될 것입니다(대법원 1994. 11. 29.자 94마417 결정). 그렇다면 위 사안에 있어서 귀하가 위 주택에 대한 경매절차의 매수인에게 대항력을 행사할 수 있을 것인지에 관하여 보면, 가압류의 처분금지적 효력이 미치는 객관적 범위인 가압류결정 당시의 청구금액의 한도 안에서는 가압류채권자에 대하여 집주인의 소유권취득이 무효가 되며, 그 집주인으로부터 주택을 임차한 귀하의 주택임차권 역시 가압류채권자에 대하여 가압류의 처분금지적 효력이 미치는 객관적 범위인 가압류결정 당시의 청구금액의 한도 안에서는 무효가 되므로 가압류채권자의 경매신청에 의하여 소유권을 취득한 매수인에 대하여 귀하가 주택임차권을 주장할 수 없다 할 것입니다. 참고로 가압류등기 후 소유자의 변동이 없는 상태에서 주택을 임차한 주택임차인이 그 주택의 경매절차의 매수인에게 대항력을 주장할 수 있는지에 관하여 판례는 "임차인이 주민등록전입신고를 마치고 입주·사용함으로써 주택임대차보호법 제3조에 의하여 그 임차권이 대항력을 갖는다 하더라도 부동산에 대하여 가압류등기가 마쳐진 후에 그 채무자로부터 그 부동산을 임차한 자는 가압류집행으로 인한 처분금지의 효력에 의하여 가압류사건의 본안판결의 집행으로 그 부동산을 취득한 경락인에게 그 임대차의 효력을 주장할 수 없다."라고 하였습니다(대법원 1983. 4. 26. 선고 83다카116 판결). 그리고 가압류집행 후 가압류목적물의 소유권이 제3자에게 이전되고, 가압류채권자가 집행권원을 얻어 신청함으로써 개시된 경매절차에서 제3취득자에 대한 채권자가 가압류목적물의 매각대금 중 가압류의 처분금지적 효력이 미치는 범위의 금액에 대하여 배당에 참가할 수 있는지에 관하여 판례는 "가압류의 처분금지적 효력에 따라 가압류집행 후 가압류채무자의 가압류목적물에 대한 처분행위는 가압류채권자와의 관계에서는 그 효력이 없으므로 가압류 집행 후 가압류목적물의 소유권이 제3자에게 이전된 경우 가압류채권자는 채무명의(집행권원)를 얻어 제3취득자가 아닌 가압류채무자를 집행채무자로 하여 그 가압류를 본압류로 전이하는 강제집행을 실행할 수 있고, 이 경우 그 강제집행은 가압류의 처분금지적 효력이 미치는 객관적 범위인 가압류결정 당시의 청구금액의 한도 안에서는 집행채무자인 가압류채무자의 책임재산에 대한 강제집행절차이므로 제3취득자에 대한 채권자는 당해 가압류목적물의 매각대금 중 가압류의 처분금지적 효력이 미치는 범위의 금액에 대하여는 배당에 참가할 수 없다."라고 하였습니다(대법원 1998. 11. 10. 선고 98다43441 판결). 그러므로 위 사안에서 귀하는 대항요건과 확정일자를 갖추었거나 소액임차인일지라도 위 경매절차에서 가압류결정 당시의 청구금액의 한도 안에서는 배당에 참가할 수 없을 것입니다. 그러나 가압류채권자에게 배당을 실시하고 남는 금액이 있는 경우에는 "제3취득자에 대한 채권자가 그 집행절차에서 가압류의 처분금지적 효력이 미치는 범위 외의 나머지 부분에 대하여는 배당에 참가할 수 있다."라고 하였으므로(2005. 7. 29. 선고 2003다40637 판결), 귀하도 위 경매절차에서 배당요구를 하여 다른 채권자들과의 순위에 따라 배당을 받을 수 있을 것입니다.

부 록

〈전세계약서〉

아파트전세계약서

소재지 ○○시 ○○구 ○○동 16번지 ○○아파트 ○○평 ○형 123동 101호

대 금	원정(₩ ○○○)

제1조 위 아파트를 소유자와 전세입자 합의하에 아래와 같이 계약함.

제2조 위 아파트 전세계약에 있어 전세입자는 전세금을 다음과 같이 지불하기로 함.

계 약 금	○○○원정은 계약당시에 소유자에게 지불하고
중 도 금	○○○원정은 20○○년 ○월 ○일 지불하고
잔 액 금	○○○원정은 20○○년 ○월 ○일 중개인 입회하에 지불키로 한다.

제3조 아파트 명도는 20○○년 ○월 ○일 명도하기로 함.

제4조 임대기간은 20○○년 ○월 ○일부터 (24)개월로 정함.

제5조 소유자는 잔금지불시까지의 공과금(관리비 또는 사용료)를 불입할 의무를 지기로함.

제6조 소개료는 쌍방에서 계약당시 각각 전세금액의 ○%씩을 소개인에게 지불하기로 함.

제7조 본 계약의 1항이라도 소유자가 위약할 시는 소유자가 계약금의 배액을 배상하고 전세입자가 위약할 시에는 계약금을 반환치 않고 본 계약금은 무료로 함.

제8조 본 계약을 확실히 준수키 위하여 본 계약서를 작성하여 각각 1통씩 보관함.

단, _____

_____

20○○년 ○월 ○일

임대인	주 소	○○시 ○○구 ○○동 15번지				
	주민등록번호		성명	○ ○ ○ ㉑	전화	
임차인	주 소	○○시 ○○구 ○○동 16번지				
	주민등록번호		성명	○ ○ ○ ㉑	전화	
중개인	주 소	○○시 ○○구 ○○동 ○○번지	허가번호	○○○-○○○		
			전 화			
	상 호	○○공인중개사무소	성 명	○ ○ ○		

〈건물임대차계약서〉

건물임대차계약서

임 대 인 ○ ○ ○
　　　　　○○시 ○○구 ○○동 ○○번지
임 차 인 ○ ○ ○
　　　　　○○시 ○○구 ○○동 ○○번지

　위 당사자간 건물임대차를 하기 위하여 다음의 계약을 체결함.

제1조 임대인은 그 소유인 아래 표시의 건물을 임차인에게 임대하여 그 사용 및 수
　　　익할 것을 약정하고 임차인은 이를 임차와 동시에 차임을 지급하기로 한다.
　　　○○시 ○○구 ○○동 ○○번지
　　　　　대 ○○○평방미터

제2조 차임은 1개월에 금 ○○○원으로 하고 매월 ○일에 동월분을 임대인에게 지급
　　　한다.

제3조~제5조 - 생 략 -

　위 계약을 증명하기 위하여 이 증서를 2통 작성하고 각자 서명날인하여 각 1통씩
보관한다.

2○○○년 ○월 ○일

위 임대인 ○ ○ ○ ㉑
임차인 ○ ○ ○ ㉑

〈전세권설정계약서〉

전세권설정계약서

┌─────┐
│ 수 입 │
│ 인 지 │
└─────┘

1. 금 ○○○,○○○,○○○

　　전세권설정자는 위 전세금을 당일 정히 영수하고 전세권자의 사용수익을 위하여 본 계약을 체결하고 그 소유인 별지목록기재의 부동산상에 순위 제○번의 전세권을 설정한다.

1. 전기 부동산의 2층 건물 전부를 전세권의 목적인 범위로 한다.

1. 전세권자는 본건 부동산을 주택용 이외의 용도로 사용 수익하지 못한다.

1. 전세금의 반환기는 20○○년 ○월 ○일까지로 한다.

1. 전세권의 존속기간은 20○○년 ○월 ○일까지로 한다.

1. 전세권자는 전세목적물의 현상을 유지하고 그 통상의 관리에 속한 수리를 하여야 한다.

1. 전세권자가 전세권설정자의 승낙없이 목적물의 원형을 변경함으로써 목적물의 가치가 현저하게 저락되었을 경우에는 전세권설정자는 전세권의 소멸을 청구할 수 있다.

1. 전세권자는 그 사용·수익을 위하여 현상을 변경하였을 경우에는 존속기간 만료 후 즉시 원상 복구를 하여 전세권설정자에게 인도하여야 한다.

　　※특약: 전세권자는 위 존속기간 내에 전세권설정자의 승낙없이 타인에게 양도, 담보, 전전세 또는 임대하지 못한다.

　　위 계약을 증명하기 위하여 본 증서를 작성하고 아래에 기명날인한다.

20○○년 ○월 ○일

전세권설정자 ○ ○ ○ ㊞
　　○○시 ○○구 ○○동 ○○번지
전 세 권 자 ○ ○ ○ ㊞
　　○○시 ○○구 ○○동 ○○번지

1. 부동산의 표시

　　○○시 ○○구 ○○동 ○○번지

　　철근콘크리트 슬래브지붕 2층주택 건평 100㎡

　　이　상

〈확정일자부 양식〉

제○○○호	청구자의 주소·성명	(임차할 물건지의 주소와 임차인의 성명 기재)	
	문서명목	('전세계약서' 또는 '임대차계약서'라고 기재)	
일자 인과 계인		(확정일자를 찍는 곳)	(임대차계약서와 확정일자부를 연결하여 계인을 찍는 곳)
제○○○호	청구자의 주소·성명		
	문서명목		
일자 인과 계인			
제○○○호	청구자의 주소·성명		
	문서명목		
일자 인과 계인			

〈기부번호인(등부번호인)의 모양〉

확정일자 제5912호

〈확정일자인의 모양〉

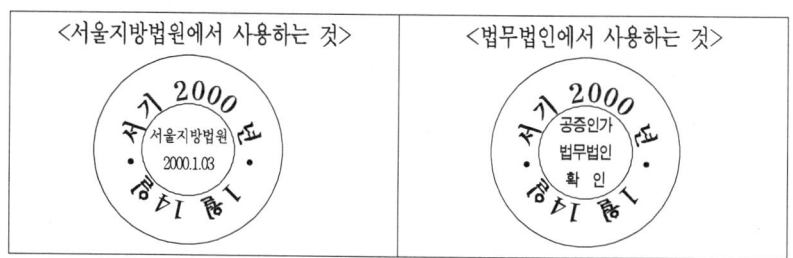

〈통지서〉

서울지방법원
통 지 서

○ ○ ○ 귀하

사　　건　xx타경123호 부동산강제(임의)경매
채 권 자 ○ ○ ○
채 무 자 ○ ○ ○
소 유 자 ○ ○ ○
부동산표시　별지 기재와 같음(생략)

1. 별지 기재 부동산에 관하여 위와 같이 경매절차가 진행중임을 알려드립니다.
2. 귀하가 소액임차인 또는 확정일자부 임차인인 때에는 다음 사항을 유의하시기 바랍니다.
   가. 귀하의 임차보증금이 특별시 및 광역시(군지역은 제외)에서는 3,000만원 이하, 기타의 지역에서는 2,000만원 이하이고, 주택임대차보호법 제8조 제1항 소정의 소액임차인으로서의 요건을 구비하고 있는 경우에는 이 법원에 배당요구를 하여야만 낙찰대금으로부터 보증금 중 일정액을 우선변제받을 수 있습니다. 다만 최선순위 담보물권이 1995. 10. 18. 이전에 설정된 경우에는 위 임차보증금의 범위가 특별시 및 광역시(군지역은 제외)에서는 2,000만원 이하, 기타의 지역에서는 1,500만원 이하로 됩니다.
   나. 귀하가 주택임대차보호법 제3조의2 제1항 소정의 대항요건과 임대차계약서상의 확정일자를 구비한 확정일자부 임차인인 경우에는 이 법원에 배당요구를 하여야만 낙찰대금으로부터 후순위권리자 기타 채권자에 우선하여 보증금을 변제받을 수 있습니다.
   다. 배당요구는 임대차계약서(확정일자부 임차인의 경우에는 임대차계약서가 공정증서로 작성되거나 임대차계약서에 확정일자가 찍혀 있어야 한다) 사본, 주민등록표 등본(임차인 본인의 전입일자 및 임차인의 동거가족이 표시된 것이어야 한다) 및 연체된 차임 등이 있을 때에는 이를 공제한 잔여 보증금에 관한 계산서를 첨부하여 위 경매사건의 낙찰기일까지 이 법원에 제출하여야 하고, 만일 배당요구를 하지 아니하거나 배당요구를 하더라도 임차권등기를 경료함이 없이 낙찰기일 이전에 임차주택에서 다른 곳으로 이사가거나 주민등록을 전출하여 대항요건을 상실한 경우에는 우선변제 받을 수 없습니다. 다만 낙찰인이 대금지급의무를 이행하지 아니하여 재경매가 실시되는 경우에는 재경매절차의 낙찰기일까지 대항요건을 계속 구비하여야 합니다.

3. 귀하가 소액임차인 또는 확정일자부 임차인에 해당하지 않는 때에는 일반채권자와 마찬가지로 경매신청기입등기 후의 가압류채권자 또는 집행력 있는 정본을 가진 채권자로서 가압류등기된 등기부등본 또는 집행력 있는 정본을 첨부하여 배당요구를 하거나 경매신청기입등기 전에 가압류집행을 한 경우에 한하여 배당을 받을 수 있습니다.

20○○년 ○월 ○일

법원사무관   ○   ○   ○

〈권리신고 겸 배당요구서〉

권리신고 겸 배당요구서

사건번호   xx타경123호 부동산 강제(임의)경매
채 권 자 ○ ○ ○
채 무 자 ○ ○ ○
소 유 자 ○ ○ ○

  본인은 이 사건 경매절차에서 임차보증금을 변제받기 위하여 아래와 같이 권리신고 겸 배당요구를 하오니 경락대금에서 우선변제하여 주시기 바랍니다.

아   래

1. 계 약 일 : 20○○년 ○월 ○일
2. 계약당사자 : 임대인(소유자) :
              임차인 :
3. 임대차기간 : 20○○년 ○월 ○일부터 20○○년 ○월 ○일까지(○년간)
4. 임차보증금 : 전세 ○○○○○원
              보증금 ○○○○원에 월세 ○○○원
5. 임차부분 : 전부(방 ○칸), 일부(○층 방 ○칸)
   (※뒷면에 임차부분을 특정한 내부구조도를 그려주시기 바람)
6. 입주일(주택인도일) : 20○○년 ○월 ○일
7. 주민등록전입신고일 : 20○○년 ○월 ○일
8. 확정일자 유무 : 유(20○○년 ○월 ○일), 무
9. 전세권등기 유무 : 유(20○○년 ○월 ○일 등기), 무

첨 부 서 류

1. 임대차계약서 사본　　　　　1통
2. 주민등록등본　　　　　　　1통

20○○년 ○월 ○일

권리신고 겸 배당요구자　○　○　○　㊞

○○지방법원 민사집행과　귀중

〈명도사실확인서〉

명도사실확인서

채　권　자 ○ ○ ○
채　무　자 ○ ○ ○
배당요구채권자 ○ ○ ○

　위 채권자, 채무자 사이의 귀원 xx타경123호 부동산 강제경매 사건에 관하여, 위 배당요구 채권자는 20○○년 ○월 ○일 이 사건 경매부동산의 점유를 풀고 경락인에게 명도하였음을 확인합니다.

첨 부 : 인감증명서

20○○년 ○월 ○일

위 경락인 ○ ○ ○ ⑩
○○시 ○○구 ○○동 ○○번지

○○지방법원　귀중

〈부동산임의경매신청서〉

부동산강제·임의경매신청서

채 권 자 ○ ○ ○
                 ○○시 ○○구 ○○동 ○○번지
위 대리인 변호사 ○ ○ ○
                 ○○시 ○○구 ○○동 ○○번지
채무자 겸 소유자 ○ ○ ○
                 ○○시 ○○구 ○○동 ○○번지

경매할 부동산의 표시
    별지목록기재 부동산과 같음.

청 구 금 액

1. 금 ○○○원 20○○년 ○월 ○일자 전세계약에 의한 전세금
2. 위 금에 대한 20○○년 ○월 ○일부터 완제일까지 연 5푼의 비율에 의한 지연손
   해금

신 청 취 지

   채권자가 채무자에게 대하여 가지고 있는 위 채권에 충당하기 위하여 별지목록기
재 부동산에 대하여 임의경매개시결정을 구합니다.

신 청 이 유

1. 채권자와 채무자는 20○○년 ○월 ○일 채무자 소유인 별지목록기재 부동산에 대
   하여 전세권설정계약을 체결하고, 채무자는 위 부동산을 20○○년 ○월 ○일부터

20○○년 ○월 ○일 ○○지방법원 접수 제○○○호로써 제○번 순위 전세권설정 등기를 마쳤습니다.

2. 채권자는 20○○년 ○월 ○일 위 부동산을 채무자로부터 인도받음과 동시에 전세금 ○○○원을 채무자에게 교부하고 그 반환기일은 20○○년 ○월 ○일로 약정하였습니다.

3. 채권자는 위 존속기간이 끝난 후 채무자에게 위 부동산을 원상복구하여 반환할 뜻을 통지하고 전세금 반환을 요구한 바, 채무자는 차일피일 미루면서 계약기간 만료 1년이 경과한 오늘날까지 이를 반환하지 않고 있으므로, 채권자는 위 채권의 변제에 충당하기 위하여 부득이 이 사건 경매신청에 이르렀으니 별지목록기재 부동산에 대하여 경매개시결정을 내려 주시기 바랍니다.

첨 부 서 류

1. 부동산등기부등본	1통
1. 전세권결정계약서	1통
1. 공과금조사신청서	1통
1. 임대차조사신청서	1통
1. 납부서	1통
1. 소송위임장	1통

20○○년 ○월 ○일

채권자 대리인 변호사 ○ ○ ○ ㊞

○○지방법원 귀중

〈별지〉

부동산목록

○○시 ○○구 ○○동 ○○번지 ○ 지상
철근콘크리트조 슬래브지붕 위 기와지붕
　　2층 근린생활 시설
　　　　1층 ○○.○○㎡
　　　　2층 ○○.○○㎡

- 이　　　상 -

〈임대차조사신청서〉

임대차조사신청

채 권 자   ○ ○ ○
채 무 자   ○ ○ ○

　위 당사자 사이 부동산 임의경매신청사건에 관하여 별지목록기재 부동산에 대한 임대차증명서를 첨부할 것이나 이는 첨부 불능이오니 귀원 소속 집행관으로 하여금 이를 조사하도록 하여 주시기 바랍니다.

20○○년 ○월 ○일

채권자 대리인 변호사   ○   ○   ○   ㊞

〈별지〉

부동산목록

○○시 ○○구 ○○동 ○○번지 ○ 지상
　철근콘크리트조 슬래브지붕 위 기와지붕
　2층 근린생활 시설
　　　1층 ○○㎡
　　　2층 ○○㎡

- 이   상 -

〈공과금조사신청서〉

공과금조사신청

채 권 자 ○ ○ ○

채 무 자 ○ ○ ○

   위 당사자 사이 부동산 임의경매신청사건에 관하여 별지목록기재 부동산에 대한 공과금증명서를 첨부할 것이나 이는 첨부 불능이오니 귀원 소속 집행관으로 하여금 이를 조사하도록 하여 주시기 바랍니다.

20○○년 ○월 ○일

채권자 대리인 변호사 ○ ○ ○ ㊞

○○지방법원 귀중

〈별지〉

부동산목록

○○시 ○○구 ○○동 ○○번지 ○ 지상
　철근콘크리트조 슬래브지붕 위 기와지붕
　2층 근린생활 시설
　　　1층 ○○㎡
　　　2층 ○○㎡

- 이　　　상 -

〈주택임차권등기명령신청서〉

주택임차권등기명령신청서

신청인(임차인)　○　○　○(600511-1234567)
　　　　　　　　○○시 ○○구 ○○동 ○○번지 ○○빌라 ○○호
　　　　　　　　소송대리인 법무법인 ○○
　　　　　　　　○○시 ○○구 ○○동 ○○번지 ○○빌딩 ○층
　　　　　　　　(전화 : ○○○○-○○○○, FAX : ○○○○-○○○○)
　　　　　　　　담당변호사　○　○　○
피신청인(임대인)　○　○　○
　　　　　　　　○○시 ○○구 ○○동 ○○번지
　　　　　　　　등기부상 주소 ○○시 ○○구 ○○동 ○○번지

신 청 취 지

　별지목록(생략) 기재 건물에 관하여 아래와 같은 주택임차권등기를 명한다.
라는 결정을 구합니다.

아　　래

1. 임대차계약일자 : 1999년 3월 20일
2. 임차보증금액 : 금 20,000,000원
3. 주민등록일자 : 1999년 3월 22일
4. 점유개시일자 : 1999년 3월 20일
5. 확 정 일 자 : 1999년 3월 22일

신 청 이 유

1. 신청인은 1999년 3월 20일 피신청인을 대리한 신청외 ○○○와의 사이에 별지 목록기재 부동산에 관하여 전세보증금 20,000,000원, 전세기간 12개월로 하는 내용의 채권적 전세계약을 체결하고, 같은 날 위 전세보증금을 일시불로 지급하면서 위 부동산에 입주하여 점유를 개시하였습니다. 또한 같은 달 22일 주민등록 전입신고를 마침과 동시에 위 전세계약서에 확정일자를 받았습니다.

2. 위 채권적 전세계약에 의한 약정 전세기간은 2000년 3월 19일로 만료되었으며, 신청인은 그 이전에 전화 및 만난 자리에서 수차에 걸쳐 피신청인의 대리인인 위 ○○○에게 위 계약을 갱신할 의사가 없음을 분명히 알렸을 뿐만 아니라, 위 기간 만료시 전세보증금을 돌려 줄 것을 요청하였으나, 피신청인은 위 부동산이 재임대 되면 보증금을 돌려주겠다는 취지의 무성의한 답변만 계속하고 있는 실정입니다.

3. 한편, 신청인은 본사에서 지사로 발령을 받아 최근 근무지가 광주광역시로 변경되어 속히 이사 및 주민등록을 옮겨야 할 필요성이 절실한 바, 피신청인이 위 전세보증금을 돌려주지 않는 관계로 거주이전에 많은 제약을 받고 있습니다.

4. 따라서 신청인은 주택임대차보호법 제3조의3의 규정에 의거 신청취지 기재와 같은 내용의 임차권등기명령을 구하기 위하여 본 건 신청에 이른 것입니다.

첨 부 서 류

1. 건물등기부등본	1통
1. 주민등록등본	1통
1. 전세계약서사본	1통
1. 내용증명	1통
1. 거주사실확인서	1통

20○○년 ○월 ○일

위 신청인 소송대리인 법무법인 ○○
담당변호사　○　○　○

○○지방법원　귀중

〈주택임차권등기결정서〉

○○지방법원

결 정

사　건　　xx카기123호 주택임차권등기
신청인　　○　○　○(600511-1234567)
피신청인　　○　○　○

주　문　별지목록(생략)기재 건물에 관하여 아래와 같은 주택임차권등기를 명한다.

아　　래

1. 임대차계약일자 : 1999년 3월 20일
2. 임차보증금액 : 금 20,000,000원
3. 주민등록일자 : 1999년 3월 22일
4. 점유개시일자 : 1999년 3월 20일
5. 확 정 일 자 : 1999년 3월 22일

이　유 : 이 사건 신청은 이유 있으므로 주문과 같이 결정한다.

20○○년 ○월 ○일

판사 ○　○　○ ⑩

〈등기촉탁서〉

○○법원
등기촉탁서

등기관　○　○　○　귀하

사　　　건　　xx카기123호 주택임차권등기
부동산의 표시　별지기재와 같음
등기권리자　　○　○　○
등기의무자　　○　○　○
등기원인과 그 연월일 : 20○○년 ○월 ○일 ○○법원의 주택임대차등기명령 임대
　　　　　　차계약일자, 임차보증금액 및 차임, 주민등록일자, 점유개시일자,
　　　　　　확정일자 별첨 주택임대차권등기명령 등본 기재와 같음
등기의 목적 : 주택임차권등기
과세표준 : 금 ○○○원
등 록 세 : 금 ○○○원
교 육 세 : 금 ○○○원
등기촉탁수수료 : 금 ○○○원
첨　부 : 주택임차권등기명령등본 1통

위 등기를 촉탁합니다.

20○○년 ○월 ○일

판사　○　○　○　㊞

접수	20○○년 ○월 ○일 제○○호	처리인	접수	조사	기입	교합	등기필통지	비고

등기수입증지 첨부란

〈임차권등기명령신청기각결정에 대한 항고장〉

임차권등기명령신청기각결정에 대한 항고장

항 고 인(채권자)　　○　○　○
　　　　　　　　　　○○시 ○○구 ○○동 ○○번지
피항고인(채무자)　　○　○　○
　　　　　　　　　　○○시 ○○구 ○○동 ○○번지

　위 당사자간 ○○지방법원 xx카기123호 주택임차권등기사건에 관하여 동 법원이 20○○년 ○월 ○일 선고한 결정에 대하여 항고인(채권자)은 이에 불복하고 다음과 같이 항고를 제기합니다.

원판결의 표시

주 문
- 생 략 -

불복의 정도 및 항고를 하는 취지의 진술

　채권자는 위 결정중 전부(채권자의 패소부분)에 대하여 불복이므로 항고를 제기합니다.

항 고 취 지

1. 원판결 --- 부분을 취소한다.
2. 소송비용은 1, 2심 모두 피항고인(채무자)의 부담으로 한다.
라는 판결을 구합니다.

항 고 이 유

1. 추후 제출하겠습니다(구체적 내용을 상세히 기술).

첨 부 서 류

1. 항고장부본   ○통
1. 송달료 납부서   ○통

20○○년 ○월 ○일

항고인(채권자) ○ ○ ○ ㉑

○○고등법원 귀중

〈임차권등기명령 결정에 대한 이의신청서〉

임차권등기명령 결정에 대한 이의신청

사　　　　건　　　xx카기123호 주택임차권등기
신 청 인(임대인)　　○　○　○
　　　　　　　　　　○○시 ○○구 ○○동 ○○번지
피신청인(임차인)　　○　○　○
　　　　　　　　　　○○시 ○○구 ○○동 ○○번지

신 청 취 지

1. 위 당사자간 귀원 xx카기123호 주택임차권등기명령결정은 이를 취소한다.
2. 소송비용은 피신청인의 부담으로 한다.
라는 재판을 구합니다.

신 청 이 유

　피신청인은 별지목록기재와 같이 신청인과의 임대차계약은 인정하나
　　　- 기타 임차금액(보증금 등)을 변제 등의 사유로 그 청구채권이
　　　　　소멸되었다는 내용을 구체적으로 기술 -

첨 부 서 류

　증명할 수 있는 제반서류 등을 첨부

20○○년 ○월 ○일

위 신청인　○　○　○　㊞

○○지방법원　귀중

〈감액청구의 내용증명〉

내용통지서

수 신　　○○시 ○○구 ○○동 123번지
　　　　○ ○ ○ 귀하
제 목　　임대보증금 감액 청구

　본인은 귀하 소유의 서울시 ○○구 ○○동 456번지 ○○아파트 ○○동 ○○호에 관하여 1997. 5. 30. 임대보증금 금 30,000,000원, 임대차기간은 1997. 6. 15부터 2년으로 정하여 임대차계약을 체결하고 현재까지 점유·사용 중에 있는 임차인입니다.
　주지하다시피, 금번 IMF 사태에 따른 경제사정의 급격한 변동과 전세값의 폭락으로 인하여 본인이 귀하에게 지급한 위 보증금이 현재의 주변 전세값과 비교해 볼 때 형평에 매우 어긋난다고 사료되는바, 주택임대차보호법 제7조에 의거 본인이 귀하에게 기지급한 임대보증금 중 금 5,000,000원의 감액을 청구하오니 제반 경제사정을 감안하여 널리 양해하여 주시고 위 감액된 금원을 속히 지급하여 주시기 바랍니다.

　　　　　　　　　　　○○년 ○월 ○일

통지인 : 서울시 ○○구 ○○동 456번지 ○○아파트 ○○동 ○○호

　　　　　　　　　　　　　　　　　　　　　　　○ ○ ○ ○　㊞

〈보증금 감액청구에 따른 민사조정신청서〉

민사조정신청서

신 청 인　○　○　○
　　　　　　○○시 ○○구 ○○동 456번지 ○○아파트 ○○동 ○○호
피신청인　○　○　○
　　　　　　○○시 ○○구 ○○동 12번지
사 건 명　임대보증금 감액청구에 따른 조정신청

신 청 취 지

　피신청인은 신청인에게 금 5,000,000원과 이에 대하여 1998. 4. ○부터 완제일까지 연 2할 5푼의 비율에 의한 금원을 지급하라.
라는 조정을 구합니다.

신 청 이 유

1. 신청인은 피신청인 소유의 서울시 ○○구 ○○동 456번지 ○○아파트 ○○동 ○○호에 관하여 1997. 5. 30. 임대보증금은 금 30,000,000원, 임대차기간은 1997. 6. 15부터 2년으로 정하여 임대차계약을 체결하고 현재까지 점유·사용 중에 있는 임차인입니다.

2. 금번 IMF 사태에 따른 경제사정의 급격한 변동과 전세값의 폭락으로 인하여 신청인이 피신청인에게 지급한 위 보증금 30,000,000원은 현재의 주변 전세값과 비교해 볼 때 형평에 매우 어긋나 상당하지 않게 되었습니다.

3. 따라서 신청인은 주택임대차보호법 제7조에 의거 피신청인에게 기지급한 임대보증금 중 금 5,000,000원의 감액을 청구하고 그 반환을 요구하였으나, 피신청인은 이를 묵살하고 있어 위 금원의 지급을 구하기 위하여 이 사건 조정신청에 이른 것입니다.

첨 부 서 류

1. 임대차계약서   1통
1. 영수증   1통
1. 내용증명   1통
1. 조정신청서 부본   1통

○○년 ○월 ○일

위 신청인　○　○　○　㊞

○○지방법원 귀중

〈보증금의 증액청구에 대하여 변제공탁하는 경우〉

공 탁 서(금전)

처리인	접 수	조 사	수 리	원표작성	납 입	출납부정리	통지서발송
			년 월 일 ㊞		년 월 일 ㊞		년 월 일 ㊞

서울지방법원 ○○지원

공탁공무원   귀하

공탁번호	년 금 제 호		년 월 일 신청	법령조항	민법 제487조
공탁자 성 명	○ ○ ○		피공탁자 성 명		○ ○ ○
주 소	○○시 ○○구 ○○동 769		주 소		○○시 ○○구 ○○동 1069

공탁금액	금일백오십만원정(₩1,500,000원)
공탁원인 사 실	공탁자는 피공탁자로부터 ○○시 ○○구 ○○동 769번지를 임차보증금 3천만원, 임대차기간 20○○년 ○월 ○일부터 24개월로 정하여 임차하였는바, 피공탁자는 종전의 임차보증금에 3백만원을 증액 청구하므로 공탁자는 상당하다고 인정되는 임차보증금의 증액분 100만원을 현실제공하였으나, 수령거부되어 공탁함.
비 고 (첨부서류등)	1. 공탁자의 주소소명 서면 2. 임대차계약서사본
1. 공탁으로 인하여 소멸하는 질권, 전세권 또는 저당권 2. 반대급부 내용	

위와 같이 공탁합니다.

공탁자 주소 ○○시 ○○구 ○○동 769번지
성 명 ○ ○ ○ ㊞
대리인 성 명 ○ ○ ○ ㊞

위 공탁을 수리합니다.
공탁금을 20○○년 ○월 ○일까지 ○○은행 공탁공무원의 계좌에 납입하시기 바랍니다.
동일까지 납입하지 않을 때는 이 공탁금의 수리는 효력을 상실합니다.

20○○년 ○월 ○일

서울지방법원 ○○지원 공탁공무원 ○ ○ ○ ㊞

(영수증) 위 공탁금이 납입되었음을 증명합니다.

20○○년 ○월 ○일

공탁물보관자 ○ ○ ○ ㊞

◈ 박 근 영 ◈

◆ 1983 : 전남대 법대 졸업

◆ 1995 : 제37회 사법시험 합격

◆ 1998 : 사법연수원 27기 수료

◆ 현 변호사 박근영사무소 운영(서울)

주택 · 상가 임대차 상식과 해결	정가 20,000원

2010년 11월 5일 1판 인쇄
2010년 11월 10일 1판 발행
  편 저 : 박 근 영
  발행인 : 김 현 호
  발행처 : 법문 북스

1⑤2-0⑤0
서울 구로구 구로동 636-62
TEL : 2636-2911~3, FAX : 2636~3012
등록 : 1979년 8월 27일 제5-22호
Home : www.bubmun.co.kr

▌ISBN 978-89-7535-182-2 13360